粵港工人大融合
省港大罷工九十週年回顧論文集

香港社會保障學會
香港工運史研究小組 聯合出版

粵港工人大融合
省港大罷工九十週年回顧論文集

編輯委員會：
周奕、伍錫康、梁寶霖、梁寶龍

書名：粵港工人大融合——
　　　省港大罷工九十週年回顧論文集
編者：省港大罷工九十週年回顧論文集編輯委員會
出版者：香港社會保障學會、香港工運史研究小組
電郵：leungpolung@gmail.com
出版日期：2017年5月
承印：1981製作室
地址：九龍藍田啟田道71號藍田(西區)社區中心二樓
書號：ISBN 978-962-85579-0-5
每本售價：港幣100元

由於講者要求對講稿再加修飾，本書之出版稍遲，謹此致歉。
本書文章來自不同組織和個人，文責自負。

目錄

鳴謝

序：省港大罷工九十年之今昔對比
─港粵群眾共融合流之愛國動員

　　承蒙「省港大罷工九十週年研討會」組織者梁寶霖、梁寶龍昆仲等邀約，為2016年 4 月26日在香港城市大學舉行的研討會的論文集出版成書，略草數言、聊充前序。

　　在中國近代史上的重大環節當中，香港曾經扮演極重要、甚至有戰略樞紐地位的主導角色。跟香港有關的人、事、物是研究理解中國近代發展不可或缺的重點元素。譬如在香港接受中學、醫學教育的孫中山等傑出人士的歷史作用和長遠影響，絕對無可置疑。若以香港為發源地、前線、鬥爭現場的中國近代史上的重大事件，可能對不少香港普羅大眾而言難以明確肯定。可幸有一巨大的歷史例證，就是九十年前爆發的省港大罷工，從1925年6月至1926年10月，共歷時16個月。

　　省港大罷工是極重大的中國及國際歷史事件，不止動員時期長久，而且牽涉範圍甚廣。這回大事不止限於香港這始發點，更影響到華南最大的城市、廣東省會廣州。這反英帝國主義鬥爭擴散到整個珠三角地區，更擴散到海外華人、粵人聚居地。在運動的全盛時期，尤其是香港罷工的工人及罷課的學生，離港北上回鄉到廣東省各地，回鄉人潮高達25萬以上 (超過當時香港總人口的三分一)。大罷工導致香港百業蕭條、經濟困難、對外交通阻滯，港府財政出現嚴重赤字，甚至港幣價值也受到很大壓力，尤其對粵鈔兌換匯率嚴重貶值，對香港的打擊僅次於太平洋戰爭時的日軍佔領香港的黑暗歲月 (1941年底至1945年夏)。對當時統治香港的英國殖民政權及其所代表的英國帝國主義在華霸權有致命打擊。

　　而運動既名省港大罷工，當然亦反映當時廣東複雜的軍政局面。當時正值廣東革命政權最高領導人孫中山在北京病逝後三個月，他的革命大本營、老基地廣州正陷於因孫中山晚年推行的聯俄容共政策所引致的黨派紛爭。國民黨右派 (

西山會議派）堅決反對國民黨左派與中國共產黨的合作，同時對外與蘇聯結盟。左右紛爭牽涉國民黨左派與中共及蘇聯三方合組的聯合戰線，以在華最強大、最有威脅力的英帝國主義為國民革命最主要的對外攻擊目標。而英國在華的最大基地正是英治殖民地的香港,港英政權和英資經濟利益都是鬥爭的目標。所以省港大罷工亦是粵港關係的重大歷史事實。1925至1926年大罷工期間對外施行的禁英船、英貨輸入廣東，及一切英資在粵的商業活動,這不但對英方在華南、甚至在全中國的經濟利益造成嚴重侵損。而省港大罷工的導火線正是由英國控制的上海公共租界的英籍巡捕開槍濫殺華工及學生，這引致中英關係崩潰，亦是中國民族主義與英國帝國主義的決鬥。

省港大罷工的前一年的1924年秋，革命氣氛濃厚的廣東政府，國民黨和黃埔軍校的學生及工會糾察員，聯手鎮壓意圖兵變、挾持當局的廣州商界團練。由於廣州已有激烈階級鬥爭的先例，所以在這層面，省港大罷工也有內部階級的立場問題。由此可見，當時的大歷史背景，尤其政治環境遇上後孫中山時期的政治權力重整，配合以省港大罷工為主軸的大規模群眾動員，直接影響了國共兩黨的政治平衡。同時國際大局正值一戰後的反帝、反殖浪潮和新成立的蘇聯共產政權的反帝反殖鬥爭。

在這錯綜複雜的歷史條件及地理環境下爆發的省港大罷工，造成超乎一般工人罷工所能達到的影響力，簡直可被視為愛國大動員，包括了工人、學生、農民、軍人，以至商界成員的多階層愛國動員，它的歷史地位不容置疑。大罷工將香港發生的本地事件提升到更高層次，對中外關係、中國內部黨政、中英抗衡有重大歷史性影響，所以省港大罷工實在值得再回顧、反思、檢討。而且當時許多種種情況，與回歸後的香港，即中國的香港特區，今時今日很多社會運動、抗議示威、群眾心態、官民互動、青年參與時政及粵港關係，以至特區與大陸的往來，都提供很多歷史教育的基礎事例和極具參考價值的資訊，具有正面借鑑、思今憶古的作用，所

以這省港大罷工九十週年研討會是十分合時，有正面的意義。

　　本書收集了 4 月26日在香港城市大學舉行的研討會上所發表的論文及提供的參考資料共13項，基本上可歸納為三大類：一、學術性論文。這類文章有宏觀的分析，例如筆者聚焦1920年代粵港工運的重點勾劃，及專題研討，例如省港大罷工時的香港總工會，大罷工對東華義莊的影響，和大罷工對工會組織的衝擊等。二、現今工會人士或社會運動參與者的觀感分享。三、省港大罷工的參考資料。這些都是以多元化的角度、不同觀點立場、資料、參考史實基礎來構築、研究、分析。它們某方面既是香港、中國歷史上重大事件的分析研究，同時也是對香港人集體回憶的一種正面表達，更特別對工運、社運先烈前輩光輝貢獻的追念。

　　時移世易，境遷情在。本文集的學術性文章題材甚廣，不但聚焦於香港社會、文化教育發展、亦涉及工會組織、群眾運動的經驗。雖然未達致鉅細靡遺，但已是對省港大罷工此跨境、跨國、跨階層大現象的分題探討，在某層面有助於了解中國近代史的重大轉折點——九十年前廣州發生的種種，或可對照現時回歸後香港特區的社會氣氛、官民關係、社會運動的趨向，尤其是年輕人的價值取向、關於中國／香港的認同意識，這些都是尚在動態演化進行式的隆重議題。本文集所引發的焦點問題討論，分析和所引證的資料，都有很重要的信息分享，尤其針對時下本土意識、陸港關係、香港在中國革命的角色、香港在中國對外國際關係的戰略地位等等，都有參考價值。而針對年輕一代對中國的理解，香港大、中、小學校有關中國知識的傳授，歷史課程的發展改革(香港本地歷史與中國歷史有機性連結)，有很多灰色地帶, 甚至嚴重的空白缺口。本文集冀能提供公正、客觀詳盡的補充，讓香港人的集體意識多一個值得探討、深入思考的新平台。

　　在這重要的承先啟後、歷史經驗及現實生活的傳承任務方面，本書有特別新的內容吸納。因機緣巧合，本人今年 4月在史丹福大學有幸認識一位在香港出生和受教育，現加州

3

大學柏克萊分校歷史系本科的四年級鄭雋言同學。他正以省港大罷工為切入點，在他的歷史科文學士論文中探討當年香港華商精英的角色。承蒙他多度拜會，討論論文研究史料，暑期回港研究後，並於2016年9月在加州大學柏克萊分校中國研究中心的全美本科生中國研究學術會議上發表以此為題的論文，本書編輯順應我的大力推薦，吸納鄭君論文的中文版為本書的一章，以探討香港華商精英在省港大罷工時、在中英對立分歧下的立場取態。鄭君的文章除學術價值外，頗有意義的是：省港大罷工是香港歷史上最重大的粵港共融、陸港合軌多階層的華人政治性愛國動員，但同時也以經濟手段 (罷工罷貨) 來達到愛國和政治目的一國共兩黨權力重整，中英對立國際外交鬥爭。這極需要香港新一代土生土長、受歷史熏陶的年青人來繼承，所以鄭君的文章具特殊意義。本文集不是只一眾舊人話當年，而是有九十後精英以具體學術研究來表達對省港大罷工的關注。

　　希望本文集能向新一代，將香港人本身的歷史及中國知識普及化、經驗大眾化。或許省港大罷工這重大歷史意義將來會在香港中、小學的本地及中國歷史課程教材出現，可認真探討香港工人、社會動員的歷史經驗。現今不少香港年青人要探究2047年之後的「一國兩制」前景，所以如需要有堅實的歷史基礎，當然先要檢討1997年回歸的實況，亦需要追溯至半世紀前1967年的大騷亂，還必須包括絕對不可能遺忘，亦最轟烈的陸港關係歷史標誌性先例的1925至1926年的省港大罷工。香港群眾最具體的愛國主義和民族主義，都在省港大罷工得以開花結果。九十年過去了，我們如何能夠在過往的光輝歷程，汲取教訓和足堪應對目前和將來挑戰的精神動力？謹此為序。

陳明銶
美國史丹福大學東亞研究中心
2016年12月27日

開場白及本書編者之言

梁寶霖
香港社會保障學會會長

　　九十年前的今天的香港，正進行一次史無前例的省港大罷工，今次大家有幸能夠坐在一起，回顧該段歷史及討論其偉大的意義，實在難能可貴，相信當年參與過省港大罷工的老人們大都已過身，但這些先輩們為民族尊嚴，為工人階級的權益，為民主奮鬥的精神，都成為我們後輩的榜樣。

　　今次研討會主要由幾位工運史研究者發起，主要是探討當年的中國及香港工運及政治形勢，省港大罷工的組織工作，及對香港勞工立法的影響等。歡迎大家積極發言及參予，為香港工運研究工作增光！

　　是次參加的朋友有來自工會界，如：工聯、工團、工盟、勞聯等，亦有來自學術界，如：港大、城大、樹仁、教育學院等，亦有來自勞工團體等，如：街工、中國勞動透視、香港勞工研究會等，還加上已退休的工會領袖，可謂陣容鼎盛。

　　我們打算將這次研討會的文章及精彩發言加以整理，編輯成書，有興趣者可以提供更多資料、論文及意見。希望這次會議可以踏出第一步，把香港工人階級的奮鬥歷程記錄下來。

　　論文集會出版中英文版各一冊，敬希各位捐助印刷費或預購論文集。

四月廿六日研討會歡迎辭

陳敬慈、楊穎仁
城大應用社會科學系勞工研究網路

香港城市大學應用社會科學系設立勞工研究網路，是為了促進勞工運動和勞工問題的研究，以及推動學術界與實踐界之間的交流。我們為能舉辦這次研討會感到十分榮幸。

今年是省港大罷工結束九十週年。這場掀動數十萬工人參與、前後橫跨逾一年的罷工，牽連國共兩黨，撼動香港政府管治，其規模之大，動員之眾，至今香港未有任何一場罷工可以企及。為了紀念和探索這次意義深遠的勞工運動，我們與香港知名的勞工研究者，梁寶霖先生、梁寶龍先生、周奕先生、伍錫康教授等聯合舉辦是次研討會，邀請學者、工會成員及勞工組織者交流。

近年中港矛盾加劇，支持兩地區隔的政治風潮此起彼落，中港民眾攜手跨境改革社會淪為乏人問津的政治藍圖。隨著省港大罷工踏入第90年，這個事例是重要的切入點，可以幫助我們理解當時國內政治鬥爭與港英政府管治的互動，民族主義在動員作用及局限，以及工人階級跨境組織並進行抗爭的可能性。

目前工人運動在香港政治議程上被邊緣化，中港聯合的主張也在新社運中也不獲重視，重新檢視這一段歷史，或許有望尋找對時局的啟示，和思考工人運動的新路向。

我們再次感謝會議的各位報告人和參與者，以及對會議的籌備付出大量努力的梁寶霖先生、梁寶龍先生、周奕先生、伍錫康教授致謝！

省港大罷工九十週年研討會記錄摘要

伍錫康
香港大學商學院
葉景明
香港大學商學院

前言:

　　本年（2016年）時值省港大罷工與杯葛事件結束九十週年，為紀念是次歷史性之工人運動，一群勞工界、社運界與文化學術界人士，聚首一堂，於是年 4 月26日假香港城市大學應用社會科學系，舉辦「省港大罷工九十週年研討會」，集思廣益，回顧該宗劃時代之勞工、政治暨外交事件。出席者有：工聯會潘江偉顧問、林淑儀會長、旅遊業僱員總會梁富華顧問，工團總會李國強主席，職工盟鄭清發會長、潘天賜主席、蒙兆達總幹事、何偉航幹事、混凝土業職工會陳三才先生，前公務員工會聯合會主席黃偉雄先生，民用航空事業職工會葉偉明副秘書長，海員工會丁錦源先生，印刷業工會王宏業先生，樹仁大學區志堅教授，街坊工友服務處王曉君小姐，勞工教育及服務網絡朱江瑋先生，香港勞工研究會鄭清祥先生、鮑志立先生，工運組織者石炳坤先生，工運研究者區龍宇先生，香港史學會鄧家宙先生，香港歷史研究者鄭明仁先生，左翼21謝馥盈小姐，中華書局黎耀強副總編輯、胡冠東先生等。還有，組織本次研討會之主催及工作人員：香港大學伍錫康博士、叶景明女士(博士)、城市大學陳敬慈教授、楊穎仁先生、《香港工運史》著者周奕先生、香港工運史研究小組梁寶霖先生、梁寶龍先生等。

　　省港大罷工，標誌著中港早期工運發展之高潮，其前因後果、背景與對後世之影響，錯綜複雜，千絲萬縷，所牽涉之因素與問題跨越勞工、社會、政治、民族以至文化不同領域；況且，它亦是在時空上提供一個標準量度尺，讓我們可用以比較及分析在大罷工以後在中港兩地在不同時間出現之工運形態及發生之工潮，委實含意重大。

　　本文集收錄在是次研討會上發表之文章，並加入若干於

會後撰寫之文章，累集文章，合共19篇。由於篇幅所限，該等文章並非全面反映涵蓋對省港大罷工分析評價之觀點與角度。因此作為補充輔頁，本摘要嘗試將會上討論過程，整理為記錄摘要，希望能簡略地重溫當日與會者在席上發表之意見，配合是次研討會之宗旨。此摘要內容，將主要分為三部分：（甲）會上發表文章概說；（乙）大會討論時與會者各抒己見之簡錄；與（丙）嘗試回顧及檢討以上（甲）與（乙）部各種不同論點之精粹，繼而作出總結。

（甲）　會上發表文章概說
1.　《省港大罷工歷史》　　講者：梁寶龍
　　作者為省港大罷工編寫年表，並對其中重大事件，作出檢視及簡評。

2.　《省港大罷工對工會組織的影響》　講者：周奕
　　省港大罷工是一場反帝、反殖的政治性罷工，當中亦牽涉若干經濟訴求。其發展過程中存在各方矛盾衝突，及不少變數的轉移：運動由上海展開，後來南移至廣州和香港，在那裡爆發省港大罷工，其矛頭亦由反日轉為反英。
　　論文指出省港大罷工所包含的矛盾錯綜複雜，有其歷史的必然性和偶然性，包括執政國民黨和共產黨當時的特殊合作關係，和廣東省政府通過罷工獲得的意外經濟利益，都助長省港大罷工及令其得以延續。另外，罷工作為抗爭手段，亦為各方面的勢力帶來不同程度的正面和負面影響。
　　文章亦就省港大罷工對香港工運組織工作的影響作出探討：第一，當時香港的工會組織前身，多屬國內延伸的行會和幫會，其性質和運作帶有濃厚的封建色彩，工人並不積極參與，更遑論在工運當家作主。在「大罷工」進行期間，香港的工運組織開始轉變，例如香港工人領袖蘇兆徵和何耀全分別當上罷工委員會委員長和副委員長，這些經驗改變了工人的被動心態，影響深遠。第二，「省港大罷工」推動了香港工會組織民主化，在大罷

8

工中，每50名罷工工人，就有一個代表被選出來，共計
推選了800多人，成立了罷工代　　表大會，代表大會作為
一個重要的決策組織，隔天舉行會議，這個選舉制度史
無前例，並啟迪了日後香港工會組織和工運，秉承民主
精神。第三，罷工委員會的種種措施和決策，成為日後
在香港出現新式工會的典範，特別是在發起和組織基層
工會的方式方面，「省港大罷工」提供了寶貴的經驗，
例如在一九五零年代，香港倉庫碼頭工會得以成立，有
賴曾經參與「省港大罷工」的前輩提供經驗啟迪。

3. 《粵港工運形勢》[1]　　講者：陳明銶
　　在歷史而言，粵港工運有七大章節：
　（一）國民革命時期之社會動員背景
　　　　在1924年至1925年間，國民黨和共產黨組織了聯合
　　　　戰線，但左右派內部鬥爭仍然激烈。
　（二）中英港多邊關係的國際因素
　（三）第一次世界大戰後的中國社會運動新趨勢
　　　　1919年，五四運動帶來了新思潮和新的社運觀點，較
　　　　早前由於歐洲爆發第一次世界大戰，有三十萬華工被
　　　　招到歐洲，為中國帶來了新經驗。此外，大戰亦帶來
　　　　了中國開始工業化之黃金期（1914-1918），大戰過
　　　　後期間（1918-1923），中國社會發生通脹，導致工
　　　　人提出一連串加薪要求，繼而組織工會及參與罷工，
　　　　工運遂達到高潮。
　（四）1920-1924粵港相連的工運
　　　　由於香港的工人絕大部份來自廣東，倘若進行罷工，
　　　　多會回鄉，基於血濃於水和政治因素，他們都得到中
　　　　國官方和社團支持。1920年香港機械工人罷工，得到
　　　　廣東的支持，罷工取得重大勝利。同樣，1922年，香
　　　　港海員大罷工採取了同一策略，亦以勝利告終。1924
　　　　年發生了廣州商團與國民政府抗爭導致的「商團事變
　　　　」，其中亦牽涉到英資匯豐銀行買辦。這些事件亦影
　　　　響國內同期的工運。

---

1 本文編入文集改名為《在革命前線——1920年代中期粵港工運重點勾劃
綱要》。

（五）省港工運三重鬥爭
包括：(1) 國民革命及反帝、反殖、反英運動同時發生；
(2) 國共兩黨左右兩派權力變局；
(3) 勞資爭議及工會內部分裂鬥爭。
（六）1925-1926大罷工與粵港政局的直接關連
上海五卅慘案發生後，導致香港學生率先罷課，六月廿三日發生的廣州沙基慘案又火上加油，省港大罷工遂全面開展。
（七）省港大罷工的歷史遺產
包括：(1) 上海工人隨後先後三次起義（1926-1927）；
(2) 港英當局在大罷工後展開善後工作；
(3) 香港華洋政治及改革展開；
(4) 粵港關係再檢討及中英互動新定位。

4. 《省港大罷工對香港社會及勞工之影響》 講者：伍錫康
該文指出大罷工後港府對工會採取峻法嚴刑，香港工運因而萎縮，陷入低潮。除此之外，大罷工事後對港府施政、社會及世道人心，亦有深遠而正面之影響。
首先，在罷工時留港人士，認為此地較諸大陸安穩，開始對香港抱有歸屬感。至港督金文泰素習漢文，雖鐵腕對付罷工，卻對華人社會頗有認同，並促進華洋社會兩方較大溝通聯繫。港府素來認為要改善民生、勞工狀況及福利至為關鍵，在大罷工之教訓下，港府之勞工政策變得較清晰及正面，部份原因亦是英廷之殖民地政策在「費邊社」思想影響，較前開明。
該文亦指出省港大罷工結束後，造成有利氣候，令廢婢運動得以落實和成功，同時社會對女性出外工作，亦較前容忍。無疑政府在大罷工後對工運改為採取高壓政策，不過與此同時，剛成立之勞工分處曾嘗試鼓勵及扶植所謂「具責任感」之英式非政治性工會，但收效不大。該文最後指出一些較「軟性」之討論問題，例如(i)在規管社會行為模式方面，大罷工是否標誌著香港經濟及社

會，逐漸由「人治」轉向「法治」，例如是否反映在較多港人接受「合約」及其背後「精神」？(ii)是否可以及如何運用「工運概論」等理念，去闡釋省港大罷工及其含意？

5. 《未料的結果：省港大罷工與香港大學中文學院的成立》
   講者：區志堅
   省港大罷工期間（1925年），金文泰就任港督，及後其推動下（1926年）於香港大學成立中文組。文章指出省港大罷工與香港大學中文組成立，兩者有密切關係。第一方面是由於社會環境改變，民族主義開始抬頭，可以從當時的大罷工領袖蘇兆徵的言論可見一斑。但當時香港政府及一些日漸冒起的華商，其主流思想卻漸趨保守，產生了恐共情緒，當時港督金文泰亦曾警告共產黨已活躍於太平洋及歐洲。第二方面是有關金文泰總督超卓的個人條件和特質，身為一位漢學專家，他對中國文化有深入的了解，並先後任新界地政署及註冊處助理，曾成功處理新界事務問題，這種種都顯示他跟以往的港督有很大的不同。第三方面，他雖然提倡研究中文教育，但亦有其政治意圖，就是藉此向華人宣示英國沒有在香港強行消滅中國傳統文化，以達懷柔目的。此外，他亦希望利用教育促進中西文化交流，達到東西文化融合的效果。因此，在他領導之下，加上配合了當時的社會、政治環境及來自華商的經濟支持，日後香港大學中文組及日後的香港大學中文學院的成立，遂水到渠成。

6. 《國民黨與省港大罷工工》[2]　講者：李國強
   文章首先指出省港大罷工的核心是關於當時國民黨和英國之間的鬥爭和衝突，其幕後的操控者是蘇俄，而中共和香港政府則是第二線角色。其遠因源自(i)1922年一月發生的香港海員大罷工，向殖民地政府爭取改善勞工權益，此舉得到孫中山和國民政府的支持，導致成功，是為英國在華的首次挫折；(ii)在國民黨爭取關稅餘款方面

---

[2] 本文編入文集改名為《省港大罷工：略談國民黨之角色》。

，國民政府與英國為首的列強亦發生利益衝突，導致於1923年英國和其他列強派出軍艦至廣州港口，雙方劍拔弩張。另外，國民黨自1912年孫中山四月辭去臨時大總統後，勢力如江河日下。但海外國民黨支部仍得大量華僑支持，在省港大罷工時期，國民政府財政日益緊絀，但來自海外的捐款補助甚鉅。孫中山當時對勞工階層寄予同情，以及後來國民政府因在列強壓迫之下所採取的「聯俄容共」政策，都對省港大罷工帶來正面影響，並令其得以延續。

大罷工後，國民政府勢力重整，進行北伐，使中國有初步的統一，然而卻因國共亦因罷工分裂，國民政府開始亦對中國工會採取較嚴厲之政策。

（乙）大會討論要點

是次會議討論焦點，其一就是探討省港罷工對中港兩地社會及經濟之衝擊，雖然該宗罷工事件包括工資、工時及其他經濟議題，其主要綱領卻是政治主導一切，反對殖民主義與帝國侵略主義，故是次民族抗爭運動，被視為大義凜然之神聖任務。

話雖如此，倘若要否定經濟因素對省港大罷工之影響，卻不容易。首先，是次工潮對粵港造成之經濟損耗異常巨大。大罷工開始不久，因罷工停產及港口遭到封鎖停止運作，再加上經港轉口貨品受到杯葛抵制，已使香港損失幾達一億英鎊[3]，縱使香港因功能癱瘓而使廣州漁人得利，國民政府肩負之經濟財政包袱卻日益浩繁，不單要維持罷工返穗工人之生活並須應付龐大之糾察隊支出，罷工曠日持久，倍感吃力，不勝負荷，加上北伐迫在眉睫，所以國民政府無暇亦無力兼顧。

---

3 見祖‧英倫與約翰‧理宜（JOE ENGLAND JOHN REAR）：《英國統治下之中國勞工》（CHINESE LABOUR UNDER BRITISH RULE），香港：牛津大學出版社，1975，第79至80頁；亦見劉寒，《正確的策略是省港大罷工勝利的保證》，載於任振池與劉寒編：《省港大罷工研究：紀念省港大罷工六十五周年論文集》，廣州：中山大學出版社，1991，第164頁。據報大罷工展開未已，訪港輪船銳減，港口吞吐量僅為1924年百分之三十六。而香港內部經濟亦因此迅速萎縮，破產商號數目冒升，銀行金融業不景，而港府出入口稅銳減，儲備耗盡，英倫須向港府貸款三百萬鎊。見周奕：《香港工運史》，香港：利訊出版社，2009，第73至75頁。

因此，經濟上之限制條件，可説是導致大罷工無功落幕之主因，罷工因未能速戰速決，拖延過久而使省港華商轉舵，不再執著民族愛國情懷，改而放棄支持罷工行動，並且為求恢復中港貿易，開始對國民政府施壓並向港府游説，要求港穗展開地方性對話，儘快達致和解終止罷工；與此同時，由於資源緊絀，罷工經費幾乎消耗殆盡，所剩無幾，為求生計，返港復工覓職之罷工工人日增，令港督能夠自信地稱大罷工已是「不攻自破」[4]。回顧省港大罷工，無疑經濟條件，始終還是決定因素，在是次工潮裡何方孰強孰弱，成敗得失仍是取決於客觀經濟力量及經濟環境。再者工潮因間接造就中國共產黨坐大，引起蔣介石等右翼勢力猜疑，卒導致國共分裂，國民政府進行清黨，趁北伐之勢，大事整肅，是次大罷工行動亦因此失去賴以持繼之政治條件[5]。

然而，回顧及平衡各與會者意見，他們大多是認為是次大罷工背後之政治含義比諸其經濟目的較為重要，例如港府貶稱之為「布爾什維克」（BOLSHELVIK）無政府極端主義煽動所導致，其政治目的不言而喻，旨在顛覆港府管治地位。無疑，主導是次大罷工行動之工運領袖，其中泰半屬知識分子，立場左傾，他們多同情或奉行社會主義，期望帶領受壓工人，利用罷工與杯葛等懲治手段（SANCTIONS），迫使跟隨「大國沙文主義」之英國簽城下之盟[6]。觀乎會上頗為一致之意見，就是共產黨在指導及組織省港大罷工，擔任舉足輕重之角色。這種看法，可説是回應鮑爾文（SELIG PERLMAN）所提之「工運概論」（A GENERAL THEORY OF THE LABOUR MOVEMENT），就是工運在早期階段，往往是

---

4 港督金文泰《香港總督金文泰爵士於1926年2月4日在立法局會議上致詞》，（SIR CECIL CLEMENTI, "ADDRESS BY SIR CECIL CLEMENTI, GOVERNOR OF HONG KONG, TO THE LEGISLATIVE COUNCIL, FEBRUARY 4 1926"）載於《中國年報》（THE CHINA YEAR BOOK），1926-27年，第982頁。

5 若按馬克思之「歷史唯物」論，根源究始，是客觀之經濟條件，決定生產系統及生產關係，繼而凝造主觀之「意識形態」及支持權力分配之「超然系統」（SUPER STRUCTURE），亦即價值觀。換言之，政治與文化形態，其成因可追溯自經濟因素。然而，相對而言，馬克思認為亦須倚靠意識形態及政治方式，作為「動員力量」，促使人民醒覺進行改革或革命。所以經濟與政治因素，乃相因相成，要就其因果關係，誰是因誰是果下定義，並不容易。

6 「大國沙文主義」，源自英詞（CHAUVINISM），它旨是形容大國與小國，強弱懸殊之力量差距，大國往往可將其意願強加於弱勢小國。該詞亦可被應用於反映因男女性別差距，而出現之「大男人」主義。

由工人們「抽象」之一群結社凝聚而組成，但每多受知識分子形同「抽象」之操控，用以追逐其「抽象」之理想[7]。回顧省港大罷工事件中，無疑左派知識分子之能力魄力，是主要因素，解釋大罷工嚴謹之組織，他們在動員人力及運用資源方面，有條不紊，儼如一個「政府」，況且罷工早期適逢國共合作，不少罷工領袖與國民政府管治精英關係密切，國民政府成為罷工背後之支撐力量，因而罷工在開始時，有勢如破竹之勢[8]。

是次研討會所辯論之另一議題，就是工人之醒覺性與其質素。其中一說，就是罷工工人僅是盲目之一群，缺乏獨立思考能力，容易受知識分子利用慫恿，衝動行事。究竟基層工人階級，是否被知識份子利用及操縱？這問題成為會上爭議焦點之一。換言之，回應上文提到鮑爾文之論，在該年代之中國工人，是否在工人運動尚未成熟時，多會意氣用事，徒具熱血豪情，卻缺乏獨立理性思考判斷能力，因此容易受到知識分子「抽象」之操控，往往淪為後者要達到其政治目的之工具，不少為此而犧牲自己利益，甚或付出寶貴性命，曾有與會人士引用黃花崗革命烈士為例，然而卻遭持不同意見人士反駁，指稱工人與學生同屬「五四」後改革自強運動之前衛者，其志可嘉。

---

7 見史歷‧鮑爾文（SELIG PERLMAN）1968（原版：1928年），第10頁；亦見伍錫康《重溫中國（廣州與香港）工人運動與鮑爾文理論》["A REVISIT TO THE CHINESE (CANTON-HONG KONG) LABOUR MOVEMENT AND PERMARN'S MODEL"]，載於《澳洲政治與歷史學刊》（THE AUSTRALIAN JOURNAL OF POLITICS AND HISTORY），第31期，第3號，1985，第423至424頁。

8 見伍錫康與葉景明：《資本主義與相對論：重溫中港工運與鮑爾文概論》（DIALECTICS OF CAPITALISM: A RE-VISIT TO THE HONG KONG CHINESE LABOUR MOVEMENT AND PERLMAN'S MODEL），載於《勞工史學刊》（LABOUR HISTORY），第45期，第4號，2004，第475至476頁；亦見陳善光：《省港大罷工與第一次國共合作》，載於任振池與劉寒《省港大罷工研究——紀念省港大罷工六十五周年論文集》，廣州：中山大學出版社，1991，第1至第11頁。按有關典籍所載，汪精衛與廖仲凱兩人同為國民黨內支持省港大罷工之表表者。見馬星光：《省港大罷工時期的汪精衛》，載於任振池與劉寒《省港大罷工研究：紀念省港大罷工六十五周年論文集》，第115至129頁。

若從客觀角度嘗試分析中國工人之取態，他們孰智孰「
愚」，實難一概而論，而須考慮當時環境及個別本人動機，
就以跨民清兩代知識分子汪精衛為例，參加革命及抗戰時投
日，前者為人嘉許推崇，而後者卻為後人唾棄，究竟是情意
或屬理性決定，是自私追求權力或是自我屈辱、犧牲忘我氣
節之舉，時至今天仍屬見仁見智，難下定論，因此我們可能
不用強執此問題而爭議不休。

　　事實而言，清末民初，在外資帶動下中國開始工業化，
受僱於工廠之中國工人亦應運而生，著名歷史學家唐尼（
TAWNEY）對工業剛起步之中國作頗具見地之觀察，他稱中
國可分為三部份，其一是沿海港口，藉主要來自外國輸入之
工業資本而逐漸繁盛，其二為前者之後勤基地，並以鐵路運
輸網互相連繫，其三為內陸農村地方，約佔全國面積百分之
八十，仍是依靠土地耕作為生計[9]。無疑城市工作之工人生
活條件遠勝於鄉間農民，然而其收入仍是僅是糊口，而外資
工廠之僱傭與工作條件明顯較華資家庭企業為優，例如在英
資紗廠工作時間每天十小時而有兩次休息時段，相反在華資
工廠，工作長達每天十四小時而並無任何休息時段，而在一
九二五年中國駐「國際勞工組織」代表曾嘗試就華資形同「
汗衣工場」之形象自圓其說，認為華人僱主並非刻薄，而是
以家長身份去管治其企業，與員工刻苦共勉[10]。華人僱主並
且極力反對任何勞工改革，例如反對禁止童工，而在天津一
所外資紗廠雖嘗試執行八小時工作日，卻因遭華資紗廠集體
施壓而須放棄[11]。在中外資本對待工人之方式有如斯大之差
距下，中國工人之階級集體醒覺難以催生，而中國工人，是
否能持續慷慨激昂，為「民族大義」長期獻出無間，亦頗成
疑問。

---

9 見唐尼（R.H.TAWNEY）：《中國土地與工人》（LAND AND LABOUR IN
　　CHINA），倫敦：雅倫與寓雲（ALLEN & UNWIN），1932年，第127頁。
10 這是中國派駐意大利及國聯大使鄧齊符（TANG TSAI-FU）（譯音）於一九
　　二五年向第七屆國際勞工組織大會所發表演說內文所提。見《中國年報》
　　（THE CHINA YEAR BOOK），倫敦：洛圖治（ROUTLEDGE），1926-27年，
　　第896頁。
11 可參考范富安（FANG FU-AN譯音）：《中國勞工》（CHINESE LABOUR）
　　上海：奇理與華爾殊（KELLY AND WALSHE），1931，第36至37頁。

誠然，當時中國工人之恆久心態，可能遠較在大罷工開始他們所表現的為務實及理智，若是套用鮑爾文之論，説他們會為教條式之理想去罷工，則似乎過於樂觀，有評論指出，中國工人面對工資僅堪糊口之現實時，欲想他們為教條原則問題而放棄工作，簡直不大可能[12]；而一九二四年時上海之「費邊社」，亦不諱言稱：「除對工資與工時外，中國工人對任何問題鮮有任何興趣」[13]。當大罷工高潮過後而罷工經費不繼，工人開始感到生活壓力，紛紛回港復工。況且，中國及香港工會，常被西方學者評為有異於西方以經濟為本之工會，而較接近馬克思所倡議之政治工會，故上重下輕，上層由知識或政黨人士操縱，而下層組織散渙，不若英式工會之車間代表（SHOP STEWARD）制度般嚴謹[14]。所以對草根工人之吸引力及凝聚向心力有限，勞動人口參加工會之密度素來不高，大罷工失敗，更對工運衝擊甚大，在香港除在戰後數年經歷一段「小陽春」外，香港工運素被稱為疲弱欠勁[15]。

　　倘若嘗試比較英國工運之政治取態，不少較為左翼工會，例如煤礦與鐵路工會，認為工會與工人階級，應置「局部利益」（SECTIONAL INTEREST）於全國統一利益之上，更有反資本論者，否定工人階級對國家利益具有任何內在責任，其責落於執政精英與統治階級，因此罷工縱或有損國家經濟

---

12 見伍錫康與葉景明：《資本主義與相對論：重溫中港工運與鮑爾文概論》，第486頁。
13 有關上海費邊社對中國工人之務實心態之描繪，見《中國年報》，第659至660頁。
14 車間代表（SHOP STEWARD）制度，在英國可追溯自一八九八年「機器工人合併會」（AMALGAMATED SOCIETY OF ENGINEERS）之地區分會興委員會這類組織，見亞瑟·馬殊（ARTHUR MARSH），《工場組織》（WORKSHOP ORGANIZATION），倫敦：克治臣（HUTCHISON），1973年；夏拔亞瑟·唐納：《工會發展、結構與政策》（TRADE UNION GROWTH, STRUCTURE AND POLICY），倫敦：雅倫與寓雲（ALLEN AND UNWIN），1962，第85頁。相對而言，香港工會之工場組織，卻素是積弱，亦是解釋工會缺乏基層支持原因之一。見伍錫康，《香港勞工法》（LABOUR LAW IN HONG KONG），屬羅渣·鮑皮爾編：《法律、勞工法與工業關係百科全書書叢》（INTERNATIONAL ENCYCLOPAEDIA OF LAWS, LABOUR LAW AND INDUSTRIAL RELATIONS），荷蘭：華詭斯·冀華斯法律與商務出版社（WOLTERS KLUWER），2010，第238至2239頁，第674頁；第241至242，第681頁。
15 有關對香港戰後工運之詳述，可參考夏拔亞瑟?唐納與其他人合著，《最後屬土：誰屬》（THE LAST COLONY: BUT WHOSE?），劍橋：劍橋出版社，1980，第三章；亦見祖·英倫與約翰?理宜，《英國統治下之中國勞工》（CHINESE LABOUR UNDER BRITISH RULE），香港：牛津大學出版社，1975，第83至106頁。

，解決責任歸於僱主、資本家與治國精英[16]。相對而言，「階級」觀念在中國社會較為淡薄，而工人階級與資本家間之矛盾亦非如此突顯。

是次研討會，席上亦有提到省港大罷工之訴求，罷工委員會於1925年6月成立後來已向港府提出一系列要求，其中包括與工人勞動條件及爭取民權有關，例如八小時工作天、最低工資、工傷保險以至集體談判等項目，亦有涉及公民權利，例如言論自由、結社自由、出版自由以及撤銷對華人在山頂居位之禁令、華洋平等，同樣享有選舉立法局投票權，並且在法律面前人人平等，無分國籍。稍後，罷工委員會亦提出復工之條件，包括維持原有罷工前之聘用條件、補發罷工期內之工資、釋放罷工期內遭拘禁人士與保證不作任何「秋後算帳」，向罷工工人作報復性之懲罰措施[17]。

上述各項訴求，涵蓋範圍甚廣，並且一些項目頗具前衛性，可說向建制及香港之管治權力挑戰及與其討價，其中引起與會人士關注之項目，是八小時工作天與投票權，八小時標準工時，事隔九十年（幾達一個世紀），至今仍是處於勞資拉鋸僵持狀態，標準工時委員會實際現已一分為二，要就該問題取得雙方共識，仍是遙遙無期，席上不少人提出之疑問，就是環顧全球，不論高度發展或發展中之國家或地區，十之八九已就標準工時立法，唯獨香港卻面對這項議題，纏繞經年，仍是「只聞樓梯響」而已。是否反映香港勞資關係並非如官方所假設般和洽。

至於所謂投票權之公民政治權利，相形之下九十年後卻有重大進展，早在省港大罷工這年代，香港工運人士對這種

---

16 英國之階級制度與觀念，根深蒂固，工人階級與工會，往往自視為受壓迫之一群，位處基層，故與資本家及中產階級常劃清界線，彼此「你、我」壁壘分明。可參考佐治・邊因，大衛・曲斯與維拉利・艾歷斯（GEORGE BAIN, DAVID COATES AND VALERIE ELLIS）：《社會階級分層與工會主義》（SOCIAL STRATIFICATION AND TRADE UNIONISM），倫敦：漢理文教育出版社（HEINEMANN EDUCATIONAL BOOKS），1973。

17 有關大罷工所提出之要求，大部份典籍皆有提及，然而較為詳盡之闡述，可參考周奕，《香港工運史簡篇》，香港：利訊出版社，2013，第26至27頁。

權利已有認知，可説難得，但卻須待七十年代「麥理浩時代」方有長足發展，源於當時之「代議政制白皮書」，這些政治改革亦可説是受惠於1966年天星小輪加價暴動與1967年社會動亂之教訓，港府痛定思痛，再加上新界租借期面臨屆滿，故一改其素往保守作風，不單政改，並且在勞工、房屋、福利及廉政各領域，多管齊下，勵精圖治[18]。

説來巧合，省港大罷工後，港督金文泰雖嚴厲對付工運及苛法抑制罷工，卻刻意營造太平，施行仁政，深獲華人社會擁戴；四十多年後，在1967年社會動亂後，七十年代在港督麥理浩管轄下之香港，在經濟、政治及社會制度發展上，有驕人成就。因此可以大膽假設，香港歷史上兩次最震撼之社會事件，其一是省港大罷工造就第二次大戰前最佳之一任港督，其二是1967年之動亂亦造就戰後表現最為人稱頌之港督[19]。

再看是次工潮工人所提之訴求，其政治含意仍是較實質經濟作用為大，例如最低工資之議，雖然港府在1932年訂定《最低工資條例》（MINIMUM WAGE ORDINANCE），賦予港督權力，委任「工資局」，就個別行業訂定最低工資，卻因不符民情，僅屬具文；1941年港府廢除《最低工資條例》，代之以《商局條例》，亦是形同虛設，並無實效。行業性之最低工資，須至於1960年代方就海外家傭開始實現，然而卻非按「商局條例」頒佈，而僅屬行政決策。至於勞工保險，雖然若干西商華資企業，設有工傷補助，亦須待戰後港府方就這方面立法；至於標準工時，亦是口號多於反映工人實際需要，當時工資不少屬時薪或件薪制所限，因此對不少工人而言，工時愈長收入愈多[20]。

18 就六十年代之社會動亂引帶之社會與勞工及政制改革，可參考奇夫·鶴健士（KEITH HOPKINS）編，《香港：工業殖民地》（HONG KONG：THE INDUSTRIAL COLONY），香港：牛津大學出版社，1971。亦可見伍錫康，《勞工》，載於鄭宇碩編，《蛻變中之香港》（HONG KONG IN TRANSITION），香港牛津大學出版社，1968，第268至299頁。
19 有關港督金文泰之施政及其在民間評價，可參考張連興，《香港三十八總督》，香港：三聯，2012，第236至245頁；而有關港督麥理浩之政績，亦可見同上，第338至357頁。
20 見梁富華：《省港大罷工九十週年有感》，未發表而將載於《省港大罷工九十週年回顧論文集》，在付印中。

因此，若是單由其訴求推斷，是次大罷工行動傾向屬政治性之工業行動，故在定義上，亦可被稱為「總罷工」（GENERAL STRIKE），是「反建制」之政治性全面罷工，為草根大眾針對僱主與政府之有組織及具策略性之抗議行動。同年，1926年5月3日至5月12日在英國發生之煤礦工人罷工，演變成為得到「工團總會」（TRADE UNION CONGRESS）支持之全國性總罷工，亦被稱為大罷工，中英兩地總罷工不約而同發生於1926年，亦屬湊巧[21]。

正如前文所提，港府在省港大罷工結束後之管治取向，與在1967動亂過後之情形，頗多相似的地方。研討會上，曾談到香港政府與在南京之國民政府皆在事件過去後立法箝制左傾之工運，繼1927年清黨（驅逐共產黨）後，國民政府在1929年通後壓制性之《工會法》，給予當局廣泛權力，控制工會，例如政府可派官員協助工會管治，政府可撤銷任何工會而無上訴渠道，工會不能為要求在政府所頒佈之工資水平以上加薪而進行罷工。同樣，港府亦於1927年仿照二七年英國之《勞資糾紛與職工會法》（TRADE DISPUTERS AND TRADE UNIONS ACT），頒佈嚴苛之《非法罷工與禁廠條例》（ILLEGAL STRIKES AND LOCKOUTS ORDINANCE），取締所有意圖向政府施壓或癱瘓經濟之政治性罷工或閉廠（後者是由僱主採取之工業行動，拒絕僱員返回崗位，正常工作）行動。值得一提，就是港府是次立法行動，幾乎與英國本土同步而行，可說是效率異常。隨後，左翼工運在國內因受壓而轉向地下，而在香港工運亦轉趨「沉寂」，「在罷工後十年內，香港保持不受任何罷工問題困擾」[22]。

---

21 見史塞爾勳爵（LORD CITRINE）：《人與工作》（MEN AND WORK），倫敦：綠林出版社（GREENWOOD PRESS），1976；亦見曲冀（W.H. CROOK）：《總罷工》（GENERAL STRIKE），北卡洛納尼州：北卡洛納尼大學出版社（UNIVERISITY OF NORTH CAROLINA PRESS），1931；與梅理（J.G. MURRAY）：《1926年之總罷工》（THE GENERAL STRIKE OF 1926），羅蘭斯與維斯哈爾出版社（LAWRENCE AND WISHART），1951。

22 見畢拉（H.R. BUTTERS）：《勞工主任畢拉就香港之勞工與勞工情況之報告》（REPORT OF THE LABOUR OFFICER, MR. H.R. BUTTERS, ON LABOUR AND LABOUR CONDITIONS IN HONG KONG）香港：政府印務局，1939，第118頁，第58段。

回顧1926年省港大罷工後，港督金文泰展開一系列之勞工保障立法措施，最矚目之項目，就是取締「蓄婢」積習與加強對婦孺之保障，經過歷時十載之華洋勢力爭持角力下，1938年港府卒通過重要之《女性家僕條例》修訂法案與制訂《保護婦孺條例》，清晰地釐定「妹仔」之定義，規定「妹仔」須向華民政務司註冊，而任何年齡未足21歲被領養之女僕，華民政務司在法律上成為其監護人。其後，妹仔或婢女人口在香港漸次減少，終告消失。此外，1935年頒佈之《公共衛生條例》，旨在改善僱員之工作衛生條件，而1927年制訂之《工廠暨工場條例》，產生「工廠督察」編制及於1932年修訂後，禁止婦女及青年在指定之危險行業工作。此外，1937年修訂《工廠暨工場條例》，賦予港府權力監管工業安全與防止工業意外。而諷刺地，大罷工有關工時之要求與其他項目，悉數落空，港府卻在1932頒佈仿照英國工資局模式之《最低工資條例》，此條例之產生，反映「國際勞工組織」對港府在勞工立法方面之影響，香港為應用《國際勞工公約》第二十六號，故跟隨該公約之標準，成立用以制訂行業性最低工資之機制，並參照當時英國制度，制定1932年之法例，授權港督會同行政局，在其認為工資過低之行業，委出調查委員會聆訊，藉以為該行業制訂行業性之最低工資。然而，《最低工資條例》，以及1941年取代該條例之《商局條例》，皆只屬具文，卻從未有付諸實施[23]。

　　觀乎1967年後，港府在動亂平息後，痛定思痛，銳意推行改善民生之社會與勞工改革。首先於1968年制訂影響深遠之《僱傭條例》，為僱員提供一系列之保障及法定福利；隨後在1970年，將《職工會登記條例》進一步理性化，並易名為《職工會條例》；跟著在1972年頒佈《勞資審裁處條例》，設立勞資審裁處，為勞資雙方提供較為簡易之法律途徑，處理任何一方所提出之賠償聲請；而在1975年制訂《勞資關係條例》，取代《非法罷工與閉廠條例》，該條例釐定一套

---

23 見伍錫康：《香港》（HONG KONG），屬羅渣‧鮑皮爾主編（RODGER BLANPAIN ed.）：《勞工法與勞資關係國際百科全書》書叢（INTERNATIONAL ENCYCLOPEDIA FOR LABOUR LAW AND INDUSTRIAL RELATIONS），荷蘭：冀爾雅法律與稅務出版社，1990，第230至232頁，第377至380段。

循序漸進程序，使政府可以介入罷工及其他嚴重之勞資糾紛，協助雙方解決歧見，達成協議，因此政府毋須就任何工業行動，介定其為非法罷工或閉廠，而香港自此亦在法律上再未有「非法罷工」或「非法閉廠」這名詞。

省港大罷工之後遺症其一，就是諷刺地造就「香港本土」之身份認同，在大罷工前，幾乎大部份在港人士，不論商人或工人，皆以「旅港」或「僑港」心態居港，對香港並無任何長期永久之歸屬感，不少社團以「僑港」冠名[24]。然而，大罷工後，除在工潮期間內留港居民外，亦有不少罷工後回港復職工人，他們有鑑香港政局較大陸穩定，而經濟上在港工作較能豐衣足食，亦開始以香港為家，而「香港人」這身份觀念，亦逐漸形成。

究竟1925年之省港大罷工，是否在香港身份認同之發展過程中，一個重要之里程碑，值得我們反思。誠然，大罷工後，不少僑港人士開始以香港為家，視中國大陸為故鄉，然而血濃於水，中港來往頻繁，二次世界大戰，不少港人返粵避難，戰後港府人口管制漸上軌道，設立移民與人口登記局，為在港出生人口發出生證明書，其後更賦予英國海外公民資格，香港人之身份觀念，不單較前更為凝固，並有法律實質基礎。

至1990年，港督衞奕信為鞏固民心，促請英廷頒佈《英國國籍法》，容許具資格人士申請為英國本土公民。而較早時，大陸新移民於八十年代因與港人文化格格不入，而曾被冠以「阿燦」之名，可說是因中港兩地制度各異與生活模式不同，導致新移民在融入香港社會遭遇不少困難之縮影。與此同時，一些社會學者，開始倡議港人擁有自己「核心價值」，其意識再不是五六十年代浮游不定之「難民」心態，而是與香港法治制度與個人自由掛勾，再加上「獅子山下同一

---

24 見畢拉：《勞工主任畢拉就香港勞工狀況之報告》，第107至108版，第6段。

家」之流行文化影響，港人身份之界定，更為清晰[25]。至1985年之《中英聯合聲明》，與1990中國頒佈之《基本法》，承認香港居民有其別於中國大陸之法制與生活方式，並引用鄧小平先生之「一國兩制」觀念將其理性化。至1997年香港回歸後，備受爭議之問題，就是會否由香港擔當「火車頭」角色，帶動閩粵等地經濟發展，與香港逐步看齊，或是香港逐漸「大陸化」，生活水平下降而與國內漸次拉近。凡此種種，皆引起「兩制」是否能否持續，或是邊界逐轉含糊褪色，況且，自回歸迄今，連串事件，例如就大陸兒童若有居港父或母親應否擁有居港權，港府上請「全國人民代表大會」釋法；此外，備受爭議的矛盾，亦包括特區政府應否按《基本法》第二十三條為「國安」立法，以及直選特首之議，亦使不少港人對中央干預感到不安。

　　香港「自治」問題，逐漸引發在年青一代，產生「反地心吸引力」之意識傾向。2014年秋冬間出現之「佔中運動」，以及在新界此起彼落之「反水貨」抗議行動，卒導致出現所謂「香港本土派」之「香港獨立」思想，卻為較為穩重年長之一輩所病詬。

　　因此若要了解中港兩地間鴻溝之成因，省港大罷工有頗重要之啟發作用。回顧省港大罷工發生時之二十世紀二十及隨後之三十年代，香港身份與認同中國心態並無相互抵觸之處，然而在二十一世紀的今天，兩者是否相輔相成，已在年青一輩出現矛盾，值得我們探究及對症下藥。

---

25 第二次世界大戰前，大陸人士可自由進出香港，不受限制。港府在1934年制訂《人口登記條例》（REGISTRATION OF PERSONS ORDINANCE）與《移民暨護照條例》（IMMIGRATION AND PASSPORTS ORDINANCE），華人雖獲豁免，然而倘若任何來自大陸人士未能證明已有或將有工作，可遭逮解出境。見畢拉，同上，第110頁，第17段。載於一九四九年，港府開始簽發各地居民身份證，以核實居港人士身份。有關香港人之本地意詢如何萌芽及滋長，可參考余震宇：《戰後香港寫照：一九四五至一九六七年》，香港：中華書局，第14至16頁；羅永生：《殖民家國外》，香港：牛津大學出版社，第113至118頁；亦見雷甘（KAM LOUIE）《香港掠影：全球性文化之產生》（"HONG KONG ON THE MOVE: CREATING GLOBAL CULTURES"），載於雷甘編：《香港文化‧家與影》（HONG KONG CULTURE: WORD AND IMAGE），香港：香港大學出版社：2010，第1至第7頁。

在香港勞工史上，1922年之海員大罷工，1925年之省港大罷工，與二次世界大戰後1946至1950年之連串工潮，可說是工會向西商挑戰之經典例子，省港大罷工為跨行業之總罷工（GENERAL STRIKE），屬政治性罷工。是類罷工，因受隨後1927年頒佈之《非法罷工與閉廠條例》禁止而在香港絕跡，相對而言，戰後數載之工潮，雖屬此起彼落，然而只限於在行業或企業層面發生，而且泰半為經濟性，主要是因戰後復原，百廢待興，物資短缺，導致通脹高漲，而物價上升令工人提出加薪要求，同時戰後香港工人愛國情緒仍處於高峰期，所以罷工行動多是針對外商。然而，這次戰後罷工浪潮卻在1949年大陸解放不久，漸趨平靜。是年人民政府成立，國民政府遷台，而在香港左派之「香港工會聯合會」與右派之「港九工團聯合總會」亦於是年成立，香港工運中心兩極化之局出現，但是兩會皆未有按1948年制訂之《職工會登記與工業糾紛條例》註冊，僅以社團身份運作（港府不允許這兩間會以職工會條例註冊，以免它們成為總工會，僅允許他們以普通社團註冊），並且由於大量難民湧入，充斥勞工市場，人浮於事，倘要成功組織罷工並不容易，工聯與工團遂改變其工會策略，避免與僱主直接衝突，改而提供工人福利，例如設置宿舍，辦理工人診所及工人子弟學校等，甚或為失業之工人提供失業補助等，以吸納會員，香港工會因而被稱為陷於「沉寂低調」（DOCILE）之態，表現乏勁，鮮有代表會員與僱主周旋，進行集體談判），這與1946至19年間1950之情況比較，已大不如前。

此外，是次研討會亦有提到之問題，就是香港政府受到罷工挑戰，表面看似僅僅是地區事件，對壘雙方，就是港府與位於廣州之罷工委員會，而非中英兩國相互周旋角力之國際事件。若論罷工之導火線，是在港外地方發生，開始時是在上海之反日反英示威抗議浪潮，繼而爆發廣州沙基血案，皆與港府無直接關係，但若論事實來說，大罷工主要是在香港發生，而非在廣州或廣東省其他地方，權威受到挑戰的是香港政府，但是否僅屬「代罪羔羊」？或是相反是有其內在原因？屬有跡可尋？追源究始，港府根本是英國在華政策之

主導中心，倘若回顧香港開埠史，不少文獻檔案顯示港督亦身兼英國在華之商務專員，十九世紀與二十世紀初，港府財政收入，鴉片徵稅仍屬重要部份，而大罷工初期，港督司徒拔曾嘗試說服英國，出兵以「炮艦政策」向國民政府施壓，以停止罷工行動，此議卻遭英倫否決而未能成事[26]。

　　再者是次工潮，規模之大，歷時之久，可說是中國以至世界工運史之地誌，然而當時有否受到國際關注，有否在其他地方出現同情響應行動，是值得略作探討。

　　大罷工曾一度獲上海等地，相繼發生之同情罷工響應。同時蘇聯共產黨之「紅色國際」（RED INTERNATIONAL）亦發電聲援，卻未有任何實質支援[27]，湊巧地，英國因煤礦工人工潮在1926年亦爆發史無前例之大罷工，但是兩者之間並無互相協調，各自為政。然而這兩地工潮，卻有若干地方相似。英國之全國大罷工，被視為政治性之「公民抗命」行動[28]，而且受左翼思想影響，其訴求較諸省港大罷工，更為激進，包括爭取「工人控制權」（WORKER CONTROL），故亦被政府指為「無政府主義」傾向[29]，在英國勞工史上可稱是空前絕後。因此省港與英國大罷工，不僅在時間上巧合，在性質上亦有共同之點，況且英國全國大罷工後，政府在1927年頒佈嚴峻之《工業糾紛與工會法》（TRADE DISPUTES AND TRADE UNIONS ACT），取締針對政府之政治

---

26 見法蘭‧韋殊（FRANK WELSH）：《香港史》（A HISTORY OF HONG KONG），倫敦：夏巴‧哥連斯出版社（HARPER COLLINS PUBLISHERS），1997年修訂版，第372至373頁。
27 然而，海外華僑卻為罷工提供頗為可觀之財政援助，亦有表示文章聲援。見陳維斯，《華僑在省港大罷工中的作用》，載於任振池與劉寒編：《省港大罷工研究》，第144至第149頁。
28 見魯祖詩（K.G.J.C. KNOWLES）：《罷工》（STRIKES），牛津：巴素‧比爾雅（BASIL BLACKWELL），1952，第8頁。
29 1926年英國之總罷工，可說是英國工運左翼勢力與保守之英政府角力之縮影。1914年英國煤礦工人總工會、全國鐵路工人總工會與全國交通工人總工會，組成「三方聯盟」（TRIPLE ALLIANCE），承諾在任何一方罷工時，彼此守望相助，同共進退。194年倫敦火車工人因調薪罷工，旋導致倫敦全市地面交通工人全面停工，接踵而來之地下鐵路工人罷工，而火車工人亦因此而遂其所願。該宗事件，顯示「同情罷工」（SYMPATHETIC STRIKE）之力量，與罷工之政治影響力，195年煤礦工人罷工，觸動「三方面聯盟」，發展成為政治之總罷工，亦有「工人控制」之影子。見亨利‧裴禮仕班寧（HENRY PHELPS-BROWN）：《職工會力量：源頭與成因》（THE ORIGINS OF TRADE UNION POWER），牛津：牛津大學出版社，1986，第77至第79頁；第82至85頁。

性罷工[30]，而港府亦向英倫借鏡，同年以該法為藍本，制訂《非法罷工與閉廠條例》，成為政府箝制工運與工業行動之重要工具。而「非法罷工」這觀念及所涉及之刑事責任，在香港一直存在至一九七五年，方被當時頒佈之《勞資關係條例》所廢除。

事實而言，國際工運與工人跨國之相互認同與團結，一直以來僅是雷聲響而雨點小。原因之一，就是「工作機會有限」之觀念，這個觀念，在鮑爾文之「工運概論」中，已曾提出，蓋發展國家與發展中國家在這方面之利益矛盾，至為明顯，就以海員為例，遠東地區之海員，工資遠遜於歐美地區海員，而早在一九二二年之海員大罷工，已有針對這類工資差距之認知及要求，然而今天當全球經濟逐漸一體化，船東可以選擇聘用工資較低之亞洲海員時，歐美海員工會往往美其名，聲稱仗義代其亞洲「兄弟」海員出頭，向船東施壓，為其爭取較佳待遇，此舉卻往往引起亞洲海員工會非議，視其背後動機，卻是為謀取西方海員自己私利，就是欲將工資差距拉近，從而令歐美海員加強其相對競爭力，重新找回他們流失至遠東之工作機會。同樣，不少美國之製造業工會，亦往往反對行業內所屬企業，到海外投資，其意就是阻止工作機會往外流失。

跨國工人團結，往往須由國際工運中心統籌，然而能否凝聚跨國「共識」，往往受制於意識形態，縱使在歐美等地，世俗與宗教之工運中心可以合併，卻仍與在俄羅斯及東歐等地有社會主義背景之工會工運中心，格格不入，況且工運中心內部亦有派系之分，因此國際工會聯盟（其前身為國際自由工會聯盟）及之國際工會秘書處，曾經在對付強大之跨國公司時，嘗試在不同國家地區組織同一時間，同步進行之連鎖性罷工，但行動難以協調，結果差強人意。

---

30 見亞瑟・馬殊（ARTHUR MARSH）：《工業關係簡略百科全書》（CONCISE ENCYCLOPEDIA OF INDUSTRIAL RELATIONS），韋斯勿狄：高瓦出版社（WESTMEAD: GOWER），1979，第309頁。然而1927年之《工業糾紛法》由於一直以來未遭英國工會強烈反對，遂於1946年被廢，代之為新頒佈之《工業糾紛暨職工會法》。

在香港有鑑中港兩地工運密切，1927年之法例與1948年之《職工會與工業糾紛條》，規定任何工會倘若要與任何海外工會聯繫與結盟，須得港督會同行政局批准，方可進行。這對香港工會參加國際工會運動，有甚大掣肘，須待特區政府上場後，此項規定方被廢除，但仍須有關工會會員投票贊成，方可成事。回顧殖民地時代管制職工會之法例，為中港兩地「合一」工運，劃上句號，然而當時本地工會與海外聯繫並非因此絕跡，例如郵務與運輸及海員工會，亦有參加有關個別之「國際工會秘書處」（INTERNATIONAL TRADE SECRETARIATS）[31]。話雖如此，香港工會自省港大罷工後，已逐漸轉變成為「內向」形，縱使海外連繫之條文放寬後，對本港工運並無任何實質幫助，僅是讓香港工會享有更大之「結社自由」而已。

省港大罷工令港府認為本港工會過度政治化，一直以來它相信本港工運是受「三合會」滲透，而三合會與辛亥革命及國內其他政治活動素來關係密切，因此迄今，職工會法例皆禁止任何有關三合會背景或有犯罪紀錄者出任工會幹事。由於時間關係，是次研討會，並未有就「三合會」及傳統行會，在省港大罷工所擔任之角色，作較深入討論，然而三合會與行會等組織，與香港戰前工運可説千絲萬縷，值得我們嘗試作較深入了解。

（丙）略評研討會上發表之文章

省港大罷工由1925年5月展開，至翌年1926年10月結束，歷時一年四個月，參加罷工工人多達25萬，可説是歷史上規模最大歷時最長之罷工行動，大罷工過程迂迴曲折，頗富戲劇性，香港政府與罷工委員會角力，可説是力量與智謀之較量，背後亦牽涉港府背後英廷政府對華之決策，與支持罷工之國民政府、中國共產黨與華商之錯綜關係，會上首篇發表之文章，是由梁寶霖與梁寶龍昆仲所編制之《省港大罷工

---

31 有關「國際工會秘書處」之簡介，可參考亞瑟・馬殊，同上，第156至157頁。

大事記》，除為在罷工期間，與前後所發生之重要事件編寫年表外，整理嚴謹而具系統，令讀者對省港大罷工能藉此而可洞觀其貌，是紀錄省港大罷工這劃時代之重要事件不可多得之記事冊（CHRONOLOGY），此外文章亦就工潮期間所發生之重要事故，作扼要而中肯之評述。

研討會上發表之第二篇文章，是由周奕撰寫之《省港大罷工對工會組織的影響》，作者指出省港大罷工是一場反帝與反殖民主義的政治性罷工，其發展過程存著不少變數，與矛盾重心及對手之轉移，運動始自上海，跟著南移至廣州與香港，而在這英殖民地爆發大罷工行動，而矛頭亦輾轉由反日變成反英。文章亦因大罷工牽涉錯綜複雜之利益與意識形態矛盾，提出有其歷史之「因果」必然性與「機會」之偶然性。

至於省港大罷工如何影響香港工運之組織及工作，《省港大罷工對工會組織的影響》亦提供深入淺出之剖析，有助我們了解香港工會運動之背影及過去與現在之形態，其一就是當時香港工會之性質，多屬國內延伸至香港之行會與幫會，但行會與幫會，其性質和運作帶有濃厚的封建色彩，未能反映工人利益，省港大罷工刺激現代產業及行業工會；其二是省港大罷工推動工會內部管治民主化；其三是罷工委員會嚴謹之組織結構，為日後香港工會提供參考之藍本。因此，該文可說是在了解大罷工如何啟導香港工運發展，提供精闢之剖析。

會上第三篇發表之文章，是陳明銶撰述之《粵港工運形勢》，作者以歷史學家之觀察眼光，提出二十年代之粵港工運，具有七項歷史上之含意。其一是辛亥革命後國民政府未穩政動盪下社會動員之背景，1924年至1929年期間，國共由立場各異進而組織聯合陣線，旋因互相猜疑而告分裂，左右兩派鬥爭激烈，在新文化及思想領域方面，可說百花齊放，卻削弱團結，而非上下一心對外（特別是在防日方面）。

其二是中英港粵多邊關係，頗為錯綜複雜，省港大罷工，反帝矛頭由抗議日本轉為反英，而國共角力，重心放於東南沿岸，忽略日本在華北擴張蠶食。

其三是第一次世界大戰以來民間工人與社會運動之新形勢，大戰雖以歐洲為戰場，卻動員30萬華工被召至歐洲後勤支援，戰後部份回國帶返新思維，1919年五四運動，觸發新文學思潮，況且，歐戰亦為中國工業起步帶來「黃金時期」（1914至1918年）。同時，因國內部持續通漲（1918至1923年），導致工人為維持生計，相繼提出加薪要求，亦刺激他們組織工會，罷工此起彼落，工運逐漸發展至高潮。

其四，二十世紀二十年代粵港工運相連，由於香港工人絕大部份來自廣東，每當罷工期間撤退回鄉，基於血濃於水與政治原因，他們皆得到內地政府與社團接待支持。香港在1920年機械工人罷工，工人回流返粵，罷工取得重大勝利。同樣，1922年香港海員大罷工採取同一策略亦告成功。1924年之「商團事變」，亦牽涉英資匯豐銀行買辦在廣州舉事。這連串工商業事件，反映及進一步鞏固粵港工運之連繫，亦間接鼓勵國內其他地區工運之發展。

其五，省港工運就是三重鬥爭之縮影：(i)國民革命及反帝、反殖民地與反英運動；(ii)國共兩黨左右派權力拉鋸與(iii)勞資爭議及工會內部分裂鬥爭。

其六是省港大罷工與粵港政局之關係，亦是左右省港大罷工成敗之重要因素。

其七，省港大罷工造成之迴響與後遺症，包括：(i)上海工人隨後三次起義；(ii)港府在大罷工後展開善後工作及收緊法管；(iii)香港華人政治力量抬頭與(iv)粵港關係轉型與中英互動重新定位。

至於會上所發表之第四篇文章，為伍錫康之《省港大罷

工對香港社會及勞工之影響》，文章首先討論罷工後香港社會之轉變，女性較前容易加入勞動市場，港人逐漸凝聚本地歸屬感，而政府亦採取軟硬兼施之政策，港督金文泰提倡除對工會與罷工進行整肅外，亦有親民之舉，例如提倡中國文化，推行現代教育，保障勞工與加強廢婢進程等。文章亦就大罷工之副面後遺症作簡略闡析，其一就是不少領導大罷工之工會，遭到官方取締，其二就是政府在1927七年頒佈之《非法罷工暨閉廠條例》，禁止政治性罷工及意圖封鎖中港兩地工運連繫，而港府亦開始設計一套仿英之《職工會法例》，試圖鼓勵英式「具責任感」之工會在港萌芽，以取代原有之政治性而具有「布爾什維克」傾向之工會，然而成效一直不大。此外，在結語時，文章引用「鮑爾文」之《工運概論》，對省港大罷工之迂迴曲折發展過程，作出若干理論上之總結。

研討會上發表第五篇文章，是由區志堅撰寫之《未料的結果：省港大罷工與香港大學中文學院的成立》，文中指出金文泰在1925年獲委為香港總督，大罷工後在彼推動下，香港大學於1927年成立「中文學系」（INSTITUE OF CHINESE STUDIES），兩年後於1929年再升格為「中文學院」（SCHOOL OF CHINESE）。作者認為香港大學中文學院之成立，絕非偶然，卻是反映了香港在大罷工後之「政治及社會文化發展的面貌」，其一是港督金文泰之個人文化修養與政治取態，縱然他有明確之反共立場，金文泰本人卻是一位漢學家，成為香港官學生後，更師承著名學者宋學鵬，深弘中國文學與法律，所以素來嚮往與尊重中華文化，認為教育是保留及發揚這傳統之最佳辦法，此外，在政治上，由於香港在地緣政治上之特殊地位，金文泰更認為有籌辦港大中文學院之必要，他強調「港大是在殖民地內，知識分子的活動中心」，並稱「香港大學之盛衰，視乎中文之興替，中文盛舉，大學乃能垂諸久遠」，同時上書英廷，建議發還部份庚子賠款，資助港大成立中文學院。除港督外，中文學院之議，亦得不少華商支持資助，除周壽臣與羅旭龢外，表表者為馮平山與鄧志昂兩人。因對五四運動後中國之新文化熱潮認為有

違「孝道」及儒家思想，馮平山積極提倡重整傳統文化，省港大罷工後，贊助籌建官立漢文中學、聖保羅女書院，並斥資協助香港大學成立中文學院與圖書館。觀乎該文要旨，就是指出省港大罷工，除造成條件，彰顯中國傳統文化外，亦在政治上促進港府與華商「共謀合作」，亦所以導致中文學院在港大產生。

研討會第七篇論文，是由李國強發表之《國民黨與省港大罷工工》，文章首先提到省港大罷工是國民黨政府與英國在華勢力爭持之縮影，1922年香港海員在孫中山先生支持下罷工成功，可謂是中港工運贏得首次針對港府及僱主之勝利，亦是英國在中國首次挫折，其後國民政府在孫中山領導下，成功與外國使團交涉，收回海關管轄權，隨後因護法導致國民政府與列強關係緊張，1925年6月之「沙基慘案」，卒成為省港大罷工之導火線。文章亦就英國霸權與尚未站穩之國民政府，兩者間強弱懸殊之勢作出闡述。英國在第一次世界大戰後堪稱全球最強之海上王國，大不列顛稱為「不落日國」，而英屬之香港亦是「在軍事上掌握中國南方幾省的咽喉」，港督司徒拔曾一度要求英廷以「炮艦政策」對付省港大罷工，稱該行動「為無秩序和無政府的主義者在進攻代表文明的我們」。反觀國民政府，雖得海外華僑捐款支持，卻羽毛未豐，仍陷四面楚歌，孫中山先生數度受軍閥排擠離粵，但逃過陳炯明謀反，其後1923年返粵，為求穩定國民政府，採取聯俄容共政策，導致首次國民黨共產黨合作，令省港大罷工在開始，可以憑團結之勢壓倒港府。

文中亦指出環顧當時各方勢力，國民黨是比較同情及支持基層勞工。孫中山先生在中國共產黨尚未成立時，已鼓勵香港海員成立工會，隨著海員罷工成功，事後在孫中山先生允許下，「全國勞動第一次大會」於1922年5月1日在廣州召開，3年後同日之第二次大會，誕生「中華全國總工會」，省港大罷工發生，獲國民政府七項援助辦法支持，並由黃埔軍校負責訓練罷工委員會豁下之糾察隊。當時國民政府財政部長廖仲愷委任工人部部長，1925年8月遭行刺身亡，被

懷疑與英美幕後指使有關。

　　文章最後亦談到國民政府容共政策，以及共產黨暫時棲身於國民黨陣營之決定，並指出省港大罷工是基於各界對外國帝國主義之共憤，雖然失敗告終，卻可説是一次成功之民間群眾運動，而從社會經濟發展史角度觀之，這個時代之「近代化」國家，包括英、美、法、日等，不單未有對發展初階之中國，施以援手，更意圖製造中國內部動亂，阻撓中國發展步伐，然而因加得減，間接刺激中國自強求存。至於所謂「南北文化兩元化」，作者在本文總結時之引述：「北方文化實在太老了——只有南方，是革命的文化，實為未來中國興亡存續之一大關鍵」，亦可説是中國近代史之印鑑。

摘要總結
　　回顧省港大罷工，可説是中港社會勞工史之劃時代「分水嶺」，然而這宗抗爭運動，其目的卻非為推翻英國在香港之統治，因此不能視之為革命運動，縱然在意識形態上，它具有左傾思想，卻僅是「公民抗命」行動而已。這個比喻，與同時在英國1926年由煤礦工人引發之總罷工，頗有相似之處。英國1926年之總罷工，因取態偏激，曾一度被認為是針對政府之政治性罷工，但其實質卻與省港大罷工並無太大差距，並非意圖推翻整個現存建制，進行革命，因此被不少學者稱為：「它並不是甚麼革命之舉，而僅是公民抗命，而表達方式仍屬和平」[32]。不約而同，中國與英國，在經歷1926年之總罷工後，再未有類似之全面性及政治性之工潮出現，然而英式工會藍本，雖得港府企圖催生，始終未能在香港立足形成氣候。

---

32 見魯祖詩：《罷工》，第8頁。

在革命前線
1920年代中期粵港工運重點勾劃綱要

陳明銶
史丹福大學東亞研究中心

第一、 大時代環境的背景
1.國民革命時期社會動員

　　1924年至1927年間風雲變幻的國民革命時期，中國國民黨和中國共產黨組織聯合戰線（或稱統一戰線）。戰線有推進國民革命的三大目標，分別為：一、反帝國主義；二、反殖民主義；三、反軍閥，綜合成為群眾大動員的鬥爭攻擊目標。他們的行動策略是鼓勵推進工人階級、農民階級、學生團體和軍人，即工農學兵——四大支柱的群眾運動支持革命。當然後來也有進步的商界、中產階級和知識分子等其他愛國成員，所以被稱為多層面、多階級的聯合戰線。但是，當時國民革命的社會動員不只是對外鬥爭，因為國民黨裡面分裂，所以國民黨的左派和中國共產黨合作，但右派就極端反共及反經濟侵略，導致變成左派及右派在危機重重的廣州革命基地，有很嚴重激烈的內部權力鬥爭和複雜的政治路線分歧矛盾。

2.粵港工人與孫中山革命之歷史淵源

　　自十九世紀末年，孫中山大力鼓吹革命思想，不少粵港工人們為之嚮往。當時廣東和香港近代產業工人以機器工人和海員為主。中國各地開辦的機械廠，亦僱用大量的廣東工人。這一批知識水準較高的技工，成為革命黨爭取的對象。孫中山亦重視組織工人，招攬大量機器工人和海員加入革命黨組織，想以廣州和香港的特殊環境，作革命活動的基地。清末革命時期，粵港海員、碼頭工人、苦力和機器工人，大部份並非同盟會的會員，仍常常冒險替革命黨傳遞消息，運送彈械，偷渡黨人，私製軍火和宣傳等工作。孫中山所發起的十次起義，所有軍火都是從海外購買的。如此大宗的軍火，要秘密運往起義地點，不輕易給敵人發覺，全靠海員的積極參與，使軍火能夠順利運送到

起義地點，交到革命黨人手中。可見孫中山與華工關係密切，粵港工人熱衷投身革命，曾協助孫中山的反清活動，亦為日後反對帝國主義侵略的愛國罷工，發揮積極的作用，粵港工人，以罷工支援五四愛國學生，組織北伐軍運輸大隊等，開中國工人運動之先河。

3. **中英港多邊關係之國際因素**

(i) 孫中山先生三度開府廣州與革命發展 當時牽涉中國 (當然以廣東為主)、英國和香港 (所謂的中英港) 的多邊關係的不同層次、不同程度互動的國際因素，最起碼就是廣東本身 (以廣州市為政權核心地)。孫中山領導下的國民黨，在1917年至1926年間，曾經三度在廣東省/廣州組織革命政府，利用廣州做革命基地。因為孫中山自己是廣東人，而且廣州和香港、澳門關係密切，又有很多海外華人、華僑往來，他們也多是廣東人。這並不只是地方性，而且有中西交融的對外交流，以及國際關係那種特殊條件去推動革命路線。

(ii) 粵港交往的政府、經濟、社會和文化關係，以及在地區性的範圍來看，廣東省與香港的交往極為密切。所謂省港一家，廣東省和香港在政治上的往來、在經濟貿易的聯繫、在社會文化方面、機構性質的、個人性質的交往都有。香港主流人口是廣東話幫。廣州市就更不用說，廣府、珠三角左邊、右邊（有所謂珠江一河兩岸），都是參與粵港澳關係（現稱珠三角）活動的大範圍。但是，不單是人、文化、社會、經濟方面密切往來，最重要的是政治方面。這個珠三角——廣州、香港、澳門這三個範圍運行三個不同的行政、法律、管理制度，所以有一定的差距，也牽涉包括中、英、葡三方面，不同國家的利益。

4. **1920年、1922年、1923年及1924年的粵港衝突糾紛**

回顧那時廣東省城廣州和英治香港的交往，再次集中在罷工時期的省港關係。香港機器工人有了強大團體組織「香港華人機器會」後，在1920年物價高漲，勞工生活困

難時，發動華人機器工人罷工，當時香港罷工的機工回去廣州。「廣東省機器總會」和廣州官方支持回粵的香港罷工工人，即間接和港英殖民地當局、英資商業機構、資方當權派有衝突。香港機器工人取獲勝利，顯示工人團結的力量，香港工人開始打破門戶之見，紛紛成立產業工會，打開中國工運新一頁。

1920年代轟動全球，為期六星期的香港海員罷工，更不得了。1922年1月12日，「中華海員工業聯合總會」發動香港海員罷工，提出加薪要求。香港海員罷工後，他們依樣畫葫蘆，仿照1920年香港機器工人罷工返廣州的先例，罷工的海員及其他同情罷工的工人紛紛陸續返回廣州，一來有粵方支援較易解決罷工海員生活問題，同時避免英國殖民地當局和船公司的壓力，但港英當局封禁海員工會和其他兩個香港工會。當時孫中山遠在廣西，得悉罷工後，派馬超俊為代表，動員國民黨屬下各工會支持罷工，熱情招待罷工海員，並給予經濟上的援助。孫中山並向香港政府施加壓力，加速罷工的最後勝利，港府和船公司接受罷工香港海員的加薪要求。全名「中華海員工業聯合總會」的海員工會，1921年3月6日在香港正式成立，其香港總部之招牌是由孫中山親筆書寫。可想而知，若今天香港有人膽敢去封了有由毛澤東或是鄧小平親筆題字招牌的店舖，後果不堪設想。香港海員罷工輝煌的勝利成果，推動第一次中國全國罷工高潮。以後1925-26年的省港大罷工，1926－27年的北伐等革命動員，粵港海員都身先士卒，為國民革命大業付出力量。海員工會領袖蘇兆徵，在領導罷工方面作出巨大貢獻。1925年3月，蘇兆徵代表廣東香港工人團體出席在北京的國民會議促成會全國代表大會，他正式加入共產黨。6月19日，香港海員帶動全港工人大罷工，抗議因帝國主義壓迫工人而在上海爆發的「五·卅」慘案，香港罷工工人返回廣州，成立「中華全國總工會省港罷工委員會」，選蘇兆徵為委員長兼財政委員長，領導罷工。可見1922年的香港海員罷工和1925-26年省港大罷工的密切關係。

1923年，孫中山控制的廣州政府要求用公平的國際法及經濟實況條件，將由英國控制的中國海關當局在廣東省（即是國民黨控制的範圍）所收的海關稅收償還當時中國要支付的外債或者其他的國際財政義務之餘，而剩下的「關餘」款項應還給廣州當局，並不是給北京政權。雖然當時名義上代表中國全國政府在北京，但是實際海關稅收在廣東（國民黨的地盤）。所以有孫中山和由英國人控制的海關鬥爭，導致孫中山與英國外交當局有嚴重的分歧。而英方堅決以武力威脅，把英國遠東艦隊駐香港的軍艦北調上廣州市的珠江河面威脅廣東政權，令孫中山十分氣憤。

　　1924年，由英資匯豐銀行的廣州分行華經理（即買辦）陳廉伯領導的廣州市商會組織的團練，即商團（私家武裝保鑣），以武裝力量來脅當時正在國共合作的國民黨廣州政府。最後商團和官方「攤牌」，商團被國民黨及左傾工會打敗。陳廉伯和部份商團人員逃到香港，令中英關係嚴重受損，粵港關係也不甚愉快。在某方面來說，在1920年代初期那四、五年，粵港關係因政權利益的矛盾，導致出現很多糾紛風波事件的局面，是反映涉及濃厚政治衝突的深層次問題。

第二. 第一次世界大戰以來中國社會運動的因素

1. 五四運動與新思潮

　　自第一次世界大戰（1914-1918年）以來，中國社會運動有重要的突破性發展。戰後第一年（1919年），著名的五四運動——愛國動員——在北京爆發，已經引來的新思潮，提倡國家的解放就是國民的解放。即是要解放每個人的思想、態度和自己的文化，推翻舊式的、封閉的思想，並提出幾個口號，其一為「勞工神聖」，這和當時的社會現實有一定的掛鉤關係。

2. 華工在1914-1918年的歐洲戰爭

　　1914至1918年間，歐洲戰事正酣。中國起初保持中立，後來參戰支持英法盟軍對抗德奧同盟。法國的工廠和前線人手短缺，所以英國在華的經理人、公司招募中國工人

，尤其是在山東省的英國租界威海衛地區吸納北方工人、山東工人去歐洲前線。小部份去英國工廠做工，大部份去法國工廠、甚至盟軍法國戰場前線，負責挖掘戰壕等工作。有統計指出，全盛時期有超過30多萬中國工人在歐洲。亦有中國工人在沿途運輸時，船艦中了德國的水雷或德國潛艇的魚雷，或因在歐洲前線服務而傷亡。所以説，中國除貢獻勞工人力，亦有部份工人的犧牲。這就是為何一戰結束後，中國能夠在巴黎和會以戰勝國身份參與。有人會質疑中國在世界大戰中出了什麼力？其實我們這30多萬的華工十分重要。當中死去的二、三萬人，都是中國為盟軍的勝利所付出的犧牲。所以「勞工神聖」這個口號是和中國的東方參戰國身份有關，該感謝在歐洲戰爭前線的中國山東工人。

3. 1914-1922年中國的工業化黃金期

而在1914-1920年間，因為歐州戰事的關係，西方列強無暇控制、操縱在亞洲、中國沿海沿岸地區的殖民地及租界，例如上海、天津及武漢。日本人乘機而入，在天津大規模投資工廠，但是，中國自己華資、本土的資產階級、商家也大力投資，所以當時中國國內的工業化急速發展。有很多商業投資，只要有產品，就不憂心沒有生意，因為歐洲戰場需要貨品，歐洲自己的部份工廠炸爛了、炸壞了，或者人手不足，所以出產並不能滿足戰時物資需求，所以需要從中國輸入華工到戰時歐洲服務。

4. 一戰時及戰後的通脹壓力及工會潮

世界大戰和戰後，中國的工業持續了幾年的繁榮，所以1914年至1922年是中國工業化的黃金期，但是這個急速的工業化因有大規模的資源投入，所以繼續有通脹、物價高、人工高等問題。而且因為戰時的國際交通運輸受到干擾，所以運費上升，製造了人為及自然經濟現象帶起的通脹，使當時工人的生活十分辛苦。五四運動所帶來的新風氣，或者30多萬華工在歐洲的見聞，和親身經歷外國工人一定程度的工會運動促使他們照板煮碗。這是一個新的

現象。

第三. 1920-1925年間粵港工運的重點
(1) 勞資階級的武裝鬥爭

　　1920－1925年間，在廣東和香港發生工潮。剛才提及，在1920初機器工人罷工，1922年海員大罷工和1924年商團事變裡，在英帝國主義者、香港殖民當局的支持下，那些反共保守商家（陳廉伯之流）以武裝來和左傾的國民黨政府，或可說是國民黨與共產黨組織的聯合政權，去爭奪廣州市的控制權。最後商團輸了，但是他們的失敗是因為當日國民黨有新的軍隊：蔣介石領導的黃埔軍校的學生軍和左派工會的工人武裝糾察隊。糾察隊和工人相熟，又是本地幫，所以就在自己舊老闆的貨倉和店鋪放火。廣州市西關被燒了大半，就是那些武裝工人所為。這代表在中國革命裡第一次勞資階級的全面武裝衝突鬥爭。但這不只是勞資矛盾這麼簡單，而是勞工和黨／官方應付反革命的資方，所以這是很重要的工運新發展。

(2) 國民黨和中共工運組織

　　1925年有一件重要事，就是在廣州舉行的第二次全國勞動大會。1922年5月1日，中國共產黨的「中國勞動組合書記部」召集各工團在廣州開第一次全國勞動大會。該會得到孫中山的支持，派出國民黨屬下各工會參加，並借出「中華全國機器總工會」的會所為開會場地。中共剛派人參加廣東工運，但沒辦法控制勞動大會，因為廣東工運在共產黨成立以前就已經十分蓬勃。自幾十年前、晚清開始已經很有系統、組織化：舊式行會，同鄉關係、同宗、同方言——這些被稱為非現代化條件基礎，但是已經存在。中共到了第一次全國勞動大會發現原來廣東和上海、華北這一帶的勞工情況不同。廣東工人已經有政治化醒覺，亦和當地的政權、孫中山國民黨革命政權已經有合作好關係，受到法律保護搞工運，所以條件充足。幾年後，在1925年，配合國共合作和國民革命的愛國潮大政治，第二次全國勞動大會十分成功，還成立一個全國工運最高組織——

「中華全國總工會」，由中共和國民黨左派分子控制。中華全國總工會以後是省港大罷工組織上的「契爺」。

第四. 1925-1926年大罷工與粵港政局
(1)「五卅運動」和「後孫中山」群眾動員

　　要看1925－1926年的省港大罷工和粵港政局，框架就要大一點——當時全國性的愛國群眾動員，省港大罷工是所謂的第二波。第一波是上海的「五卅慘案」。1925年5月，上海的日資紗廠罷工，日本資方管理層打死華工的談判代表，引起在國際公共租界罷工華人遊行示威。但是上海國際租界實際是英租界，由英國管理。在5月30日，上海英國巡捕開槍打死在租界遊行抗議的中國學生和工人，英方的屠殺抗議者，引起學生、工人和其他各階層華人的同情聲援，導致全上海舉行罷工、罷市、罷課的「五卅運動」，廣州其後響應。但是廣州為甚麼響應？那時間十分特別。在1925年3月12日，孫中山在北京去世，之後廣東大局極不穩定，廣州內部亦有權力鬥爭。直至後來1925年6月底，國民黨平定粵省內部的廣西、雲南軍等的外省兵(或者所謂客軍)的割據勢力，控制廣州市，不過還沒統一控制到整個廣東。

(2)　[六二三] 沙基慘案和左派領導的省港罷工委員會

　　廣州為響應之前在上海的「五卅」慘案，在1925年6月23日，全市工人、學生、軍人，以及附近近郊的農民發動一個愛國抗議大遊行。遊行經過市區最旺的地方沙基。沙基隔著一條很窄的河，叫沙基河（闊度只如一條坑渠）。河對岸是沙面島（現在廣州白天鵝酒店的位置），即當時英國租界和法國租界位處所在。當時島上的英法駐軍開槍射殺中國遊行隊伍的學生和工人，稱作「六二三沙基事件」或是「沙基慘案」。這個由流血引發的事件造成很大影響。另外有一點要注意，後來成立的「省港罷工委員會」是省港大罷工最高的指揮機關，也是屬於中華全國總工會的機關，是由國民黨左派和中共在組織上指揮、經濟資源上支援，以及當然大家不相信——由那時被稱為「粉紅

色左派將軍」的蔣介石所領導的黃埔軍校武裝工人和訓練工人糾察隊。

(3) 從「廖仲愷案」到「中山艦」事變

國民黨左派廖仲愷1925年8月在廣州遭到行刺被暗殺，這個事情很複雜，國民黨左派和中共就指稱是國民黨右派的反撲，乘機把右派趕出去。廖仲愷為國民黨左派支持香港罷工最重要的人，因廖控制廣州財政。（廖仲愷即是今天我們都認識的北京前港澳辦主任廖暉的爺爺。再往更早時間說，以前周恩來主政時代，對華僑政策和對港澳政策都是由廖承志主理的。廖仲愷是廖承志的父親，所以是「小廖」廖暉的爺爺。）好景不常，到1926年3月20日，蔣介石又聲稱左派受蘇聯的唆使，想要綁架他。黃埔軍校外的河邊停泊了一艘國民黨海軍砲艇，叫做「中山號」（以紀念孫中山）。蔣介石聲稱中山號的軍兵想軍事兵變，綁架他到莫斯科，所以這個給蔣介石一個藉口去鏟除國民黨左派和中共的影響力。除政府衙門、軍事機關戒嚴，第一個短期被封禁的對象就是省港罷工委員會及其罷工糾察隊。可以知道原來左右派權力鬥爭裡的大本錢，就是罷工工人裝備。所以在某方面，省港大罷工絕對不是一個普通的罷工，而是一個政治性的、國際性的群眾動員，亦是國內國民黨左右派複雜的權力鬥爭重點。

(4) 三層動員鬥爭框架內的省港工運

當時廣州情況複雜，所以在1925-1926年、為期16個月的省港大罷工只是省港工運的其中一個重點大題目，並不是全部。所謂全部其實是研究同時涉及分作三層的鬥爭框架：第一、是國民革命，所謂國家性、甚至國際性的反英鬥爭。而華英之爭，就是反帝國主義；第二、就是涉及國民黨內部左派和右派及同時國共兩黨之間的權力戰局，十分複雜；第三、是自己工人本身為了經濟、為了其他工作環境、社會性、經濟性的爭議和僱主資方的鬥爭。但是更嚴重、更厲害的是勞工界裡面的分歧。因為左派右派，甚至同一個行業有兩個不同名號、不同招牌的工會：一個是

舊式、國民黨右派的、強調傳統行會關係、同宗同鄉關係
，另外有中共推進工人團結的新式組織方式、工業式的、
企業式的現代工會。同一個行業只有一批工人，左有工會
招人，右又有工會招人，造成左右派兩邊分裂鬥爭，比對
外和對資方的鬥爭還要殘酷，流血程度甚至比反英動員更
嚴重。

第五. 省港大罷工的歷史遺產
(1) 國共合作與社會動員高峰，左右派分裂的導火線及受害者

　　關於1925-26年省港大罷工的歷史遺產，仿如投向省
港社會的重磅炸彈，其歷史性意義絕不僅僅在愛國動員罷
工，國共合作推動社會運動的最高峰就是這個為時16個月
的省港大罷工。左右派勢力分裂的導火線和受害者就是這
個大罷工。但是它亦都製造一種革命動員之催化力量氣氛
，國內和國際都有一定的程度的支援響應，可以説是抗戰
/二戰前香港最嚴重的內部事件。雨傘運動可以説是回歸後
最影響最深遠的群眾動員，而這個省港罷工也是一樣，因
為那時香港只有70萬人口，而有25萬人參與大罷工。他們
不單離開香港，更回到廣州和廣東省的鄉下，人人都回鄉
，所以香港整體是社會停頓、經濟很嚴重的惡化。

(2) 國民黨北伐統一中國之始發點

　　就是這樣的氣氛，有國民黨左派和中共合作，和蘇
聯支持。蔣介石領導的北伐軍由廣州出發，在1926-27
年，打到華中、武漢，後來到上海、南京。這打下了國
民黨全國政權的基礎，從廣州出發去北伐打回來。北伐
是靠省港大罷工製造出來的社會力量、革命氣氛催谷出
來。

(3) 1929年關稅自主的起步點

　　1926年10月省港大罷工結束後，在解決香港罷工的
善後、經濟支援方面，華方廣州當局要求關稅加多2.5%
的附加費。英方如果以國際條約來説，一定不允許。但
是實事求是，為了解決這個僵局，英方表示不會正式同

意。不過既然大家想要解決這個工潮危機，英方就「隻眼開隻眼閉」，不正式抗議，也就照樣接受。這就開始1929年在南京國民黨全國政權收回中國海關關稅自主權的起步點。

(4) 1927年收回漢口及九江英租界之前奏

　　1927年1、2月有轟動的大事，在香港1997年回歸以前，原來英方在中國的租界就曾被人收回。以前香港新界有99年租期，以1997年為限，所以在1997年收回。在1926年10月10日、雙十節紀念日，廣州出發北伐的軍隊打入武漢。然後沒多久，武漢的國民黨左派政權聯同中共合作，鼓勵工運、農運、學運，搞得有聲有色，其中一個目標就是工人湧入去在長江邊的漢口英租界。英方沒辦法維持秩序，於是被國民黨控制的中國當局接收。接著，長江下游的、江西省的港口九江又有英資的太古的工人和資方發生衝突。當地英租界的軍警干涉，打傷了中國工人。結果當地學生、工會憤怒，由當地的國民黨北伐政權的軍方支撐，發起遊行走進去。英國人不想發生衝突，於是把他們在九江租界的人和重要的資產搬入長江邊停泊的英國船艦撤出，交還九江給中國。所以在某方面，自鴉片戰爭以來，英國要中國割地、殖民地、或租界，這回1927年初以工人動員的力量和革命政權的撐腰收回漢口及九江英租界，這是十分重要的。但如果不是省港大罷工製造了愛國氣氛、革命動員自信、工人的組織力和集體行動能量，當地的工人動員不能收回漢口及九江英租界。

(5) 1926-1927年上海工人起義

　　北伐的最大目標的城市就是收回由軍閥孫傳芳控制的上海市。1926年的秋天到1927年的2月，上海市的工人，當時號稱80萬工人，有三次武裝起義。第一次，規模甚小，沒有成功。第二次差不多成功，令到孫傳芳的軍隊忙於應付。第三次，裡應外合，北伐軍在外包圍上海市，市內工人罷工起義，孫傳芳軍警走避不及。北伐革命軍由白崇禧的先頭部隊進入上海市的華界，和平解放，這也是靠省

港大罷工之革命動員氣氛催化作用。

第六. 港英當局的善後工程

(1) 香港華人的政治初鳴

　　港英當局當然有省港大罷工之善後工程，有三種辦法。第一是換總督。港英當局極度高壓手段無效，令自己盡失面子，被1922年海員罷工海員打敗的司徒拔 (Reginald Stubbs) 被撤換。1926年新上任的港督金文泰（Cecil Clementi）表示他對中國友善，他自己也懂中文。他趕緊委任周壽臣為第一個出任香港行政局議員的華人。為甚麼呢？因為當日在廣東共產黨最有實力、最高權位的人就是周恩來——黃埔軍校政治部主任，所以他掌握軍政權。他和罷工工人起草了六項省港大罷工的工人要求。其中一項道，香港的繁榮建設是靠華人犧牲貢獻，所以香港的華人應該一人一票直選華人代表進入立法局和其他政府機關，周恩來是支持香港直選的。如果有人認為我們不需要直選，公民有飯票就不需要選票的話，其實當日的周同志、周主任，或西人叫的周將軍已看清大局。所以港英政府大罷工事後也就應酬華人參政的要求。那麼，周壽臣進入行政局可以說是香港華人政治改革的初鳴之聲，不過當然不能跟後來回歸前夕那個改革步伐相提並論。第二、金文泰用立法程序通過勞工法令，用新勞工法令算舊帳。封禁海員工會，所謂粉紅色或紅色的工會也被封禁。所以說，在某方面，善後工程討好了保守的反共的華人、士紳、商人，但同時打擊進步工人。第三、金文泰以香港大學校監身分，成立中文系（原來校監干涉校政之事，英國人港督已早有先例）。而且，金文泰巧立名目，或借題發揮，崇尚儒家道統倡導舊禮教，來思想反共，要港大中文系不教現代文學，而是四書五經。他希望學生讀經學習儒家的順從精神，不去搞革命，以此對抗五四運動的新思潮。

(2) 粵港關係的改善

　　省港大罷工之善後，最重要的是粵港關係在1926年以後開始逐漸解凍。尤其是在1927年12月，中共不自量力

、已經欠缺群眾基礎，強行在城市動員革命，動員了工人
前線幾百名海員和三千多名人力車伕，希望奪取廣州市的
權力。豈料廣州公社起義3天，全線失敗，國民黨右派全
面反攻。之後從1928年開始，港英當局和新的廣東省政權
、廣州市當局開始回復友誼，互相合作反共。港督金文泰
1928年北上廣州訪問，翌年、1929年春天，廣東省長黃
慕松和廣州市長曾養甫連袂來香港官式訪問，他們乘坐粵
方軍艦抵港。金文泰親自在現已拆掉的皇后碼頭歡迎這兩
位廣東政要登岸，檢閱英軍儀仗隊，安排警察樂隊奏樂，
亦在港督府大排筵席，十分隆重。

（3）中英外交互動的重新定位

　　中英恢復友好的先兆是在1926年聖誕的前3天，英國
政府外交部推出有關中國政策新立場的表述（外界喚作「
聖誕禮物」），倫敦當局向國民黨新政權表明（他們當時
已差不多佔領整個華南）──有一天中國會是一個的、進
步的政治實體，有一個有辦法控制全中國的、統一的全國
政權。當這個新政權的建立站穩之後，英國政府願意伸出
友誼之手，以合作的精神和中方發展新關係。這十分重要
，因為鴉片戰爭帶來帝國主義列強侵略中國，是英國帶頭
。因省港大罷工的壓力影響下，英方和香港當局初時是維
持強硬的態度，但時間一久，「單獨對英」罷工政策的有
效執行，使到1925－1926年英國在華的利益遭受嚴重的打
擊受損，而社會和經濟方面損失日漸惡化，已經處尷尬地
步，所以要改變對中國的基本立場。

　　雖然省港大罷工短期內不可能達到香港工人的要求，
但是催化了1927年的國共分裂，因為英方為主的帝國主義
／殖民地主義、國際資本主義集團、和國民黨都反共，以
實力定下一個愛國的新定義：愛國即是鏟除中共；愛國即
是「愛國民黨」的意思，所以國民黨和帝國主義者妥協合
作反共，令中共以後沒辦在城市內立足，要退入鄉村。後
來共產革命因為抗日戰爭有機會，所以1945年中共由農村
出發重到城市。然後1949年，中共在大陸取得全國政權，

國民黨退居台灣。所以在某方面來説，省港大罷工的影響
十分深遠。

參考資料

書/文集：
陳明銶、梁寶霖、梁寶龍等合編：《香港與中國工運回顧》，
　（香港：香港基督教工業委員會，1982），第97頁.
陳明銶主編，梁寶霖、梁寶龍等合編：《中國與香港工運縱橫》
，（香港：香港基督教工業委員會，1985），第335 頁.
陳明銶：《落日香江紅：衛奕信政權的歷史挑戰》，
　（香港：信報有限公司，1989）， 第193頁.
陳明銶、 饒美蛟編：《嶺南近代史論：廣東與粵港關係，
1900-1938》， （香港：商務印書館，2010），第352頁.
Ming K. Chan（陳明銶） : Historiography of the
Chinese Labor Movement，1895-1949 (Stanford:
Hoover Institution Press，1981)，249 pp.
Ming K. Chan （陳明銶） ed.： Precarious Balance:
Hong Kong Between China and Britain，1842-1992，
(Armonk： Sharpe，1994)，246pp.

論文/期刊文章：
陳明銶：〈五四與工運〉載汪榮祖編：《五四研究論文集》，
　（台北：聯經出版社，1979），第57-88頁。
陳明銶：〈清末反美杯葛運動(1905-1906)〉，載陳明銶、
梁寶霖、梁寶龍合編：《香港與中國工運回顧》，（香港：
香港基督教工業委員會，1982），第5-8頁。
陳明銶：〈香港海員罷工 (1922)〉載同上書，第29-31頁。
陳明銶：〈省港大罷工 (1925-1926)〉載同上書，第43-47頁。
陳明銶：〈香港在中國工運的角色〉，載同上書，第84-85頁。
陳明銶：〈民國初年勞工運動的再評估〉載《中華民國初期歷
史研討會論文集，1912-1927》，（台北：中央研究院近代史
研究所，1984），第875-891頁。

陳明銶：〈孫中山先生與清末民初廣東工運〉，載陳明銶主編：《中國與香港工運縱橫》，（香港：香港基督教工業委員會，1986 年），第 3-20頁。

陳明銶：〈愛國工人與漢口、九江英租界之收回〉，載同上書，第36-52頁。

陳明銶：〈「知識與勞工結合」之教育實驗〉載同上書，第61-77頁。

陳明銶：〈國民政府南京時期之勞工政策〉，載同上書，第92-107頁。

陳明銶、單瑞蓮（1986）：〈戰前香港勞工調查──畢特報告書（Butters Report）簡介〉載同上書，第111-115頁。

陳明銶：〈機器工人與海員的早期活動史略〉，《珠海學報》（香港：珠海學院），第15期，1987年，第352-360頁。

陳明銶：〈近代香港與廣州比較研究〉，載《學術研究》，（廣州：廣東人民出版社），第3期，1988年，第69-73頁。

陳明銶：〈當前香港工會發展及其歷史淵源：行會意識，政治紛爭和內部分裂〉，載陳坤耀等合編：《工運與社會發展：香港的經驗》，（香港：香港大學亞洲研究中心，1988），第119-132頁。

陳明銶：〈從歷史角度看香港工運發展〉，載香港工會聯合會編：《香港工運路向》，（香港：新城文化服務公司，1989），第39-43頁。

陳明銶：〈衛奕信筆下的中英關係〉，載《落日香江紅衛奕信政權的歷史挑戰》，（香港：信報有限公司，1989），第60-80頁。[原載《信報月刊》，第121期（1987年4月）]

陳明銶：〈周恩來支持香港直選中英港三角關係六十年回顧〉，載同上書，第101-119頁。[原載《信報月刊》，第124期（1987年7月）]

陳明銶：〈中國勞工運動史研究〉，載《六十年來的中國近代中研究》，中央研究院近代史研究所編，（台北：中央研究院近代史研究所，1989）下冊，第599-639頁。

陳明銶：〈晚清廣東勞工"集體行動"理念初探〉，載《中國社會經商史研究》，（廈門：廈門大學），第28期，1989年。

陳明銶，〈清季民初中國城市群眾動員之型態〉載《對外經濟關係與中國近代化》，章開沅、朱英主編, (武漢：華中師範大學出版社，1990年), 頁326-342。

陳明銶，〈珠江上之"炮艦外交"：1920年代廣州海關事件與中英聯繫〉，載吳倫霓霞、何佩然主編：《中國海關史論文集》，（香港：香港中文大學崇基學院，1997），第469-496頁。

陳明銶：〈民初香港華人愛國行動初探〉，載郝廷平、魏秀梅主編：《近世中國之傳統與蛻變：劉廣京院士75歲祝壽論文集》，（台北：中央研究院近代史研究所，1998），第661-677頁。

陳明銶，〈20世紀初年廣東在近代中國轉化之歷史角色〉載《嶺南近代史論：廣東與粵港關係》，陳明銶、饒美蛟編，（香港：商務印書館, 2010），頁1-32。

Ming K. Chan （陳明銶）： "The Canton-Hong Kong General Strike and Boycott, 1925-1926", MA essay, History Department, University of Washington-Seattle, 1970. 128pp.

Ming K. Chan（陳明銶）：， "Labor and Empire: The Chinese
Labor Movement in the Canton Delta, 1895-1927"，
PhD dissertation, History Department, Stanford University, 1975.
504pp.

Ming K. Chan（陳明銶）："Guildas Tradicionales y Sindicatos
Modernos en China Meridional Evolution Historica（Traditional
Guilds and Modern Labor Unions in South China: Historical
Evolution）"，Estudios de Asia y Africa, 32（1976），
pp. 278-304.

Ming K. Chan（陳明銶）："Labor in Modern & Contemporary
China", International Labor and Working Class History, 11（1977
），pp. 13-18.

Ming K. Chan（陳明銶）："A Tale of Two Cities: Canton and Hong
Kong"，The Growth and Development of Colonial Port Cities in Asia,
Dilip Basu, ed.，（Berkeley: Center for South and Southeast Asian
Studies, University of California, 1978. also reissued under same title
by Lanham: University Press of America, 1985），pp. 135-138.

Ming K. Chan（陳明銶）："Nationalism, Localism, and
Revolutionary Mobilization: Sun Yat-sen & the Labor Movement in
South China" Sun Yat-sen and Modern China Conference
Proceedings（Taipei, 1986）.

Ming K. Chan（陳明銶）："Workers and Proletarian
Consciousness in the Modern Chinese Revolution -- A Marxian
Deviation?", Labor, Society and State in 20th Century China and
Japan, A. Dirlik & A. Gordon, eds.，（Durham: Duke University
Asian/Pacific Studies Institute, 1986），pp.22-38.

Ming K. Chan（陳明銶）： "A Historical Perspective on the Understanding the Hong Kong Labor Movements", Labour Movement in a Changing Society: The Experience of Hong Kong, Y. Jao, et al, ed.，（Hong Kong: Centre of Asian Studies, University of Hong Kong, 1988），pp. 84-89.

Ming K. Chan（陳明銶）： "Labour and Crown: Aspects of Society-State Interactions in the Hong Kong Labour Movement Before World War II", Between East and West: Aspects of Social and Political Development in Hong Kong, E. Sinn, ed., (Hong Kong: Centre of Asian Studies, University of Hong Kong, 1990), pp. 132-146. [Also in David Faure, ed., Reader: A History of Hong Kong, 1842-1984 (Hong Kong: Open Learning Institute of Hong Kong, 1995), pp. 39-46; and in David Faure, ed., Readings in Hong Kong Social History (Hong Kong: Oxford University Press 2003), pp. 575-595.]

Ming K. Chan（陳明銶）： "Hong Kong in Sino-British Conflict: Mass Mobilization and the Crisis of Legitimacy", Precarious Balance: Hong Kong Between China and Britain, 1842-1992, Ming Chan, ed.（Armonk, NY: M E Sharpe, 1994），pp. 27-58.

Ming K. Chan（陳明銶）： "Canton avant le Communisme: Influence estrangere mobilisation populaire et changement social (1912-1938)"（Canton Before Communism: Foreign Influence, Popular Mobilization and Social Changes, 1912-1938），Les Metropoles Chinoises au XXe Siecle, Christian Henriot, ed.，（Paris: Editions Arguments, 1995），pp. 48-72.

Ming K. Chan（陳明銶）： "All in the Family: The Hong Kong-Guangdong Link in Historical Perspective", The Hong Kong-Guangdong Link: Partnership in Flux, Alvin So & Reginald Kwok, eds., (Armonk, NY: M E Sharpe, 1995), pp. 31-63.

Ming K. Chan（陳明銶）："A Turning Point in the Modern Chinese Revolution: Historical Significance of the Canton Decade, 1917-1927" Remapping China: Fissures in Historical Terrain, G. Hershatter, et al, eds.，（Stanford: Stanford University Press, 1996），pp. 224-241.

Ming K. Chan（陳明銶）："The Realpolitik and Legacy of Labor Activism and Popular Mobilization in 1920s Greater Canton," in The Chinese Revolution in the 1920s: Between Triumph and Disaster, M. Luthner, et al, eds.，（London: RoutledgeCurzon, 2003），pp. 187-221.

Ming K. Chan （陳明銶）："Historical Dimensions of the Hong Kong-Guangdong Financial & Monetary Links: Three Cases in Politico-Economic Interactive Dynamics, 1912-1935" in Hong Kong SAR's Monetary and Exchange Rate Challenges: Historical Perspectives, Catherine Schenk, ed.，（London: Palgrave Macmillian, 2009），pp. 15-44.

其他著述:
Ming K. Chan （陳明銶），3 topical entries: (1) "Canton-Hong Kong Strike" (pp. 42-43),
(2) "Hankou-Jiujiang Incident" (p. 138), and (3) "Labor Movement" (pp. 169-170),
in Modern China: An Encyclopaedia of History, Culture and Nationalism, Ke-wen Wang, ed., （New York: Garland, 1998）.

附錄:
(I) 陳明銶　香港海員罷工（1922）
　　[本文原載於陳明銶、梁寶霖、梁寶龍等合編：《香港與中國工運回顧》，（香港：香港基督教工業委員會，1982年），第29-33頁。]

　　第一次世界大戰時，西方列強著力歐洲，是「中國民族工

業」的繁榮時期。同時，日本亦乘機加強發展其在中國產業，擴大在中國的市場，所以1914至1918年是中國新式工業空前發展時期，也是中國工人數量急劇增加和力量擴大的時期。

不過這也直接導致中國境內物價的上升。這次物價上升部份由於物資原料不足，部份由於銀元對銅幣的比值加大，於是造成嚴重的通貨膨脹。工人的生活費亦隨著日漸增高。在這種壓力下，工人為了維持生活水平，唯有要求加薪以配合上升的物價。於是構成罷工的先決條件。這時國內工業突飛猛進，出現局部的經濟繁榮，一方面加劇了通貨膨脹，另一方面造成對熟練工人的大量需求，因此工人本身的經濟價值提高，可以提出一些改善待遇的要求，增加了經濟罷工的本錢。

民國成立以來，政治社會都比較開放，在五四運動前學界推動下，西方各種主義流傳國內，知識分子對勞工問題亦加以注意和鼓吹，使工人自己漸趨醒悟。工人亦因參加五四運動的愛國罷工，排日貨，示威等活動，受到學界的領導和衝擊，更加深了勞工的自覺，知道要團結組織起來，才能發揮最大力量，為本身的權益而奮鬥，所以新式工會紛紛出現，造成工運的蓬勃發展。

中國勞工問題專家陳達教授曾謂勞工若要能在社會裡促成一種運動，必須最少具備三種元素：（1）覺悟，（2）組織，（3）奮鬥，這三種元素的醞釀，導致勞工運動的產生和發達。中華海員工會之成長和1922香港海員罷工的勝利就是明證。

現代中國海員的正式組織始於廣東海員積極分子陳炳生在1915年成立的「中華海員公益社」。成立地點在太平洋線商輪上，並在日本橫濱設通訊處。1917年陳炳生把公益社改組為「中華海員慈善會」在香港設總部並向政府立案，但仍是未算正式純勞方的工會。最後在1921年3月改組成為工會，由於各海員宿舍成員支持，為互助福利性質，由孫中山賜名為「中華海員工業聯合總會」（通常簡稱「海員工會」），由陳炳生任

主席，林偉民為交際，會址設香港中環德輔道中。

　　海員工會成立後首要任務是爭取海員加薪。因為自大戰以來省港一帶物價上脹（1913年指數為100、1921時為140），而1921年初，香港貨幣對外匯率又貶值50%，船公司自然提高運費，這令物價更上升，加上戰後香港租金大幅升脹，一般工人生活水準實難以維持。海員更不滿他們工作環境惡劣，工時長（平均在12小時以上，有時甚至17、18小時者），船上食住條件差，工資卻十分微薄，平均每月只得20至30元左右，不及同樣工作的外國海員的四分之一，更令他們不平者是香港的船公司在戰後已把外國海員工資增加調整，故兩者差距更大。此外許多海員對於海員介紹行辦館的包僱扣薪剝削不滿，亦要求改善。

　　1921年5月海員工會幹事部通過向船公司提出加薪要求，得各海員熱烈支持，並在6月初成立一個「海員加薪維持團」專理要求加薪事務，它內部組織嚴密，設交際、代表、調查、動員、疏通、文書各部，以分工合作向內外活動，同時亦積極進行罷工的各種安排，預備增薪要求一旦被拒，立即集體行動。1921年9日海員工會正式向各船公司提出三項要求：（1）增加工資，現時工資10元以下者加50%，10元至20元者加40%，20元至30元者加30%，30元至40元者加20%，40元以上者加10%。（2）工會有權介紹海員就業。（3）簽訂僱工合約時，工會有權派代表參加。可是各船公司不予理睬。同年11月海員工會再次向船公司提出要求。就在當時，各輪船上的外國海員工資又增加了15%，而香港海員的要求被置之不理，因此激發了海員的公憤，決定用強硬手段來鬥爭以達到要求。1922年1月12日海員工會第三次各船公司提出增加工資要求，同時限令在24小時內給予圓滿答覆，否則香港海員就到時一致罷工。次日早上，船公司仍毫不在意，海員們終於忍無可忍實行罷工抗議。

　　最初參加罷工的船隻共90多艘，罷工海員約1,500人，一星期內已增至123艘船上的6,500海員，而且罷工還漸蔓延到汕

頭、海南島、江門、上海，甚至新加坡，從香港開往各港口的輪船一經靠岸，香港海員就紛紛上岸罷工。所有抵達香港的船隻是來一艘，停一艘，船上海員馬上參加罷工。海員工會有預備和組織，兼有積極的領導人物，立場堅定依計行事，他們仿照1920年香港機器工人罷工返廣州先例，海員罷工後紛紛回廣州，一來避免英國殖民地當局和船公司的壓力，同時有粵方支援較易解決罷工海員生活問題。在1月15日已有1,500海員上廣州，至1月底總數約有1萬海員。廣州各界亦熱烈支持援助，各工會社團積極安置海員食宿問題，廣東省政府亦支持海員，每日借出數千元作罷工維持經費，並協助安排海員住宿所需。海員工會的海員罷工總辦事處亦設在廣州，內分總務、財政、食糧管理、糾紛、宣傳、慰問、運輸、招待等各部門辦理各項事宜，辦事處設有十幾座宿舍安置海員，又在珠江上租了很多「紫洞艇」作為海員的飯堂。另外香港、汕頭等地也設有罷工辦事分處。這一切組織保證罷工可長期進行直至勝利。

香港方面，罷工爆發後，對外地的海上交通幾乎完全斷絕，罷工海員在廣州和內地更組織糾察隊封鎖香港，使香港日常食品供應來源斷絕，物資不足，物價日上，市面混亂，民眾緊張。香港政府當局自罷工開始，就採高壓手段企圖鎮壓，與船公司聯手，令純經濟性的罷工蒙上反帝國主義/反殖民地主義的愛國政治色彩。殖民地當局的壓力(如下令戒嚴，派軍警巡邏)和船公司的強硬態度，使雙方在1月中的談判距離太遠（船公司應允加的工資與海員所要求的工資平均相差10%）而無成果。1月21日香港當局又派人到廣州與海員工會代表蘇兆徵等接觸，要求派代表到香港談判復工及供糧問題，為海員所拒絕。同時香港當局決意破壞罷工，企圖在上海召請寧波新海員來香港替工以解除困境，但海員工會早有準備，已成立「防護破壞罷工隊」來對付那些分裂工人的包工頭辦館，亦與上海各工會聯絡，阻止寧波新工海員來香港，結果英方所招來的一千名新工一半留在上海不能落船，又有一些在船到汕頭上岸，最後到香港的只有不到三百人，這可算工人們自己團結互助的成果。

到1月底時，香港各種運輸工人、碼頭苦力等同情海員為

生活而鬥爭亦舉行同情罷工。到2月初香港罷工人數達3萬人。香港當局處此困境時更向工人再施壓力，在2月2日以海員工會「運動其他工人罷工」，「危及香港治安與秩序」為名，宣佈海員工會為「非法團體」，派軍警到會所搜查封禁，並把「中華海員工業聯合總會」的招牌除下。一星期後，香港當局又封閉3所在罷工中的苦力貨運工會（海陸理貨員、同德、集賢工會），又拘捕4名運輸工會辦事人員。至此事態被嚴重化和擴大。海員工會香港的會所被封禁，不但對已遷往廣州的罷工總部指揮罷工無影響，更造成了法律上嚴重的死結。海員工會堅持香港當局一日不解禁把工會復原，就一日不談判復工。

罷工至2月10日時，香港港口因罷工而停泊的船有168艘、26萬噸，其中以英輪為多（76艘，12萬7千噸）。加上帆船和運貨船工人也一律罷工，香港水上交通完全停頓，而市面食物短缺，物價飛漲，除船公司外不少洋行商行生意亦一落千丈，損失巨大。香港當局見社會輿論壓力和高壓手段均不奏效，只好改用「調停」辦法，請香港華人船東、商紳出面向海員疏通，海員亦派代表蘇兆徵等來香港談判，但無成果。因為海員仍維持原來加工資要求並堅持要恢復海員工會原狀，釋放被拘禁之工會人員，而香港當局卻要顧全「面子」不肯公開承認錯誤，反而提出請海員工會更改名稱，遷移會址，重選工會辦事人「先行復工，再談條件」，海員代表們當時不會答應，亦不受英方資本家的金錢收買，反而更積極去擴大香港的各業工人同情罷工。

結果在2月底，各業工人不理香港當局的壓制和破壞，陸續開始同盟罷工，作罷工海員的後盾。其中有飲食行、旅館業、公用事業、船塢、報館、印刷廠、屠宰業、市場，連外國人家中的僕役亦參加罷工行列。至3月初全香港罷工人數達10萬人，交通中斷，生產停頓，店戶關閉，歇業者有30多行業工人，市面大為混亂。當局為制止罷工者返廣州而停止火車服務，禁止船隻進出。罷工工人索性步行離港返廣州。當局企圖用軍警鎮壓，結果在3月4日演成「沙田慘案」，港方軍警在沙田制止罷工者步行回廣州時引起衝突而開火，結果當場打死4人，

傷數十人，慘案發生後省港兩處都民意激動，香港工人更積極擴大同盟罷工抗議，各業罷工者日眾，工商停頓，使香港差點成了「死港」、「臭港」。

事態嚴重惡化，香港當局至此亦山窮水盡，無法可施，只好向罷工海員讓步，以求解除香港的經濟社會癱瘓狀態。最後，在廣州政府協調下，海員以林偉民等為代表到香港與船東談判增加工資，同時香港當局談判恢復工會事項。最後三方在3月5日達成協議，船公司增加工資15%至30%（因不同航線而定），海員回原船復工，而香港政府在3月6日發表特別公報，宣布取消海員工會為不法會社的封禁令，並且在3月7日派原來除下「中華海員工業聯合總會」招牌的警員一說是何明華會齊，在海員們的掌聲和爆竹聲中，把這歷史性的招牌掛回原處，至此，這52天的罷工最後以海員的重大勝利結束。

這次海員罷工令船公司損失約500萬銀元，香港當局在緊急措施中花去起碼50萬元，1922全年度香港外洋船出入口減少了9%而貨運減少了大約一億五千萬元，其他工商行業的損失則不可計算。但這次罷工的重大影響非數字所能表達，因為香港海員的勝利直接鼓勵了其他中國工人為改善生活待遇而奮鬥，使整個中國勞工運動進入一個新的高潮，工會的成立、經濟罷工的發生、工人獲得加薪二三成，……凡此種種在1922年內變成省港兩處甚至國內其他大城市工運的潮流。當然自此以後海員工會聲望日隆，蘇兆徵，林偉民亦變成全國工運的領袖，香港海員能有組織地長久爭持，而廣州和上海各地工人出力為後盾是罷工成功的因素。這次罷工成功加深全國工人的團結互助，為1922年5月1日在廣州舉行的第一次全國勞動大會奠定基礎。此外香港政府雖然直接介入，但華人海員仍然勝利。這是中國民族主義和反帝國主義奮鬥的勝利，全國民心為之鼓舞。這次罷工的種種經驗更為1925-1926年省港愛國大罷工做了重要的準備。

(II)陳明銶　　省港大罷工 (1925-1926)
[本文原載於 陳明銶、梁寶霖、梁寶龍等合編：《香港與中國工

運回顧》，（香港：香港基督教工業委員會，1982年），第43-47頁。]

1925年夏天，為了抗議因帝國主義壓迫工人屠殺者而在上海爆發的「五・卅」慘案，愛國的工人、學生們在全國各城市舉行了一連串的罷工、罷學、罷市、排英日貨的行動，而其中規模最大，歷時最長久，對帝國主義在華利益打擊最深的，就是長達16個月的省港大罷工（由1925年6月至1926年10月），比起1922年的香港海員罷工的影響力強大許多倍。

當時的廣州是國民黨左派（已經與共產黨合作）的大本營，而在1925年舉行的第二次全國勞動大會時，更確定左派的工運目標，在統一團結香港和廣東的各種工會，發動工人力量來支持反帝國主義反封建軍閥的國民革命，同時初成立了「中華全國總工會」（以蘇兆徵、林偉民、鄧中夏等為主腦人物，總部設在廣州），這都成為後來省港大罷工在組織上、行動上、政策上的重要準備。

當上海「五・卅慘案」和各地愛國罷工消息傳到廣州時，各工會、農會、學生團體與左派當局立即在6月初舉行示威遊行，同時令中華全國總工會亦準備在6月中，待廣州左派政府平定滇桂軍叛亂後，發動省港兩地愛國大罷工，至6月13日，中華全國總工會所組織的「省港罷工委員會」臨時辦事處在廣州成立，1925年6月19日省港大罷工正式爆發，首先領導的就是海員工人（他們是1922年香港海員罷工的勝利者亦是蘇兆徵、林偉民的追隨者），當晚電車工會亦參加罷工，這時香港對外身和市內的交通開始陷於癱瘓，印刷工人、洋務工人、碼頭工人、煤炭、郵務、清潔、土木、洗衣、旅業、油漆、食品、煤氣、電器等各行業工會的工人積極支持參加。兩星期內，整個香港各行業的中國工人都發動起來，罷工人數有25萬人，而其中大部份都陸續回到廣州，至7月7日已有20萬人，部份返回廣東各鄉村。全港工團委員會在6月21日發表罷工宣言，誓與帝國主義鬥爭，向香港政府當局提出六項要求，爭取華人的政治權利、法律平等、勞工法保障和減租25%等。

廣州工界方面亦取行動，6月21日廣州沙面島（英、法兩國租界所在地）的華工3,000人罷工離開沙面，成立「沙面中國工人援助上海慘案罷工委員會」，同時在廣州市內為英日美法外商洋行、外人住宅服務的工人亦紛紛參加罷工，同時對沙面實行封鎖，組織罷工糾察隊維持，不准船艇貨物人口出入，而在沙面工人罷工後，英法租界當局即下令戒嚴，廣州港內英法軍艦上水兵在6月22日登陸沙面防守，如臨大敵。

　　香港和廣州的罷工行動成為廣州各界聯合愛國活動的基礎，廣東對外協會在6月23日舉行工農商學兵各界聯合的省港罷工遊行，隊伍按照工農學商軍順次排列，有秩序開始進行，由東較場出發至西瓜園散隊。下年2時40分，當嶺南大學等隊伍行至沙基西橋時，沙面方面突然向對岸的遊行隊伍開火，華界內的群眾走避不及，共死52人，傷117人，造成了「六‧二三‧沙基慘案」，這是繼英帝國主義者在上海「五卅」慘案後，在中國領土上又一次對中國人民進行的屠殺暴力壓迫，更加激起廣東和全國人民的愛國反帝憤慨，罷工封鎖行動則更進入高潮，罷工工人紛紛由香港回廣州，準備作長期鬥爭。

　　為了更有效發揮罷工工人的力量，罷工的領導人建立了一具規模的罷工組織，7月3日，在中華全國總工會領導下的「省港罷工委員會」正式成立，由一個以蘇兆徵為首的13人委員會組成（香港工界代表7人，廣州工界4人，中華全國總工會2人），下設幹事局、財政委員會、工人糾察隊、保管拍賣處、會審處及後來加設的法制局、騎船隊、審查仇貨委員會、驗貨處、北伐運輸委員會等單位，而最高決策機構則為省港罷工工人代表大會，由各行業罷工工人按人數比例選出代表800多名組成，代表大會會議時，罷工工人都可出席旁聽，自1925年7月15日首次代表大會舉行以來，每隔一天便舉行一次，風雨不改，歷次罷工工人代表大會總共通過了283項議案。而有關罷工排英貨封鎖香港沙面政策措施都能夠民主決定和順利貫徹執行，同時亦保證罷工工人的團結合作，對罷工委員會的各單位作出有效的監督，宣傳部在罷工期內出版了《工人之路》期刊，發行量達1萬份，並時常印發各種宣言、傳單、書冊和小冊子，

宣傳罷工意識，進行愛國教育，並舉辦各種訓練班給罷工工人及子弟學習政治時事，組織宣傳隊到各地活動，使罷工反帝爭口號深入人心。

在經濟支持方面，這一批罷工工人的食宿和活動花費頗巨，每天達七、八千元，一部份是國內工會和各界及海外華僑的捐助，一部份是違反罷工排英貨的罰款及拍賣充公貨品，不過其中大部份是廣州當局的撥款（佔了罷工委員會由罷工開始至1926年6月為止所支出500萬元中的280萬元），而廣州政府剛靠特別的租金附加稅，商業附加稅來籌措這筆罷工經費，可見這次愛國罷工杯葛運動是受到國民黨左派和共產黨控制下的廣州政府大力支持。

在實際執行上，罷工委員會擁有一強大有力的糾察隊，負責維持罷工工人紀律，封鎖香港沙面交通，截留糧食，查緝私貨，逮捕破壞者。工人糾察隊共編成五大隊，下有四支隊，每支隊下有三小隊，每小隊設三班，每班12人，到1925年8月已組成32支隊，每支隊125人，共二千多人，其中部份有武器，並由黃埔軍校軍官訓練，後來增加了一支由12艘小船組織的緝私艦隊，隨著廣州國民政府勢力的擴張，罷工糾察隊的活動範圍亦由廣州市珠江口伸展至全省沿海各縣，而罷工期內糾察隊員因公殉職的有120多人，這隊伍可算中國工人革命武裝的一個先例。

隨著罷工活動的展開，整個省港罷工的中心策略亦漸明顯，由罷工開始時的反對一切帝國主義在華侵略，變成集中力量「單獨對英」。當香港工人開始罷工行動後，香港政府實施對廣州封鎖，禁止糧食，金銀紙幣出口，廣州方面亦宣佈對香港封鎖，不供應食糧，禁止一切交通來往，抵制所有英貨，不准英籍輪船出入，廣東對外出入口均不經香港，不用英輪運載，而外國商船如停泊香港亦不准往來廣東，8月中罷工委員會會實施「特許證」入口制度，總之廣東境內，凡非英貨，非英輪，非輸往或途經香港者，均可自由貿易往來。這是利用帝國主義列強在華利益不一致，內部矛盾日深

，故可拆散帝國主義之聯合，一方面爭取外界支持和同情，促進廣州經濟發展，另一方面可以集中力量來對抗香港和英帝國主義勢力，同時亦可用這愛國罷工杯葛運動，來把廣東民眾發展成為一個各社會階層聯合的革命統一戰線，而廣東剛變為反軍閥/反帝國主義的國民革命根據地，所以那廿多萬罷工的工人亦變成了左派的民眾動員，製造政治高潮氣氛的重要生力軍。當時，「工農商學大聯合」等口號在廣州流行一時，而廣州商界的支持亦有助於對英杯葛的成功。

「單獨對英」罷工政策的有效執行，使廣州脫離歷來在經濟上受香港的控制而達到空前的繁榮，本來香港是華南對外出入口的最主要商港，「單獨對英」的政策實施，各國輪船公司改變航線，不經香港，直接由海外通航廣州，而一些原在香港經營的外商洋行亦遷往廣州經營，連在沙面的外商亦遷出租界至廣州市區恢復營業。至1925年11月由香港或沙面的外商亦遷出租界至廣州市內的外國商號共80多間，而廣州對沿岸各商埠或外洋的航線網亦打通了，尤以上海廣州直接班次最密，有十多間公司的輪船行走，廣州與黃埔間之港口每日平均有外洋船30艘停泊，出入口行業當然生意大增，同時華資工業和手工業亦大加發展，取代英貨地位。總之廣州經濟繁榮可由廣州海關稅可見，1924年7月為229,523兩銀，1926年1月為422,971兩，比罷工前增加八成。

不過香港的情況與廣州剛好相反，在罷工及封鎖雙重打擊之下，社會和經濟都陷入於一片混亂和空前困境，街道堆積垃圾，市內交通停頓，對外交通接近完全斷絕，糧食短絀，食物價格暴漲，政府要限制居民的柴米購買量，許多一般食物用品根本無貨供應，在這「臭港」、「餓港」中，居民的日常生活（尤其在傭人罷工離去的洋人家庭）實在狼狽萬分。

商業方面，則香港市面蕭條，由於海員、碼頭搬運、海陸理貨和機器行業工人罷工，大批輪船停滯港內，貨物出入不得，商號店舖紛紛停業，報紙停刊，股票價格暴跌，而股

市交易所被迫停業（連匯豐銀行的股票亦大幅下降），總之商場人心惶惶不可終日，引起銀行擠提風潮，香港政府又要限制市民提款和金銀出口。至1925年底，香港有3,000多宗商行倒閉破產案，7間銀行停業，香港元紙幣亦不斷貶值（與廣州貨幣比換價由每百元高出30元跌至每百元高出18元，為歷年來所罕見）。此外因罷工工人和華籍居民紛紛遷去，一直以來嚴重的房屋問題變為到處空屋，而屋租和地價亦不斷跌落（有些低至原價三分之一）。

香港政府的財政收支亦因罷工封鎖而陷入困境，1921年至1923年間港府每年溢餘約200萬至370萬元，但在1925、1926年港政府則出現大量赤字，商場不景而稅收賣地減少，但應付罷工封鎖而支出激增，1925年度出超赤字在500萬元以上，1926年在240萬元左右。情況之差，要由倫敦英國政府借款300萬鎊幫助香港渡過難關，如果連貿易上、工業上、金融上和罷工工人工資等損失一起計算在內，則這省港大罷工每日起碼令到香港損失400萬元，香港不只本身遭受空前的經濟危機，更失去作為華南轉口港金融交通中心的地位，在社會方面，心理上、聲譽上、政治上對香港當局的打擊，剛難以用統計數字來表達了。而英國在華南貿易的利益亦被嚴重破壞，例如在1924年平均每月有160至200艘英國輪船出入廣州，罷工爆發後，英貨在華南的交通貨運幾乎完全由其他外國輪船取代，罷工期間，英貨輸入廣東全省只及平時10%，而英貨出口到中國全國都大幅下降，由1924年的1,890萬元降到1925年的14,000萬元，英貨在中國全國外貨入口總價所佔比率由1924年的12.4%跌至1925年的9.8%，1926年的10.3%，可知這次由「五卅」慘案引起的全國性反帝國主義民眾動員,對英國在中國和香港的利益有嚴重而徹底的打擊，英方在華的經濟地位和政治聲譽都一落千丈。

在省港大罷工的壓力下，英國和香港當局初時是維持強硬的態度，但時間一久，社會和經濟方面損失日漸重大而處尷尬地步，轉而尋求破壞和軟化罷工的各種辦法（甚至希望可推翻廣州的左派革命政權，以圖消除大罷工的支柱），這

些辦法無效之後，英方最後希望通過用華商間私人和正式官方談判交涉來結束罷工封鎖，但因有廣州左派政府的大力支持，罷工委員會不肯隨便讓步，堅持基本上屬於政治性的要求（取消不平等條約，解決上海、沙基等地的慘案，為罷工工人復員作保障等），而雙方無法達成協議。整個大罷工封鎖運動由1925年夏維持至1926年秋天，其中經歷了廣州政局的左右派鬥爭，為左派的國民革命聯合陣線提供了一個重要的群眾基礎，使1926年5月在廣州舉行的第三次全國勞動大會和香港各工會的團結統一工作順利進行，同時亦加強了廣東的革命氣氛，有助於在1926年7月國民革命軍的北伐出師北上。

因為國民革命軍的北伐需要人力、財力、政治和外交上集中力量應付軍閥，要結束省港大罷工，罷工委員會代表，廣州政府代表和英方代表在1926年7月舉行中英談判，但雙方條例距離太遠而破裂，到9月時，北伐軍到湖北，革命政府亦準備北遷，省港罷工工人代表大會決定改變鬥爭策略，在10月10日國慶日結束罷工封鎖，而廣州當局宣佈徵收入口貨品附加稅2.5%至5%，作為結束罷工後津貼罷工工人善後費用，至此，堅持了16個月的省港大罷工正式終止，雖然未能完全消除帝國主義在華勢力，但罷工工人始終對敵人不妥協，對英在華和在香港的利益嚴重打擊，動員了省港勞工界作國民革命的群眾基礎，使當時廣東工運蓬勃發展，而工人們在罷工裡的組織、執行、宣傳等事，均取得經驗，有重大的進步，故此省港大罷工亦可算勝利收場，為中國工運史上的一個重大里程碑。

鳴謝：

本文作者在此申謝加州大學（柏克萊校區，University of California-Berkeley）歷史系鄭雋言先生（Mr. Justin Cheng）為本文〈重點勾劃綱要〉中文錄音稿的整理和打字；譚嘉明先生在香港整理本文〈參考資料〉和〈附錄〉；黃浩婷小姐負責部份資料打字。

省港大罷工對香港社會及勞工之影響

伍錫康
香港大學商學院

前言：

　　是次工潮雖則失敗收場，卻有劃時代的意義，堪稱為「在全球工運史上歷時最久之罷工事件，不然就是歷史上參與人數最眾之罷工事件之一」[1]。

　　大罷工對香港社會及政治而言，影響深遠，意義重大，現在下文謹略作剖析。

（一）大罷工後之社會形態及政治氣候

　　首先，是次工人運動喚醒港府及啟發不少港人，對這英國屬土，取態較為務實，不再停留於「借來的地方，借來的時間」這浮游階段[2] 。雖然大罷工辛苦黯然收場，而罷工者之要求，悉數落空，然而事後香港經濟漸次復甦，而在廣州因國共分裂政局動盪，相對而言，香港較為穩定，所以再度成為南中國首要港口，亦是大陸對外之前哨站（Gate Keeper），而居港華人，亦對香港產生前所未有之歸屬感，港穗兩地比較，他們認為香港較為安全隱定，值得在此落地生根，不再以旅港或僑港心態留港。其中不少具有能力者，自內地將其家眷接至香港定居，對房屋之要求亦相應增加，並刺激內需，有助經濟發展。

　　與此同時，港府有感華人及其社團有助協調及凝聚社會團結，因而吸取大罷工之經驗，採取較為「軟性」之懷柔政策，以隱定及鞏固其管治。首先吸納華人進入「建制」權力體系，例如委任周壽臣為行政局議員，因其在罷工期間支持協助港府有功。社會學者律必治（Lethbridge）曾就罷工之香港社會政治狀況作如下闡述：「香港可說是在1925年間開始

---

1 見尊謝諾（Jean Chesneaux）：《中國之勞工運動：一九一九至一九二七》，（The Chinese Labour Movement 1919-1927），史坦福：史坦福大學出版社（Stanford: Stanford University），第294-295頁。

2 香港此名，來源自李察曉治（Richard Hughes）：《借來的地方，借來的時間：香港與其多元之面孔》（Borrowed Place, Barrowed Time: Hong Kong and its many faces）倫敦：安達道狄（Andre' Deutsch Ltd.），1968。

成長，她再不僅是各類社群聚居之地，而居民再不視此地為棲身謀生之地，而開始在香港落地生根。與此同時，居於此地之不同社群，亦開始互相包容磨合，逐漸發展成長為整體之多元化社會，跨越族群鴻溝，互諒互讓。然而人際關係網絡亦漸轉基於「合約」制度，香港開始擁有其文化與形象等特色[3]。」

另一方面，省港大罷工間接提昇中文華語在香港之地位，開始受到官方重視。港督金文泰（Sir Cecil Clementi）爵士有鑑省港大罷工洋人遭華人杯葛，察覺港府素來忽視中國文化因而吸取是役教訓，改而採取較為開明之管治政策，例如促進及提倡中國傳統文化，資助香港大學開設中文學系，並廣修建廟宇，其中不少座落於上環荷里活道與太平山街，金文泰並投放大量資源，擴展教育設施[4]。不少名校亦是在金文泰時代開辦，而香港第一所中文官立中學，「金文泰中學」就是為紀念其對香港中文教育所作之貢獻，因而命名。此外，庇理羅士女子中學（迄今仍是香港最負盛名之官立女子中學），亦於這時加添資源，反映女性在社會地位漸受重視（就省港大罷工對女性解放運動之間接與直接影響，後文再述。）若從管治策略角度觀之，金文泰之寬容，亦反映英人施政之技巧，就是在民間散播儒家傳統思想，可被視為預防或隔離反對或意圖推翻殖民地統治之極端思想（當時，港府稱之為沙俄式之「布爾什維克」(Bolshevik)主義）之有效防疫劑。

由金文泰開始，港府為推行仁政，對於改善民生與勞工狀況，亦抱較積極主動態度。考其原因，除為爭取民心，亦因英國工黨開始執政，認為對其海外屬土具有道義責任，協

---

3 見亨利律必治（Henry Lethbridge）：《香港：穩定與轉變：論文集》(Hong Kong, Stability and Change: a collection of essays)，香港：牛津大學出版社（Oxford University Press），1978，第25頁。
4 有關金文泰之政績可參考張連興：《香港二十八任總督》，香港：三聯書店（香港）有限公司，2012年，第十七章。由於金文泰於省港大罷工所循之親民路線，可說是自首任港督以來最獲民心的一位。他成功修補與新界鄉紳之關係，得後者設宴為其祝壽。港島之金督馳馬徑、金文泰道與金文泰中學就是以他命名。

助其發展人道文明社會，特別是廢除勞役，尊重個人自由。尤其自著名勞資關係學者悉尼‧韋伯(Sydney Webb)出掌殖民地部後，因受其所屬費邊社（Fabian Society）之溫和社會主義意識形態所導，訓令所有海外屬土政府，須循英國素有之制度模式，推行勞工與福利改革，香港幾乎所有頒佈之勞工法例，就是參照英國本土相關法典而制訂。特別是在1929年更為其海外屬土擬定一套標準之「職工會法藍本」，以鼓勵及催生仿照有關「具責任感之工會制度」（Responsible Trade Unionism）。這「藍本工會法」對香港而言，意義深遠，因在省港大罷工後，港府認為倘要避免類似以工潮姿態出現之政治事件重演，須引導工會逐漸轉向以改善及保障工人利益為依歸，而不是單以強調意識形態與排外心態為旨之政治鬥爭工具，有關之理論闡釋，於本文在緒論結語時再述[5]。

（二）大罷工後港府之勞工政策與廢婢運動

　　省港大罷工之慘痛教訓，促使港府痛定思痛，雙管齊下，在施政與立法方面，軟硬兼施，藉以鞏固其統治。一方面以鐵腕手段，企圖防止或杜絕類似1922及1925年之大型工潮再度重演，並抑制與政府對抗之工會組織；另一方面，在金文泰務實政策下，政府對勞工狀況與保障，顯然較前關注及著意改善。尤其在英廷敦促下，廢婢行動在經歷數十載之華洋角力後，卒告成功。至三十年代後期二次世界大戰前夕，註冊之妹仔數目逐減，幾成歷史陳跡。與此同時，大罷工亦打破婦女足不出戶之禁例，社會逐漸接受女性在外工作受僱，婦女解放與廢婢成功可以相提並論。下文將上述所提點略作闡釋。

（二、一）針對大罷工後遺症之強硬政策與法則

　　基於省港大罷工與較前之海員大罷工之震撼性先例，港府決採用嚴苛政策，以穩定政局及維持社會安寧。湊巧1926年英國發生以煤礦工人為首之罷工，於翌年（1927年）國會通過具壓制性（coercive）之《工業糾紛暨職工會法》

5　就英國對其海外屬土輸出其勞工法與勞資關係制度之闡述，可參考賓士羅拔時（B. C. Roberts）：《大英聯邦在熱帶地區屬土之勞工狀況》，（Labour In The Tropical Territories Of The Commonwealth），倫敦：倫敦經濟及政治學院（London School of Economics and Political Science），1964。

（Trade Disputes and Trade Unions Act），該法為港府提供參考
，於是年立法局頒佈類似法例，針對具政治色彩之工潮，為
《非法罷工與閉廠條例》(Illegal Strikes and Lockouts Ordinance)
，此法例主旨，是防止與懲治任何被嫌疑與所謂「布爾什維
克」共產主義（Bolshevikism）及無政府主義（anarchism）滋
長有關之政治性罷工[6]。

在這前題下，1927年之法例主要條文有三：
1. 將政治性罷工列為非法，並以法律詞匯加以詮釋；
2. 禁止當勞資糾紛發生時，任何人意圖或嘗試向他人作出要
   脅或威嚇之行為；與
3. 防止香港工會為海外任何工會或其他組織所操控，因而有
   損香港之安寧與穩定[7]。

　　從勞資關係學與社會學觀念而言，《非法罷工與閉廠條
例》之涵意，就是為香港工會與工人運動，設下圍牆及邊線
不容僭越。若以英國工運學術語而言，就是為「參予者劃定
他們互動或相互角逐之競技「週邊」（To hold the rings），
換句話說，就是釐訂「遊戲規則」（Rules of the Game)[8]。引
伸而言，該法例在認可範圍內，容許工人罷工，然而必須只
基於經濟及改善工作及僱傭條件之目的或理由，而其手段及
行為必須合法，不容超越所容許之界限。因此，該法例否定
所有具政治性之罷工，據此邏輯，任何罷工若是為支持勞資
糾紛或使其延續可說仍是合法，然而倘若尚有其他穩晦目的
，或罷工意圖迫使政府就範（例如省港大罷工），又或是蓄
意對社會整體或其重要部份造成不安困境，從而向政府施壓
，以遂其政治目的，則此等罷工將可視為「非法」，而其組
織者或負責人仕可被刑事起訴，倘若定罪，可被判處監禁。

---

[6] 然而這種取態卻是反映外國政論缺乏對中國民情認識，犯了過度強調共產
主義之影響力，將其塑造構成1925年動亂之源頭，見《中國年刊：1926-27
年》（The China Year Books, 1926-27)，第1011頁；亦可參考《香港立法局
會議紀錄》（Hong Kong Hansard : Proceedings of the Legislative Council)：
1925年度，第45頁。
[7] 見《香港立法局會議紀錄》：1927年度，第35頁。
[8] 就這觀點較詳盡之演繹，可參考約翰鄧立（John T. Dunlop）：《工業關係
制度》（Industrial Relations System)，紐約（New York)：亨利豪泰（Henry
Holt)，1958年；亦可參考奇達：渠理等人（Cark Kerr, John T. Dunlop,
Frederick Harbison and Charles A Myers)：《工業主義與工業人》(Industrialism
and Industrial Man: the problems of labor and management in economic growth)，
夏敏斯維治（Harmondsworth)：企鵝出版社（Penguin)，1973年。

該法例亦同時禁止任何「閃電式罷工」（Lightning Strike），即未有任何預先徵兆通知，進行罷工（常見例子，就是自發性於車間發生之「野貓式罷工」（Wildcat Strike）。此外唆使他人違約，例如在罷工進行時，倘若進行糾察（Picketing)，企圖阻止他人繼續工作，因而唆使他人無理違約，從而可能妨礙政府正常運作，或令重要公共服務（Essential Public Services）停頓，例如使居民無法獲水、電或煤氣供應或有礙正常公共交通服務，皆屬違法，可遭刑事檢控。

　　另一方面，該條例亦對香港工會之內部行政及外事釐訂管制，而有關條文，於1948年正式納入《職工會登記條例》，就是為防止工會過於政治化，容易再度向政府挑戰，1927年之法例，禁止所有職工會挪動其經費作政治用途，並且亦不容職工會與任何海外工會或（政治）組織結盟式連繫，以免有關工會可能因此淪為海外工會或組織之附庸，遭其操控，而對香港內部安定或治安構成威脅[9]。

　　總括而言，省港大罷工最直接而影響深遠之後果，就是導致1927年頒佈之《非法罷工與閉廠條例》，有鑑在是次工潮期間整個經濟幾乎癱瘓停頓，損失巨大，港府對任何可與中國大陸扯上關係之工人運動及抗爭，極感不安，國民政府時期開始對付共產黨與其同路線之工會，所以時值及因受北伐行動隱憂而大陸無暇兼顧香港之際，縱然總督金文泰表現親民，港府斷然對本地工會嚴加管制，以防其再度遭共產黨滲透，正如某些評論所言：「基於香港位處中國大陸邊陲，適時中國國內政治運動方興未艾，香港社會穩定因而可能受損，故此先須在香港內部清理門戶[10]。」

　　港府對工會所採之「懲治性」（Repressive）措施，不單只限於上述法例，於1927年亦修訂1922年之《緊急措施法令》（Emergency Regulations），加強其條文，例如引入《第二

---

9 見《香港立法局會議紀錄》：1927年度，第36-45頁。
10 見《香港立法局會議紀錄》：1927年度，第45頁。

十九號法令》，賦予港督會同行政局廣泛權力，在必要時可運用，藉此防止或壓制任何可疑之罷工行動。引伸而言，港府倘若懷疑任何組織旨在鼓勵或催生罷工，或意圖破壞社會秩序，或煽動他人謀反，可將其查封。按該法令，港府先後取締香港總工會、海員工會與理髮工會3個前衛工會，並且根據1920年之《社團條例》將9個工會或社團註銷。

縱觀上述各項措施，港府似乎對症下藥，在防止動亂方面可説奏效。大罷工事隔12年後首任勞工事務主任（其職位等同今日之勞工處處長）畢拉（H. R. Butters），於1939年在其檢討香港勞工狀況之報告內曾作以下闡述：政府「自1927年以來，大陸國民政府對國內工運之清洗行動，（再加上港府對工會採取之鐵腕政策），令中國與香港工運元氣幾乎消耗殆盡，迄今整整10年內，大型工潮在香港可説完全絕跡」[11]。

因此1925至26年之省港大罷工，無疑是香港工運之轉捩點，在二十年代前期，因海員工會向西方工運借鏡，帶領中港兩地工人運動迅速增長，然而省港罷工失敗，工運受挫一蹶不振，陷於低谷。故此工會力量自1925年之高峰期迅速下滑，據官方統計，全港300多所工會及社團之會員人數，至1939年已鋭減至十一萬一千四百餘名[12]。

與此同時，在穗之左翼工會受國民政府壓制多轉至地下活動，而在香港親共工會多遭政府查封，在內外受制下，工運陷於低潮而沉寂多年，持續至二次世界大戰前夕。而前文所説，港府意欲培植所謂「具責任感」非政治性之英式工會，但須待七十年代公務員與白領工運崛起時方成氣候。在1927年被禁之「中華海員工業聯合總會」於10年後曾企圖復會未果，部份積極海員退而求其次，籌組成立興趣康樂社團，名為「餘閑樂社」，參加者眾，而其中不乏多名洋務工人，因此蘊釀組織成立日後成為左翼三大工會之一之「洋務工會」，並於1938年跟港府註冊成為工會。[13]

---

11 畢拉（H. R. Butters）：《香港：勞工主任就香港之勞工與勞工狀況所作之報告》（Hong Kong: Report by the Labour Officer, Mr. H. R. Butters, in Labour and Labour Conditions in Hong Kong），香港：政府印務局（Government Printer），1939，第118頁。
12 畢拉，同上，第119頁，第61段。
13 周奕：《香港工運史》，香港：利訊出版社，2009，第87-97頁。

港府為求安內攘外，亦同時冀與廣州之國民政府協調，希望取得後者對上述政策諒解外，並曾試消弭其對香港可被利用作為顛覆大陸前哨站之疑慮，因此港督金文泰曾數度訪穗，以求鞏固中港兩地互信合作，防止左翼工運重生，並且兩地治安機構互通情報，港府亦按緊急法令逮捕不少工運領袖，視其為政治犯而無須經法庭審訊即將其遞解出境至中國大陸，其中多位旋遭正忙於「清黨」之右翼國民政府所害[14]。即捕即解這種近乎明朝時「東廠」手法，不時用以對付被疑具政治背景，而可顛覆港府之工運活躍分子，無論孰左孰右，沿用至二次世界大戰後幾達三十載，而有鑑勞資糾紛具敏感性，警方政治部（Special Branch）常派探員追蹤查探，以掌握有關情報，亦可說是香港勞資關係的特色之一[15]。

（二、二）省港大罷工催生之保障勞工政策

有鑑省港大罷工之教訓，港府除採用上文所提之強硬政策與法紀，箝制工運外，亦較前積極改善民生與勞動狀況，及工人保障。經過在二十年代後期與三十年代之爭持，港府漸次成功取締為有識之士所病詬之「蓄婢制度」，並且立例保護婦孺，與在工廠工作之婦女及青年工人，稍後再作闡釋。

省港大罷工落幕不久，港府為謀應付勞工問題與協助解決勞資糾紛，於翌年（1927年）成立勞工分處（Labour Sub-Department），並將其置於負責華人事務之華人政務司（Secretariat for Chinese Affairs）管轄下，並自英聘請畢拉（H. R. Butters）出任首位勞工主任（Labour Officer），其職位相等於今日之勞工處處長（Commissioner of Labour）。1939年畢拉擬成描繪及檢討香港勞工狀況之詳盡報告，並作若干改善現狀之提議，該報告成為反映當時社會、勞工與工運動態之經典文獻。

---

14 例子如鄧中夏、李森、何耀全、張瑞成等。見周奕，同上，第84頁。
15 早在1939年《畢拉報告》已提到若要取得任何問題工會之資料，主要是依靠探員之工作。

同年香港西商會 （即現時之香港總商會 "Hong Kong General Chamber of Commerce"）並成立附屬該會之勞工委員會 （Labour Committee），為日後之香港僱主聯合會 （Employers' Federation of Hong Kong）之前身。更為重要的，就港府在是年委出「勞工顧問委員會」（Labour Advisory Board），作為輔助港府制訂勞工法例與政策之諮詢機制，然而初期之委員，亦限於政府官員與僱主代表。其後重組，納入僱員代表，這三方面架構（Tripartism）原則反映勞資關係，取決於僱主、僱員（與其組織）及官員互動而成，亦配合在1919年成立之「國際勞工組織」（International Labour Organization）之三方參與模式[16]。

省港大罷工之後至二次世界大戰前夕，港府修訂及制訂一連串之勞工法例與行政措施，以管制與保障勞工，其中較重要的有下列數項：

1. 解放「蓄婢」與保障婦孺之法例：港府早在省港大罷工前，1923年制訂《女性家僕條例》（Female Domestic Service Ordinance），並在邱吉爾任殖民地部大臣時開始嘗試管制民間「妹仔」習例，旋因省港大罷工暫緩「廢婢」行動，然而罷工刺激婦解運動，並且間接提昇婦女之社會地位，廢婢運動不單得以恢復，並於三十年代後成功穩定及減少「妹仔」人數，到二次世界大戰及戰後，「蓄婢」在華人社會遂告「絕跡」。

廢婢過程之主要里程碑，為1938年《女性家僕條例》之修訂條例，除管制「婢女」問題外，並界定任何女性家僕年齡不可少於12歲，而且更較前清晰地釐定「妹仔」之定義。由是年5月31日開始，所有「妹仔」須跟華民政務司登記，任何人倘若僱用未經註冊之「妹仔」，即屬違法。與此同時，同年之《保護婦孺條例》（Protection of Women and Girls Ordinance）規定若有任何年齡未足21歲被領養之女僕，華民政務司將據該條例成為其在法律上之監護人[17]。

---

16 見畢拉：《香港：勞工主任就香港之勞工與勞工狀況所作之報告》，第125-126頁，第91-93段。
17 畢拉，同上，第123-124頁，第86-88段。

2. 在管制工作環境與衛生方面，1935年之《公共衛生條例》（Public Health〔Sanitation〕Ordinance），頒令由市政局（Urban Council）負責監管工廠之衛生情況，該條例賦予該局權力，倘若發現工廠或工場燈光不足、或是空氣不流通，或是過度擠迫、或是不符衛生標準，可命其東主依令改善，該條例並規定任何僱用20人或以上之工廠，須為男女僱員提供適當之「廁所」設施，並須張貼告示，臚列可容納最多僱員之人數，同時所有工廠須每年清潔污垢一次。此外，該條例亦規定市政局負責界定何種行業屬「危險性」，何種行業屬「不衛生」及何種行業屬「厭惡性」，及對有關行業進行監察[18]。

3. 早在1902年所頒佈之《主僕條例》（Employers and Servants Ordinance），主要參照英國普通法制訂，按該條例，任何僱傭合約（Contract of Service），皆被視為按月續訂合約，除非預先另作聲明，任何一方若要解約，須給予對方1個月預先通知，或是以工資代替。至於合約倘若為期多於1個月則應具文，並須由裁判司（Magistrates）作證明。此外，倘若是在香港履行，僱傭合約為期只可最多3年；若是在海外履行，則合約為期最多5年。

　　然而該條例自頒佈至三十年代，仍是處於具文狀況，並在民間未有廣泛遵行，按勞工主任畢拉在其1939，並年之報告所稱，當時為數最多之技工，是自上海（由於屬香港境外，因此屬於「海外」聘用）輸入，然而他們之僱傭合約，鮮有符合《主僕條例》所訂之標準。在這年代，引用該條例向僱主因解僱索償之案例，幾乎絕無僅有，解約這觀念，在華人社會仍缺乏認知，例如在1938年，此類解僱索償之申請，僅有11宗，而每宗索償不多於10元而已 [19]。

---

18 畢拉，同上，第124-125頁，第89-90段。
19 畢拉，同上，第126-127頁，第97-100段。

4. 其他保障僱員、童工及青年工之法例，亦包括1937年《工廠暨工傷條例》（Factories and Workshop Ordinance），用以監管工業安全及防止工業意外；1932年之《青年及兒童之海上工作僱傭條例》（Employment of Young Persons and Children at Sea Ordinance）；與1933年之《多類牌照條例》(Mis-Cellaneous Licences Ordinance）。

5. 1927年前，香港勞資糾紛，泰半是由華民政務司署負責調處。至1927年勞工分處在其轄下成立，改由該分處負責處理。然而在省港大罷工之後，由於工運與工潮轉趨沉寂，勞工分處並未全面發揮其功能。至於戰後四十年代後期，勞工處正式成立，方較積極介入調處勞資糾紛與矛盾[20]。

6. 三十年代，另一類較為前衛性之法例，就是在1932年，同是仿照英國模式所頒佈之《最低工資條例》（Minimum Wage Ordinance）。該條例產生之原因，部份是由於港府欲與《國際勞工公約第二十六號》有關制訂最低工資機制之條款看齊，部份亦因在海員及省港大罷工時工人已有每天八小時工作之要求。1932年之條例，授權港督會同行政局，在其認為工資過低之行業，委出調查委員會進行調查聆訊，並可為該行業頒佈最低工資，然而該法例亦僅屬具文，而委員會之職權有限。至1939年，勞工主任畢拉在報告中建議撤銷該條例，而代之以另一法定機制，名為以行業為基礎之「商局」（Trade Boards）[21]。

隨後於1940年港府按畢拉之議，頒佈《商局條例》（Trade Boards Ordinance），並廢除《最低工資條例》。商局亦非常設架構，在被認為有需要方獲委出，成員屬三方面，由勞工主任任主席，包括有關行業之僱主及僱員代表，另加 1 名僱主代表

---

20 畢拉，同上，第125頁，第91段。
21 大衛立畢治（David G. Lethbridge）與伍錫康：《香港：勞工法與勞資關係》（Hong Kong: Country Monograph on Labour Law and Industual Relations），荷蘭：古律出版社（Kluwer），1982，第228-229頁，第389及390頁。

及 1 名由在工會組織較強之行業委出之勞工領袖。商局之權責,就是在勞資各方缺乏集體組織之行業,倘若僱傭條件不符最低標準,可委出商局,用以訂定最低工資,標準工時及超時補薪之工資率,其背後作用,亦是可以協助僱主與工會組織集體談判。該條例使港府可繼續運用《國際勞工公約第二十六號》,然而,該條例亦從未有正式運用,主要原因是香港工資市場素按需求自行調節,截至2010年,香港方制訂《最低工資條例》,頒佈全港性最低工資,然而《商局條例》尚被保留迄今 22。

7. 另一系列保障勞工及工作安全之法例,包括1922年之《兒童工業僱傭條例》(Industrial Employment of Children Ordinance),該法例於二次世界大戰後五十與六十年代成為管制在工廠受僱之婦女及青年工之工時與禁止童工之重要法規。此外參照英國《工廠法》(Factory Act)制訂之1927年《工廠暨工傷條例》,前文經已提及,根據該條例,港府開設「工廠督察」(Factory Inspectorate)編制,負責巡視監察工廠之安全設施;該條例於1932年作出修訂,禁止婦女及青年在指定之危險行業工作 23。

(二、三)省港大罷工對「廢婢運動」與女性就業之影響

二十世紀初葉,香港仍是循「男主外女主內」之封建傳統為主流,大家閨秀之女性,鮮有在外披頭露面工作,除女性家傭外,旅港工人幾全部皆屬男性。然而省港工潮發生後,工人紛紛離港返穗,工人宿舍多十室九空,由於缺乏勞動力,不少商店(包括百貨公司)與酒樓茶室及酒店,開始打破傳統,聘請年輕女性,出任售貨員或服務員,成為曾受小學教育或以上之女性參加香港服務業勞動市場先例。日後在三十與四十年代,略具姿色之女性不少成為高級招待,例如位於石塘咀(塘西)「煙花之地」之女招待「交際花」24。

22 立畢治與伍錫康,同上,第229-230-45頁,第389及390頁。
23 畢拉:《香港:勞工主任就香港之勞工與勞工狀況所作之報告》,第120-123頁,第70-81段;第129、114、135-136頁,第127-138段。
24 按法蘭韋殊所稱,這些賣落青樓為「歌技之少女」,被稱為「琵琶女」,法蘭韋殊(Frank Welsh):《香港史》(A History of Hong Kong,夏門史域:夏巴哥連斯(Harmondsworth:Harps Colliers),1994,第397頁。

上述情況，象徵舊式封閉社會（closed and secluded society）逐漸開放，女性不只可以外出工作，而在服飾方面亦開始「摩登」（modernise）化 24。更重要的，是在金文泰之開明親民政策，港府大力發展教育，惠及適學女孩及年輕女性，她們不乏希望學以致用，待畢業後找尋工作，與此同時，香港西婦亦籌組婦解團體，因此三十年代之香港，亦頓受歐美婦女解放運動所薰陶 25。

　　在這民風轉接之氣候下，省港大罷工之二十年代後期與三十年代，亦目睹華人社會悠來久遠「蓄婢」習例，逐受邊緣化以至最終沒落消失。現將其取締過程略述如下：

　　追溯十九世紀末二十世紀初，西方「人道主義」與民主思想開抬頭，婦解運動亦應運而生，香港作為英國在遠東之殖民地亦受影響，在港不少持人道立場人士，其中不乏教會與西婦組織，亦漸將其矛頭指向「妹仔」習例。宗主國英國亦因「蓄婢」有違人道與英國「普通法」制度，並有損英國與香港聲譽，向港府屢次施壓，以謀廢除華人「蓄婢」之習。

　　1922年邱吉爾出掌英廷殖民地部，頒令港督司徒拔展開廢婢工作，然而時值海員大罷工，而華人主流意見，仍是抱殘守缺，反對甚烈，因而廢婢行動只聞「樓梯響」，輾轉拖延未果，而成立職業學校用以培訓「解放」後之婦女議案亦不能成事 26。

---

24 按法蘭韋殊所稱，這些賣落青樓為「歌技之少女」，被稱為「琵琶女」，法蘭韋殊（Frank Welsh）：《香港史》（A History of Hong Kong，夏門史域：夏巴哥連斯（Harmondsworth：Harps Colliers），1994，第397頁。
25 有關二十年代中港社會在西方潮流及價值觀影響下，開始「摩登」化，亦開展婦女解放新的一頁，可參考吳昊：《都會裳：細說中國婦女服飾與身體革命（1911至1935年）》，三聯書店，2006，第一章及結束語。
26 可參考文獻甚廣，例如梁寶霖譯：《妹仔解放運動》，載於梁寶霖、梁寶龍、陳明銶與高彥頤合編：《香港與中國工運回顧》，香港：香港基督教工業委員會，1982年，第51-52頁；蔡思行：《香港史一百件大事》上冊，香港：中華書局，2013，第124-126頁；約翰卡諾（John M. Carroll）：《香港簡史》（A Concise History of Hong Kong），香港：香港大學出版社，2007，第110-111頁；法蘭韋殊（Frank Welsh）：《香港史》，（A History of Hong Kong），第394-395頁。

事件延至翌年，由於英廷不斷催促，而海員罷工平息，港府遂於1923年動議通過《女性家僕條例》（Female Domestic Servants Ordinance），旨在取締妹仔。然而民間意見仍是兩極化，西婦團體、教會、「反蓄婢會」以至香港不少工會表態支持立法。相反，華人社團以中華總商會與街坊會為首召開會議，意圖阻礙廢婢行動未果。

　　1923年之新法，禁止私相授售「妹仔」，而任何「賣身契」亦相應被禁，該條例並賦予港督註冊在港所有「妹仔」之權力，然遭華人反對，該強迫註冊之條款，僅屬具文未能執行[27]。翌年司徒拔向英廷匯報，聲稱「妹仔」數目漸降未再增加，因此「妹仔」這具爭議性之事件暫告平息。兩年後旋因省港大罷工發生，全面牽制港府，廢婢運動又再度擱置[28]。

　　省港大罷工失敗後，國民政府雖對外進行北伐，而然內政方面除整肅工會外，亦因承孫中山先生遺志及因大罷工之經驗，轉較前積極為工人提供保障，引進不少仿傚西方國家之勞工法例，以期與《國際勞工公約》看齊，其中包括管制童工與工時，亦有頒令取締「妹仔」習例，撤銷所有買賣婦女契據[29]。該令傳至香港，再度鼓勵及刺激「反蓄婢運動」，此時倫敦之同情組織亦呼應施壓，迫使港府切實執行廢婢工作，然而金文泰鑑於蓄婢積習根深蒂固，再加上國民政府廢婢之舉未能成事，因此向英廷建議「廢婢」政策不能愴悴進行，不可操之過急[30]。

　　時值英國勞工學者悉尼韋伯（Sidney Webb）（其後獲封為柏斯菲伯爵 "Lord Passfield"）於1927年出任殖民地大臣，

---

27 見畢拉，同上，第123-124頁，第86段；梁寶霖譯：《妹仔解放運動》，第52頁；亦見約翰卡諾：《香港簡史》，第111頁；蔡思行：《香港史一百件大事》，第232頁。
28 見約翰卡諾：《香港簡史》，第111頁；法蘭韋殊：《香港史》，第396頁。
29 見約翰卡諾：《香港簡史》，第111-112頁；法蘭韋殊：《香港史》，第397頁。
30 見法蘭韋殊：《香港史》，第397頁；約翰卡諾：《香港簡史》，第112頁。

強調「廢婢」之議事在必行，不容拖延，指令港府須據1923年之《女性家僕條例》，將有關「妹仔」註冊及應獲發給工資之條款付諸實行。在該令下港府遂聘任3名督察巡視已註冊之家庭，以確保有否濫用或虐待婢女及有否發給工資，並由華民政務司負責統籌監督。然而一些富裕華人家庭為求繞過管制，轉而以廉價僱用「住年妹」（maidservant），不再購買「妹仔」；此外，「灰色地帶」仍然存在，不少家庭借「養女」為名，繼續收養婢女[31]。

1935年安德魯冀達葛（Sir Andrew Caldecot，郝德傑）繼金文泰出任港督，亦勵精圖治，銳意取締被認為過時之「妹仔」制度。翌年立法局通過《修訂女性家僕條例》，嚴禁任何人偷運「妹仔」（即未成年少女）入境，否則可被判入獄，以收阻嚇作用。是年港府成立「洛斯彼委員會」（Loseby Commission），翌年又委任「活特委員會」（Wood Commission）進行調查。港府據其建議，規定所有養女（被疑為變相「妹仔」），亦須跟華民政務司註冊，任何家庭若被發現收容未有註冊之養女或「妹仔」，均屬違法[32]。

前文提到其後1938年通過之《保護婦孺條例》（Protection of Women and Girls Ordinance），指定華民政務司擔任所有年齡未屆21歲而被收養之女孩或少女（即在法律上被稱為「養女」）之指定監護人，由其負責監管，保障「養女」免受虐待[33]。至第二次世界大戰前夕，經過纏擾多載曲折漫長之路，廢婢運動在香港卒告一段落，而收養「妹仔」這傳統習例，漸次息微，成為歷史[34]。

---

31 見法蘭韋殊：《香港史》，第397頁；區志堅、彭淑敏與蔡思行：《改變香港歷史的六十篇文獻》，中華書局，2011，第140-141頁。
32 見法蘭韋殊：《香港史》，第398頁；亦見朗門米律斯（Norman Miners）：《在香港嘗試廢除「妹仔」制度之歷程：1917至1941年》（The Attempts to Abolish the Mui Tsai System in Hong Kong:1917-1941），載於：科大衛（David Faure）編：：《香港社會史讀本》（Hong Kong: a reader in social history），香港：牛津大學出版社，2003，第478-479頁。
33 朗門米律斯：《在香港嘗試廢除「妹仔」制度之歷程》，第479-480頁。
34 法蘭韋殊：《香港史》，第398頁；約翰卡諾：《香港簡史》，第112頁；畢拉：《香港：勞工主任就香港之勞工與勞工狀況所作之報告》，第124頁，第88段。

回顧省港大罷工之後出現之港中社會與政治形態民情，雖然錯綜複雜，郤使英廷及港府加速步履，卒以立法形式，逐漸控制「妹仔」數目，成功將其取締廢止。

後記

　　若從工業社會學觀點作分析，省港大罷工後三十年代之香港社會、經濟與勞工形態，反映因商貿發展而走向較為複雜之社會「分工」（Division of Labour）格局。按法國社會學艾美德涵（Emile Durkheim）在其經典《分工》（Division of Labour）一書闡釋，不同社會可按其發展階段，以「機械」式分工（Mechanistic Division of Labour）及，「有機」性分工（Organismic Division of Labour），這雙元觀念代表。其立論就是當社會走向工業化進展過程時，內部分工愈變為有機化，就是社會各種「官能」（Organs）趨向專門化，各有所司，雖然倘若它們能互相合作，可達致協同效應，彼此然而因為分系(compartmentation)之條件，關係變得疏離，離心力大，因此社會需依靠法規，釐定各持份者（Stake-holders）之責任、義務與權利，藉以維繫相互關係及整體團結，就是德涵所稱之「有機團結」（Organismic Solidarity）[35]。

　　為配合「有機團結」及理性化分工與合作協調，社會之法規標準亦變為較前「文明」，逐漸自原來機械式之「強迫性」（Coercive）及懲罰性（Repressive and Punitive）形式，轉為強調法規（Justice）及「公平」（Fairness）為原則，運用「補償性」（Restitional）及「糾正性」（Correctional）罰則，作為平息不同持份者之間出現之矛盾紛爭，藉以調節及維繫彼此關係。因此，傳統社會之管治模式（Mode of Governance），是著重「人治」及傾向「單一權力核心」，而工業社會則強調「法治」，就是按「各持份者」之「共識」（Consensus）及議會制度而釐定之「遊戲」規則（Rules of the Game），由具多元化不同利益與理念（Conviction）之團

---

[35] 見艾美德涵（Emile Durkheim）：《社會分工》（The Division of Labour in Society），何斯（W. D. Halls）譯，紐約：自由出版社（The Free Press），1997，第二與第三章。

體與持份者互相協調、制衡與分工合作，藉以運作[36]。

在工業式或後工業社會裡，由於經貿關係錯綜複雜，「合約」這法制工具因清晰界定雙方權利與義務，及交易條件，所以被普遍採用，亦是現代化與工業化進程之微觀措施。然而人際間的「互信」（Low Trust）度偏低，倘若回顧1930年與40年代香港之政、經、勞工與社會狀況，德涵之「分工」論是有用之闡釋架構，在海員大罷工及省港大罷工後，港府在公共衛生及勞工保障方面，自英國引入不少法規，以圖改善民生，同時亦對國際勞工組織所頒佈之適合運用的公約漸加重視[37]。

表面上當時港府之管治開始逐漸走向以「法治」為本，最為明顯之例子，就是「妹仔」這被認為接近「奴役」之傳統習俗，經過接二連三冗長之社會角力爭論後，終以立法途徑成功廢除。此外，僱傭合約亦根據《主僕條例》開始在香港立根，然而初時其應用範圍僅限於西商企業及洋人家庭，一般華人商號仍是以口頭承諾（亦可說是「雙方信諾」 'Mutual Trust'居多）[38]。而且在戰前因僱傭合約而引起之訴訟案件，幾乎是絕無僅有。

省港大罷工可說是香港開始法治之催化劑，然而當時華人社會，傳統之家庭式管理及「單元權力軸心」（Unitarism and Authoritarianism）觀念根深蒂固，人治傳統尚未能打破，「裙帶關係」（Nepotism）或是值人事而產生「厚此薄彼」

---

36 見艾美德涵（Emile Durkheim）：《社會分工》（The Division of Labour in Society），何斯（W. D. Halls）譯，紐約：自由出版社（The Free Press），1997，第二與第三章。
37 艾美德涵，同上，第101-109頁。就「多元化」（Pluralism）與「單元化核心」（Unitary Centrism）這兩種相對之管治理念，可參考雅倫霍斯（Alan Fox）：《管理之理念架構》（Management Frame of Reference），載於雅倫范達斯（Allan Flanders）編：《集體談判：選錄》（Allan Flanders）Collective Bargaining: selected readings），夏敏域斯（Harmondsworth），企鵝出版社（Penguin Books），1969，第390-409頁。
38 有關「信諾」（Trust）的觀念，較為精闢之闡釋，可參考雅倫霍斯（Alan Fox）：《跨越合約背後：工作、權力與信諾關係》（Beyond Contract: work, power and trust relations），倫敦：費伯與費伯（Faber and Faber）。

（Favouritism）之習，仍屬比比皆是[39]。

港英政府素被稱為「精英統治」，在省港大罷工之後，「管治精英」（Governing Elite）之原素開始有所改變，除自英遣派殖民地行政官員（Colonial Administrators）與官學生（Cadet Officer），亦即日後之政務官（Administrative Officer）來港充當要職外，亦容納少數來自富有華人及中產階級人士加入管理階層。然而港府之政策方針，仍屬墨守繩規，泰半是受制於英國殖民地部，所以官僚色彩仍是深厚[40]。

綜合上面所述，由於省港大罷工後之三十與四十年代，經濟漸上軌道，但社會仍有不少傳統掣肘，法治僅在起步初階，若用德涵所論，香港似乎正處「機械式分工」與「有機性分工」兩者交接之間。

回顧是次工潮，省港大罷工對中國以至全球工運史而言，可說是具重要意義之里程碑，表面或可引用西方「工運學」之經典文獻解釋，然而倘若較深入去分析省港大罷工錯綜複雜之性質與成因，似乎值得對這些既定之論說再作思考。

首先，若要解釋省港大罷工，美國制度（勞工）經濟學權威史履鮑爾文之《工運導論》似乎提供適當之觀念架構。他的研究綜合英、美、德與蘇聯等地方之經驗，從而推說任何國家於某時某地之工運形態要視乎 3 項因素之互動而成。

1. 資本家對工運之反抗能力，然而他們是主要針對被認為操控工運之知識分子；
2. 工運受知識分子操控之程度，工運在萌芽初期，自我醒覺感低，缺乏認知及取向，因此往往須依賴知識分子啟蒙帶領，而知識分子亦利用工人作為其政治工具，與資本家及當權者對疊，以期達到其改革社會之理

39 就「人治」與「法治」之分野，可參考湯姆冰咸（Tom Bingham）：《法治精神》（The Rule of Law），倫敦：企鵝出版社（Penguin Books），2011年，第一章與第四章。

40 有關「管治精英」（Governing Elite）之闡釋，可參考卡利渠爾（Clark Kerr）等人：《工業主義與工業人》（Industrialism and Industrialism Man: the problems of labor and management in economic growth），第229-237頁。

想，就如鮑爾文所稱：「初期之工運，是抽象之基層大眾受「抽象」之力量（其意是指工運之「知識分子」領袖）所操控。後者企圖以政治鬥爭手段，按其理論，追尋及建立其嚮往之「烏托邦」，然而卻往往忽略工人務實訴求」；

3. 工運能否成熟獨立自主，須視乎其能否逐漸擺脫知識分子之操控，改而追求旨在保障與改善工人工作與生活條件之目標，換而言之，工人不再沉溺於虛幻之政治理想，轉而謀求自保及維持職業穩定，可說是尋回其「自我啟發」之務實目標[41]。

表面而言，鮑爾文之導論，尤其是上述第2.與第3.項因素，對演繹省港大罷工頗為貼切，中國現代工運，自五四運動以來，一直與知識分子及學運關係密切，千絲萬縷，互為表裡。省港大罷工時之工會領袖，亦多屬知識分子，分別屬國民黨或共產黨，意識形態濃厚，然而他們與資本家之關係，卻隱晦不穩，是友亦是敵，時值對抗外國帝國主義與資本主義，民情洶湧，敵愾同仇，因此工運與學運在知識分子領導下，能與國內華資商界合作，「沙基慘案」發生後，激發華商愛國情緒，紛紛以商會名義資助支持省港大罷工行動[42]。然而基於愛國熱誠而動員之勞資結盟，僅屬短暫，旋因對外貿易急降，在穗華商開始要求國民政府嘗試與港府談判，解決工潮。因此中港在省港大罷工開始時，工會與本土資本曾一度聯手對抗外國殖民與資本主義，暫時擱置華資剝削工人之問題，這情況與西方國家在工業發展早期時工人與資本家集體對抗之情形，可說是南轅北轍。

理論而言，若以省港大罷工作為案例，上述西方工運學說，可說未能明確地將「資本」這項因素作較深入分析，將

---

41 見史歷鮑爾文（Selig Perlman）；《工運概論》（A Theory of the Labour Movement），紐約：1968（原版：1928），第（X）頁與第5頁。
42 見《中國年刊》（The China Year Books），1925-26年：第1005頁。

其辨別為外地資本與本土資本[43]，在省港大罷工萌芽時，本土工人與本土資本能夠團結一致對抗外資，部份原因，外地資本在華提供遠較華資為佳之工資與待遇，間接對華資做成壓力，令後者感受威脅，雖然事實上，當時亦有中國工人因受到華資廠家剝削而罷工[44]，但華商會籌款支持大罷工，與罷工工人同聲呼應，此舉具有雙重意義：不單受愛國情懷所導，亦可抵消外資在華競爭之威脅。換言之，當各界上下一心，聯手對外而有助切身「局部」利益時，華商在大罷工初期能以愛國商人姿態支持大罷工行動，然而由於大罷工曠日持久，穗港經濟日走下坡之際，華商亦因私利轉態，改為企圖終止工潮，恢復外貿，以求恢復商機[45]。

另一方面，在國民政府撤回對大罷工之支持後，罷工行動瀕臨瓦解，自港撤返廣州之工人亦須自尋生計，紛紛返港，協助港口復原，以求保障職業與飯碗。這亦意味愛國意識對工人而言亦不能持久空談，當罷工經費消耗殆盡時，工人亦須自身求存，暫時擱置對港府之情意結，返港復職或找尋工作[46]。

鮑爾文在處理「資本家」與「工人」這兩項原素時，似乎是「一刀切」作推論。然而倘若以省港大罷工為例，在港之華商則可分為支持罷工與支持港府兩派，後者協助港府渡過難關，事後獲政府嘉許，例如委任周壽臣入行政局，而另一派則在工潮前期捐款贊助罷工。而在工運方面，則同樣可

---

43 見伍錫康：《重溫（省港）中國工運：與鮑爾文之理論模式》（'A Revisit to the Chinese （Canton-Hong Kong）Labour Movement and Perlman's Model'），載於：《澳洲政治與歷史學刊》（The Australian Journal of Politics and History）第31週（Volume 31），第3期（No. 3），1985年，第428-429頁。
44 當時在華之「費邊社」（Fabian Society）曾指出，中國工人除對工資、工時等問題，鮮有任何興趣，見《中國年刊》1924-1925年，第660頁；亦見Fang Fu-An引述Chen To所作之罷工統計，Fang Fu-An：《中國勞工》（Chinese Labour），上海：1931，第81-92頁，與列表（三），第86頁。
45 莫殊（Earl John Motz）《大不列顛、香港與廣州：1925至26年省港大罷工與杯葛》（Great Britain, Hong Kong and Canton: the Canton-Hong Kong strike and boycott of 1925-25），密茲根州立大學博士論文，第94、95-95-97頁。
46 約翰莫殊，同上，第62頁；亦見《港督金文泰於1926年2月4日在立法局之演詞》，載於《中國年刊》（The China Year Books），1926-27：第982頁。

分為親國民黨及親共產黨兩個派別，前者以組織技術工人（機工）為主之保守派，後者為以基層工人為骨幹之左翼工會。在保守派陣營中不乏包工與承包商，所以傾向及早停止罷工，從而恢復原狀[47]。再者，領導兩派工運之知識分子亦分隸國民黨與共產黨，罷工初期國共合作對外，然而1926年兩黨再度分裂，互相爭持對抗，大罷工失敗後，左翼工運分別在省港兩地受到整肅，而須轉到地下[48]。

再者，鮑爾文之工運概論，是假設內部因素已屬足夠，並未有考慮外在條件與影響。就如上文提到，省港大罷工之始末，卻顯示中港工運與中國國情，若要作較完整解釋，須裡外兼顧，例如當時國民黨政府，就是以「安內攘外」為國策。省港大罷工初期，華商、左右翼工運與國民共產兩黨，皆能暫擱內部矛盾，一致聯手對外。然而由於罷工行動早期順利取得成績及缺乏長遠目標，有關「持份者」開始為切身「局部」利益籌謀，各自為政，因此華商與國民政府尋求妥協，終止罷工。換言之，內部矛盾逐漸凌駕於對外因素，卒導致中港工運陷於谷底[49]。

然而鮑爾文之說，亦有其見地，值得重視之論點，其一就是指出知識分子，往往高估草根工人之向心與能力，省港

---

47 見周奕：《中國工運史》，香港：利訊出版社，2006，第70-71頁。
48 見周奕，同上，第84頁；伍錫康：《重溫（省港）中國工運：與鮑爾文之理論模式》，第430頁；亦見卓斯律：《中國勞工運動：1919-1927年》，第294-295頁；李蒙與威廉彭瑪（C. F. Remer and William B. Palmer）：《中國杯葛運動概說》（A Study of Chinese Boycotts），巴爾摩（Baltimore），1933，第106-110頁。
49 由局部利益矛盾所產生之紛爭，較諸因意識形態、家教或國家之與種族法及價值觀之矛盾而產生之對抗與衝突，更為切身，但較容易協調。不少當權者往往利用對外抗爭事件，藉以暫時安撫內部反對聲音與力量。然而，倘若外敵已去，或是曠持日久，內部意見或利益分歧而產生之割裂可能重現，甚至加劇，對社會穩定構成更大衝擊。有關不同層次之社會及工業矛盾之錯縱問題關係，可參考幹漢斯（A. Kornhauser）、德邊（R. Dubin）、與魯殊（A. Ross）合編：《工業矛盾》（Industrial Conflict），紐約：麥歌山出版社（McGraw-Hill），1954；夏文（P. T. Hartman）與德邊（R. Dubin），《轉變中之工業矛盾模式》（Changing Patterns of Industrial Conflict），紐約：韋理出版社（Wiley），1960；與雅圖賈科（Otto Kahn-Freund）：《群組間之矛盾與如何解決》（'Intergroup Conflict and Settlement'）載於《英國社會學學刊》（British Journal of Sociology），第5週，第3期，1954，第193-217頁。

大罷工在國民政府脫鈎後，資源大減，難以持續，因此在穗停留之工人紛紛回港謀生，罷工不攻自破。其二就是鮑爾文論提到資本家往往是與當權者連結，以鞏固及捍衛切身利益，英美之勞工史，不乏此類事例，在英國1926年大罷工之後，英國國會通過壓制性之《工業糾紛法》，而資本家每當發生勞資糾紛及罷工佔廠事件時，向法庭申請禁制令，而法官因與資本家同屬中產階級，往往批出此令，打擊罷工；在美國1930年代，資本家亦在通過扶植工運之《華納法案》（Warner Act）（勞資關係法）後，成功遊說國會制訂具抵消作用之管制性《塔夫夏理法案》（勞方與管方法）（Taft-Hartley Act）。相應而言，當省港大罷結束後，港府亦引進以《非法罷工與閉廠條例》為首之一連串法例，箝制對治安及經濟穩定構成威脅之工會[52]。

值得一提的，就是省港大罷工是否屬獨立事件？在穗港以外有否呼應行動？按日誌而言，在上海華中等地當時有受大罷工導發及響應之工潮。而在英國同期亦發生1926年之全國大罷工，然而，當時英國「工團總會」（Trade Union Congress），「國際勞工組織」以至「紅色國際」（Red International），有否表示關注或同情支持，值得我們找尋發掘有關歷史文獻，解答上述問題。

---

50 見畢拉：《香港：勞工主任就香港之勞工與勞工狀況所作之報告》；有關英國法院經常運用普通法，頒發「禁制令」凍結罷工或佔廠行動，可參考何思本（E. J. Hobsbawm）：《勞動人：勞工史概説》（Labouring Men: a study in the history of labour），倫敦：尹特菲與力高遜（Widen Fold and Nicholson）：1964，與譚臣（E. J. Thomson）：《英國勞動階層之演進：1780至1830年》（The Making of the English Working Class: 1780-1830），夏門維斯：企鵝出版社，1968。

省港大罷工對工會組織的影響

周奕
《香港工運史》作者

發生在90年前的省港大罷工，是一場中國人感受到長期遭受外國人欺凌侮辱的大反抗，是一場沒有經濟訴求的反帝反殖的政治性大罷工。這場罷工在各類相互交叉的矛盾以及在特殊的政治環境中爆發和發展。大罷工的經驗尤其是基層組織工作對以後的工會工作具有深遠意義。

省港大罷工的發展過程存在著不少變數矛盾的轉移影響著整個事件的發展。首先是日資紗廠大班槍殺工人代表顧正紅，想不到的是英警在老闆捕房門外向抗議群眾開槍，釀成「五卅慘案」，本來是反日卻變成反英，矛盾的對象轉移了，不過主要的矛盾沒有改變，這就是全國人民喊出共同的呼聲：「打倒帝國主義！」「取消一切不平等條約！」這兩句口號表達了舊民主主義的革命只是推翻了帝制，但是帝國主義仍然盤據和作威作福，正如孫中山先生所說：「革命尚未成功，同志仍須努力。」

儘管事情啟釁於上海，上海民眾立即發起罷工、罷市、罷課，但是上海的反抗難為乎繼，兩個月後不得不結束。然而，遠在神州大地的南陲香港和廣州卻出現了強力的反彈，爆發省港大罷工，而且堅持了一年零四個月。原因是廣州和香港工人長期受到帝國主義者壓迫和欺侮，無產階級兩脇插刀、義無反顧，也突顯出廣東革命精神！

省港大罷工之所以能夠罷工和堅持下去，既有必然性，亦有偶然性。

首先，這是響應國民黨中央的號召。當時國民黨中央是左派控制，執行孫中山先生制訂的「扶助農工」的政策。1920年的香港機工罷工和1922年的海員大罷工，罷工工人都

是離開香港回到廣州，由廣東省革命政府撥款支持他們的食宿，並且取得勝利。所以此次省港大罷工採取同樣模式，不過要接待的罷工人就更多了。

其次是廣東省革命政府為甚麼一直支持罷工而不視之為包袱，甚至甘願行政上受到罷工委員會的牽制（外國人說罷工委員會是廣東省的「第二個政府」），原因是廣東省政府通過此次罷工竟然獲得意料之外的利益。廣東省政府的中央銀行所發行的紙幣，幣值一直不穩定，因市面上流通港幣。「六二三慘案」後，廣東民眾義憤填膺，抵制港幣，中央銀行的紙幣信用恢復，從一元只當三四角使用變為十足通用。另一方面，由於對香港實行封鎖，外國貨輪不敢停泊香港改為直達廣州，廣東對外貿易直線上升，廣州市面的工商業頓呈活躍，國民政府的收入也增加，到10月及11月更增加了六十七倍。罷工給廣東政府帶來穩定金融和增加財政收入的好處，儘管罷工委員會在若干領域中確實擁有政府權力，甚至給廣東政府行使其原有權力中帶來沖擊，廣東政府亦只有啞忍。

第三，這次罷工表面上是中國工人撤離香港和廣州的沙面英租界，實際上還施行多種制敵措施，包括：抵制英國貨、抵制港幣、對香港實施禁運、貿易與航運的封鎖。香港罷工人數達20多萬人，佔當時的勞動人口一半以上，導致物價上漲、經濟萎縮、稅收減少，對英國統治者是沉重的打擊。不過罷工這個手段並不是萬能的，統治者始終要維持城市的運作，罷工一個月後，香港市面從喘氣中開始穩定下來，所以，罷工應否持久是一個值得研究的問題。對香港實施禁運也是一個有力的措施，三年前的海員大罷工也曾使用過這個手段。雖然香港的米糧存倉量充足，但是副食品主要靠國內供應，國內停止供貨對香港的民生影響很大。不過，禁運是雙面刃，三鳥、蔬菜等副食品不能運來香港，國內的市場未必能悉數吸納，對廣東農民有一定影響，初期他們還忍受得了，發展下來變成了若干地方的農民對此很有意見。其實對香港經濟最大的打擊是貿易與航運的封鎖，香港是個蕞爾小島，人口只有72萬人，生活物資的需求量並不多，主要經濟

之一是轉口中心，與此相反，粵穗是個大市場，航運的主要集散地是廣州。實行大罷工之後，罷委會宣布，外國所有輪船若是曾在香港停靠就不許駛入罷委會控制下的中國港口。所以許多輪船不收付運香港的貨物、不敢停泊香港而是直航廣州，導致1925年停靠香港輪船的噸數減少三分之二，對香港的打擊很大。

歷史的經驗值得汲取，「省港大罷工」，表面上是「罷工」，實質上還要採取多種措施以打擊對手，欠缺了這些措施，罷工的威力還是有限的。值得注意的是工人的威力在其工作崗位，工人罷工、離開了他們的工作崗位，這些工作並非無人可予取代，恰恰相反，資本家以至統治者都會千方百計僱用別的人員去填補這些崗位以維持運作，歷時一年零四個月的大罷工，大量勞動力離開了香港，儘管香港變成「臭港」、物價飛漲，但是這塊英國殖民地仍能運轉，就是這個道理。

省港大罷工是一場氣勢磅薄的反帝鬥爭，有許多經驗教訓可供汲取，本文僅就工運的組織工作提出三個方面進行探討：大罷工為甚麼能夠發動起來，組織工作方面取得甚麼經驗，對以後香港工運的影響。

一、大罷工為甚麼能夠發動起來

據馬超俊所著《中國勞工問題》（上海民智書局發行，1927年9月第四版），列舉出香港工會的名單，估計應當是1925年的資料，計有工會135間（其間當有遺漏）。這批工會一部分是從廣東引入的，一部分是香港工人組成，但是其組織方法都是抄襲國內的形式。這個問題又要探討中國工會的組成。

中國職業社團的組成遠溯到明朝，若干行業的東家（資方）組織了行會以維護他們的利益。到清朝末年，若干行業的勞方組成了行幫，在互助共濟之中發展成幫會（三合會），其中以漕運最為明顯。歷史上中國若干行業的工會與三合

會有千絲萬縷的關係。早年香港有若干行業的工會如：搬運、三行等不少工人或理事都參加了三合會，不過由於香港英國政府對三合會控制得很緊，沒有明顯的資料證明哪一間三合會控制過哪一間工會。這是題外話。

中國初期都是行業工會，沿襲行會形式，通過齊心共濟、防止外來競爭等等以維護本行業工人的權益。既有勞資混合體，即令純屬工人的組織，絕大部分工會的上層都是由把頭控制，封建色彩比較濃厚。當年工會的一件重要工作是要把客死異鄉的會員運送回鄉安葬，有能力的工會然還會照顧傷病會員的食宿，開支繁重，光靠工會會員繳費是難以負擔的，所以不少工會都以「福利費」等名義向東家、判頭或有關商販按營業額抽取佣金，有的工會每年還有大量結餘遂用來購置物業，收取租金。所以當年當上一間工會的主要負責人是相當風光的，即使不是大工會，倘若坐上理事長這個位置就可以在工會支薪而不用參加勞動，何況在行業中還有頭有面哩。這是第一點。

其次，香港是個小地方、移民城市，開埠以來，工人們離鄉別井來到香港打工都是孑然一身，只有少數人能夠在香港安家落戶，沒有歸屬感，而且他們的入息都是僅堪餬口，一個籐唸就裝上了全部財產，隨時說走就走。從英佔時期開始，十九世紀下半葉的五十年間，香港發生過十次大罷工，其中有兩次工人罷工之後就離港返鄉，其餘幾次罷工亦有不少人離港而去，工人們對離開香港無非是視作另覓東主而已。

第三，到了二十世紀二十年代香港發生過兩次要求加薪的大罷工：1920年的機工罷工和1922年的海員大罷工，這兩次都是罷工工人拉隊回廣州，由廣東省革命政府負責他們的食宿，尤其是第二次的海員大罷工，除了海員兩萬三千人之外，海員工會還發動了同盟大罷工，參加者包括各業工人十二萬人，使到罷工總人數接近十五萬人。由於有了海員大罷工的經驗，三年後的省港大罷工在發動起來之後，廣州的接待工作就不至於太忙亂了。

當時國民黨的政策是「聯俄容共，扶助農工」，中國共產黨黨員以個人身份參加國民黨。廣東省是中國工人運動的發源地，1924年5月中華全國總工會在廣州成立，香港許多工會派出代表參加了這次會議，所以全國總工會在香港工人之中甚具威望。當國民黨中央通電全國號召民眾反對帝國主義的時候，中共廣東區委作出了一連串部署，包括發動省港大罷工，並派定專人到香港推動工作。由全國總工會的代表掛上國民黨的名義來香港，召集各工會代表開聯席會議顯得順理成章，加上蘇兆徵（海員）和何耀全（電車）是全國總工會的執委和香港工運的領袖，在第一次會議就無異議通過發動全港工人罷工，還通過了罷工宣言和罷工要求。第二次會議就成立了領導機構。

為甚麼這次發動總罷工如此順利？一是「五卅慘案」後，香港工人同仇敵愾；二是香港的工團領袖多屬國民黨籍，此次是打著國民黨及廣東省革命政府的旗號，香港工人積極參加這次反對英帝的鬥爭。那麼，為甚麼香港的工團領袖會贊成罷工呢？一方面是大氣候的壓力，其次是他們寄望取得剋扣罷工經費的實利，所以在會議上他們爭取罷工領導機構的位子。由於發動罷工要依靠他們，被派到香港主持會議的鄧中夏採取容忍策略，讓他們爭得若干位置，這些工會「領袖」認為罷工後依然「有利可圖」遂同意罷工。

二、組織工作方面取得甚麼經驗

罷工工人到達廣州之後，中華全國總工會召集香港和沙面各工會代表舉行會議，通過罷工委員會的組織。罷委會委員13人，香港方面9人，沙面方面4人，委員長：蘇兆徵（香港海員），副委員長：何耀全（香港電車）、曾子嚴（廣州洋務），秘書長：楊始開（廣東大學），顧問：汪精衛（國民政府）、廖仲愷（國民黨中央工人部）、鄧中夏（全國總工會）、黃平（全國總工會）、楊匏安（國民黨廣東省黨部）。

罷工委員會之上是罷工工人代表會議，每50人選一代表，為最高議事機關，共計代表800多人，隔日開會一次。罷工委員會下設幹事局，分置：文書、宣傳、招待、庶務、交通、交際、遊藝七部，另設財政委員會。後來增設會審處，為審判破壞罷工、私運糧食的機關，並有監獄；設保管拍賣局，拍賣被糾察隊截獲的仇貨；設法制局，起草各機關組織法及辦事細則；設審計局，審核各機關賬目；另有糾察隊、水陸偵緝隊、罷工工人醫院、宣傳學校等機關。罷工委員會不啻一個政府，可以處置一切與罷工相關的事宜，廣東政府不得過問。十多萬罷工工人組成的委員會在長達一年零四個月的期間裡，一直能夠有組織、有效率地運作其主要的工作就是抵制、封鎖香港。

在這裡要強調的是「罷工工人代表會議」這個最高議事機關並非花瓶擺設，由800多人組成的代表大會的確發揮到群眾抓權用權的作用，成為執行機構與全體罷工工人聯絡的橋梁。重大的決策通過集體的討論取得一致的團結，內部許多糾紛依靠代表大會的威權予以解決，黃色工會領袖和反動分子的陰謀受到代表大會的制裁，罷委會的會務和財政經常在代表大會上報告，以至外面的一切謠言都失去作用。罷委會屬下各機關的重要職員都經過代表大會任命，不稱職時又經由大會撤換。代表大會是這次罷工能夠堅持下去的可靠保證。罷委會發揚民主作風，使到工人代表們感受到如何去掌權和用權，這一點應給予充分的注意。

前面提到，1920年代（及以前）的工會組織絕大部分都是由工頭掌握，工人們亦尊崇技術純熟的老工人，這些享有群眾擁戴的技術工人亦會被推到工會的領導層，但是沒有民主選舉。這一次，每50名罷工工人就推出一個代表，從中磨煉出一批工會幹部。可以肯定，「罷工工人代表會議」使到廣大的工人懂得民主、運用民主權力，培養幹部，並且從中得到鍛煉，對以後工運的發展影響深遠。

三、對以後香港工運的影響

省港大罷工是一座熔爐，有為數眾多的罷工工人參加了糾察隊、偵緝隊以至各種各樣的管理的組織，他們從實際工作中得了磨煉。必須理解，早年的工會是由一批人控制了上層，工人參加工會之目的，一是保護本身能在這個行業立足以謀生，二是希望能得到某些福利的保障。而這一次，他們的確是嚐到當家作主的滋味。罷工委員會許多決策或其措施深深地印在這些人的腦海中，並將之作為今後工會工作之準則。

大罷工結束之後，香港英國殖民政府大力遏制工運，香港的工會不敢妄動，只能閉門只搞經濟互助，當然亦不會對本身進行組織改革。1945年第二次世界大戰結束，不管是恢復活動抑或是新成立的工會，大多數推行建立新式工會，電車存愛會主席朱敬文在1946年3月9日的一篇文章中指出，1946年的工運跟過去比較有四點不同：「從散漫到有組織，從孤立到聯盟，從事務主義到關心國家大事，從少數人包辦到發揚民主。」這四句話概括了新舊工會之異同。必須指出，新型工會不是從天上掉下來的，「民主團結聯盟」這些概念，既有二次戰後爭取民主、爭取獨立的氣氛之瀰漫，同時也是省港大罷工思想意識的傳承，這是不可抹煞的。

每50名（到達廣州報到的）罷工工人選出一位代表，這種組織形式必須給予充分的肯定，要知道早期的工會都是十分鬆散的，既沒有基層組織，大多數以鄉誼、友誼來劃分幫派。工人們通過這個「罷工工人代表會議」認識到藉此可以增加團結、凝聚力量，以後就懂得去建立基層組織了。一個明顯的例子：1947年香港華人機器會提出加薪要求的時候，九龍船塢工人率先組織「十人團」為罷工作準備。所謂「十人團」是在各部門中以10人為一個小組，每個小組選出一名代表，由小組代表選出總代表，這個組織形式就是抄襲省港大罷工的組織方法。1949年末，香港公共事業工人要求發給「特別津

貼」的鬥爭，工聯會屬下的有關工會都是先行組織「十人團」，不管是否會員都可以自願加入這個組織以增強基層的團結力量。1950年以後，香港的左翼工運都重視基層組織，他們的說法叫做「廠部組織」。

省港大罷工有二十多萬名工人參加了這場鬥爭，即令捲入的程度不同，卻可以豐富他們的人生經驗。香港倉庫碼頭職工會發起人之一的李鴻發告訴我一個小故事。1957年間，李鴻發幾個搬運工人由於不滿集賢工會的某些措施，商議要成立組織發揚團結互助，但是不懂得如何去聯絡同業工友。集賢工會一位收月費的工作人員很同情他們的遭遇，提議可發起「大食會」。李鴻發藉此聯絡上一批工友，不過人數不多，成立工會有困難，這位收銀員又提議他們可成立「互助組」……到1959年終於由互助組轉為成立工會。李鴻發說，這位收銀員只是集賢工會的低層人員，只是他參加過省港大罷工，耳聞目睹，積累了一些經驗，在適當的時候隨口提出一些建議，這些意見對不懂得組織工作的李鴻發很有啟發作用。

激風暴雨的省港大罷工孕育、培養出不少在風口浪尖上的指揮員，同時也積累了不少工作經驗。即令是小石頭或沙粒，經過風浪的洗滌，也會在某些時刻閃耀出片刻的光輝。可以肯定，省港大罷工對爾後香港工人運動產生不少正面的影響。

省港大罷工期間的香港總工會

梁寶龍
香港工運史研究者

　　省港大罷期，香港絕大部份工會都集中在廣州，「中華全國總工會」（簡稱全總）藉機促進香港工會統一運動。當時香港同一產業或職業有數個各不相謀的工人組織，以地區總工會面目出現的有「工團總會」和「華工總會」。工人與工人之間、工會與工會之間常因職業上的爭執或誤會，發生糾紛，甚至打鬥。

　　1925年11月28日，全總發出《對於香港工會問題意見書》，指出香港工會的統一，在今日已是刻不容緩，勢在必行的。不論從工人階級本身利益，或反帝國主義鬥爭，和保障省港罷工的勝利來説，香港工會的統一都起著關鍵作用。提出工會的統一原則：在同一產業或職業中不應有兩個組織，否則就應該合併；同一都市不應有兩個以上的總組織，否則也應該統一。認為務將所有門戶觀念、職業界限、鄉土主義等打破，香港總工會方為有力量的真正統一[1]。同時亦發出《香港總工會章程（草案）》。

　　12月1日，香港各工會共同發表宣言，擁護全總關於統一香港工會的主張。工會統一工作進一步加快。

　　12月2日，香港100多個工會在廣州召開會議，籌備統一香港工會，省港罷工委員會中共黨團書記鄧中夏（1894-1933）、全總組織部長李啟漢（1898-1927）出席指導，議決暫借全總為籌備處，進行籌組香港總工會，並發表宣言[2]。

　　1926年4月4日，全總副委員長劉少奇（1898-1969）主持香港總工會籌備委員會第一次會議，提出全總所擬的籌備

1　盧權等著：《省港大罷工》，廣州：廣東人民，1997，第327-328頁。
　　中國勞工運動史續編編纂委員會編：《中國勞工運動史》，第2冊，台北：1984，增訂版，第204-205頁。
2　中共中央文獻研究室編：《劉少奇年譜》，上冊，北京：中央文獻，1996，第49頁。

委員會組織法及負責人名單，請與會者討論[3]。全總指派馮敬（？）、持平工會黃金源（1871-1944）、印刷業黃天偉（？）、五金業羅珠（1902-1970）、海員陳權（1902-1929）等24人為香港總工會籌備委員會委員，籌備召開全港工會代表大會。陳權還分工負責籌委會秘書處的工作。當時香港有工會140多間。

4月9日，香港總工會籌備會舉行全港工會代表大會，劉少奇就香港總工會作工作報告：指出「香港工人甚多，但是未有系統。如果我們不能統一力量，就不能一致地與帝國主義奮鬥，就不戰勝敵人，所以要組織這個統一的總工會，作為一個總司令部[4]。」特別提出香港總工會的政治任務，就與帝國主義作鬥爭。

4月16-23日，香港工會代表在廣州召開全港工會代表會議，出席代表600餘人，開會地點在廣州大東路國民黨中央黨部禮堂舉行。

大會對團體會員進行了嚴格的資格審查，非產業、非職業工會，未經改組，一律不准加入。大會關於組織問題的決議，規定本會上層組織一律採用委員制，「以免獨裁獨斷的流弊，委員應由代表大會正式選出有能力，能奮鬥，能犧牲的同志擔任」，下層組織每月舉行一次代表大會，「使工友與工會發生密切的聯繫」。並規定：「1.所有香港真正的工會都應站在香港總工會旗幟之下共同奮鬥；2.凡有同一職業或產業組織應該聯合起來；3.凡同類的工會應該合併起來。」

會上，劉少奇作《全國職工運動報告》[5]、鄧中夏作《政治報告》和《省港罷工報告》、中共香港特別支部書記黃平

---

3 中共中央文獻研究室編：《劉少奇年譜》，上冊，北京：中央文獻，1996，第49頁。
4 中共中央文獻研究室編：《劉少奇年譜》，上冊，北京：中央文獻，1996，第49頁。
5 劉少奇：《全國職工運動——在香港總工會第一次代表大會上的報告》，載：中華全國總工會中國工人運動史研究室編：《中國工運史料》，北京：工人，總第15期，1981.02，第26-35頁。

（1901-1981）作《世界職工運動報告》等，國民黨工人部秘書馮菊坡（1899-1957）作《經濟鬥爭報告》。大會通過《政治報告》、《省港罷工報告》、《世界職工運動報告》等決議案。

鄧中夏在《政治報告》結論中，提出香港總工會的目的：1.政治自由；2.普遍選舉；3.民族自治；認為只有這樣才能收回香港。最後高呼打倒帝國主義，收回香港[6]。

大會通過《香港工會統一決議案》，認為香港工會分成幾個系統，違反近代工會統一運動的意義，亦違反民族獨立運動的意義。決議取消工團總會與華工總會以及類似名稱的組織，以後如有與香港總工會同樣性質的組織產生，概不承認。為了鞏固香港工會的統一，由香港總工會督促各工會依照產業或職業合併。為了反對帝國主義，保障省港罷工的勝利，香港工會實有統一的必要[7]。

大會關於組織問題的決議，規定上層組織一律採用委員制，「以免獨裁獨斷的流弊，委員應由代表大會正式選出有能力，能奮鬥，能犧牲的同志擔任」，下層組織每月舉行一次代表大會，「使工友與工會發生密切的聯繫」。並規定：「1.所有香港真正的工會都應站在香港總工會旗幟之下共同奮鬥；2.凡有同一職業或產業組織應該聯合起來；3.凡同類的工會應該合併起來。」

《省港罷工的決議》提出「我們的責任還沒完結」，「要將這次寶貴的經驗和智識保留起來，與帝國主義作第二次第三次一直到再後的打倒帝國主義戰爭」。

香港總工會的政治立場，站在中國立場為出發點。

---

6 鄧中夏：《政治報告——在香港總工會第一次代表大會》，載：中華全國總工會中國工人運動史研究室編：《中國工運史料》，北京：工人，總第15期，1981.02，第85-92頁。
7 《香港總工會第一次代表大會香港工會統一決議案》，載：中華全國總工會中國工人運動史研究室編：《中國工運史料》，北京：工人，總第15期，1981.02，第93-94頁。

大會發表《香港總工會宣言》，認為香港工人階級在國民革命中所負的責任，較各地的工人階級尤為重要、直接。提出目前任務是在最短期間內，整理香港所有各工會組織，使某一產業、職業只能組織一個工會，將複雜紛亂的工會組織，合併聯合起來，在香港總工會統一指揮下，進行各種鬥爭。並且在省港大罷工結束後，返回香港，吸納所有在香港的工人參加香港總工會。宣言將團結面擴大，提出了民族政策，聯合香港弱小民族，為工人的自由及民族解放，向港英作政治鬥爭。經濟鬥爭方面，提出改善工人的勞動條件、增加工資、減少工時、改善工作待遇、保護童工女工等，向資本家作各種經濟鬥爭 8 。

大會以差額選舉的辦法，從87名預選執委中，選出執委有：馮敬、陳權、周樹桓（？）、沈潤生（？）、電車工會何耀全（1897-1927）、熊材（？）、僑港煤炭總工會夏佐乾（？）、黃剣（？）、袁昭德（？）、黃金源、高湛（？）、梁子光（？）、煥然理髮工會徐公俠（？）、周根泉（？）、趙妹（？）、袁容（？）、鄭顯伯（？）、楊少池（？）、黃天偉、周日初（？）、熊振文（？）等21人，組成第一屆委員會。執委會推舉常委有馮敬、周樹桓、沈潤生、陳權、熊材、何耀全、夏佐乾等7人，主持一切會務。常務委員會設主任（總幹事）1人，由馮敬擔任，下轄文書、會計、庶務、組織、宣傳、交際、救濟等7部，交際部長為何耀全，組織部長為陳權 9，幹事為高擎天（1897-1928），顧問有鄧中夏、黃平、蘇兆徵（1885-1929）等。大會成立香港總工會，下屬100多間工會。並宣佈加入全總。

會後全體與會人士到東較場參加慶祝大會，1萬餘名罷工工人冒雨整隊在雨中等候10。鄧中夏、李啟漢、黃金源相繼發

---

8 《香港總工會宣言》，載：中華全國總工會中國工人運動史研究室編：《中國工運史料》，北京：工人，總第15期，1981.02，第9-99頁。
9 廣州工人運動史研究委員會辦公室：《廣州工人運動簡史（初稿）》，廣州，1988，第165頁。何錦洲、蔡明禁著：《首次國共合作時期廣東革命史》，廣州：華南理工大學，1994，第66頁。
10 中國勞工運動史續編編纂委員會編：《中國勞工運動史》，第2冊，台北：1984，增訂版，第243頁。

表演說，每講一句，各工友齊聲高呼努力奮鬥，情形極為熱烈。

香港總工會辦事處設在全總總部，地點在「惠州會館」2樓，惠州會館在廣州越秀南路89號（原53號），今中華全國總工會舊址。

香港總工會的成立後，統一工會工作仍繼續進行。西業工人聯合會、建築業工會聯合會、街市工會聯合會、糧食業工會聯合會相繼成立。不久，組織調馮敬到全總接替林偉民（1887-1927）工作，調高擎天為香港總工會代總幹事。

1926年10月，香港總工會總部遷到香港，但當時香港沒有總工會註冊法例，香港總工會在香港活動是非法行為，香港總工會不能註冊，是非法組織。1927年5月，香港總工會被港英封閉，轉入地下活動。

時至今日，香港仍是沒有跨產業工會聯合組織的法例，只有同一產業工會聯合組織的法例，如「香港建造業總工會」是依工會註冊成立。「香港工會聯合會」、「港九工團聯合總會」、「香港職工會聯盟」、「港九勞工社團聯會」等都不是以工會條例註冊，是用社團條例註冊。50年不變的承諾已過半，香港是否需要跨行業工會聯合的法呢我們應該行使我們的權利，表達我們的意見，才真正生活在民主社會，享受民主生活，體會莊子的天人合一。

香港總工會領導人簡歷：
馮敬（？）生卒不詳，籍貫不詳，「茶貨箱聯勝工會」會長，發動省港大罷工的指揮機關「全港工團聯合會」成員，省港罷工交際部副主任，1926年，當選香港總工會主任，全總第二屆執委，不久，全總委員長林偉民病休，接替林偉民在全總的工作。

黃金源（1871-1944）廣東花都人，港九肉行持平總工會創會會長，工團總會會長，發動省港大罷工指揮機關「全港工團聯合會」成員，省港罷工糾察隊總隊長。1926年當選全總第二屆候補執委。

　　梁子光（？）生卒不詳，籍貫不詳，車衣工會會長、香港工團總工會交際主任，發動省港大罷工指揮機關「全港工團聯合會」成員，省港罷工招待部主任，1926任香港總工會執委。1925年8月，梁子光在罷工工人代表大會第一次會議上誣衊蘇兆徵貪污受賄，並要毆打罷工委員會顧問黃平，罷工工人代表大會第十一次會議決定扣押梁子光。

　　陳權（1902-1929）又名陳麟，廣東江門人。1902年出生於澳門。1915年，年僅15歲帶著弟弟到香港謀生。他先在海員俱樂部半工半讀，繼而到亞洲皇后號輪船上當海員。其弟陳九榆則在九龍太古貨倉當搬運工人。不久，陳權的祖母、父親亦死去，幼妹陳淑英也來到香港當車衣女工。在陳權的影響下，陳九榆和陳淑英都參加了革命。陳權曾參加了「聯義社」，成為亞洲皇后號輪船聯義社分部負責人，在船上成立「工餘樂社」。有一次，孫中山與宋慶齡乘坐亞洲皇后輪從香港到檀香山。陳權特地邀請孫中山生夫婦觀看工餘樂社演出的戲劇節目。孫中山看後讚不絕口，叫宋慶齡即席題寫了「聲聞湖海，誼重鄉邦」8個大字，贈送給他們留念。1925年省港大罷工，陳權領導海員一致行動，被港英拘捕，數小時後獲釋。不久，陳權回廣州，參加省港罷工委員會工作，被選為省港罷工委員會海員代表團主席。六七月間，加入中共，任罷工黨團領導成員。1926年1月，第一次全國海員代表大會在廣州召開，被選為「中華海員工業聯合總會」執行委員，並兼任組織部長。4月，任香港總工會常委，5月1日，作為海員代表出席第三次全國勞動大會。10月，省港大罷工結束，陳權參加處理罷工工人的善後工作。11月初，到香港交涉海員的復工問題。1927年初，中華全國總工會委派陳權到比利時出席世界反帝國主義及殖民地侵略大會，5月初，回到香港，在銅鑼環租一所房子，領導省港海員鬥爭

，建立海員義勇團、罷工維持隊等工人秘密團體。6月，當選為全總第三屆執委，8月11日，中共成立南方局，陳權被任命為南方局成員。9月下旬，他又赴汕頭準備運送軍械給南昌起義軍。10月，當選為中共廣東省委委員，投入到廣州起義的準備工作。12月初，大部份省委領導人回廣州參加起義，陳權留在香港工作。1928年初，陳權被調到擔任中華全國總工會常委，領導長江中下游的海員工運。1929年2月被逮捕，判8年有期徒刑。1930年在獄中病逝，年僅29歲。

周樹桓（？）生卒不詳，籍貫不詳，平樂工會，1924年作為香港工團總會代表到上海支援南洋煙草公司工人罷工，省港罷工游藝部副主任，1926任香港總工會常委，

沈潤生（？），生卒不詳，籍貫不詳，太古船塢工人，1922年組織香港金屬業工會，1925年任香港金業工會執委，1926任香港總工會常委，全總第二屆執委。

何耀全（1897-1927）祖籍福建省永定縣，童年時讀書，15歲因貧停學，幫父親做雜工。16歲在廣州警察局任電話員，後在軍隊當文書。業餘時間，曾跟隨拳術教練林世榮學打拳，有武藝，後被聘為廣州軍隊某部的拳術教師。1919年何耀全和香港捲煙廠女工吳麗貞結婚，後到香港做工，在香港電車公司當售票員。1921年發動成立「香港電車工業競進會」，當選為委員，發動職工向當局提出增加工資要求。工會推選何耀全為全權代表與資方談判。

香港海員於1922年舉行大罷工。何耀全發動電車工人舉行同情罷工，發動工人再次要求提高工資，改善生活待遇，獲得廣大電車工友的支持。他當選為工人代表，同資方交涉。電車工人同時也獲得增加工資百分之十的勝利。促使香港電車工會建立起來。何耀全當選為幹事，成為該會骨幹之一。1925年第二次全國勞動大會在廣州召開。何耀全被選為香港工團總會代表，出席這次大會。當選為全總執委。會後，他重返香港，與全總執行委員蘇兆徵等一起，聯繫電車、洋

務、木匠、印務等工會，準備成立香港華工總工會籌備委員會。何耀全是籌備委員會委員。

省港罷工。何耀全與廣大罷工人一起，離開香港，回到廣州，堅持反帝鬥爭。

1926年，何耀全大力協助蘇兆徵開展香港工會統一運動。4月，香港總工會成立。何耀全被推選為1926任香港總工會常委兼交際部長。5月，他在廣州出席第三次全國勞動大會，當選為全總執委。1927年3月，蘇兆徵到武漢主持全總工作。省港罷工委員會日常工作由何耀全主持。鑒於國民黨右派摧殘工農運動日趨嚴重。4月12日，國民黨反動派在上海製造反革命政變的消息傳來，何耀全立即通知省港罷工委員會、全總廣州辦事處等部門的幹部迅速轉移，而他自己卻留在辦公室鎮定地處理應變事宜。4月15日，國民黨在廣州實行清共。當天凌晨被逮捕，不久便被殺害，沉屍珠江。

熊材（？）生卒不詳，籍貫不詳，1926任香港總工會常委。

夏佐乾（？）生卒不詳，籍貫不詳。1920年，香港煤炭業同行發起成立「寄閒煤炭二判總工會」，該會是由工頭與工人合辦，非純粹的工人組織，不久，又由夏佐乾、文鼇泉、尹耀記、尹霖、鍾成、李福等30餘人發起革新會務，召集煤炭業工友共同組織，易名為「煤炭總工會」。1926任香港總工會常委，1927年當選全總第三屆候補執委。

黃釗（？）生卒不詳，籍貫不詳，中共黨員，1926任香港總工會常委，1927年當選全總第三屆執委，1928年11月至1929年1月任中共廣東省委書記，1929年上半年，黃釗脫離中共。

袁昭德（袁超德？）生卒不詳，籍貫不詳，太古船塢工人，中共黨員，1926任香港總工會執委。

高湛（？）生卒不詳，籍貫不詳，香港酒樓工會成員，省港大罷工交際部主任，1926任香港總工會執委。

徐公俠（？）生卒不詳，籍貫不詳，理髮煥然工會成員，省港罷工會審處委員，1926任香港總工會執委。

周根泉（？）生卒不詳，籍貫不詳，1926任香港總工會執委。

趙妹（？）生卒不詳，籍貫不詳，1926任香港總工會執委。

袁容（？）生卒不詳，籍貫不詳，1925年當選為全總執委，1926任香港總工會執委，全總第二、三屆執委。

鄭顯伯（？）生卒不詳，籍貫不詳，1926任香港總工會執委。

楊少池（？）生卒不詳，籍貫不詳，廣州洋務工會，省港罷工庶務部副主任，1926任香港總工會執委。

黃天偉（？）生卒不詳，籍貫不詳，排字工人，1924年已加入中共，由廣州南下香港開展工作，1925年率排字工人參加省港大罷工，省港罷工文書部副主任，11月任省港印務總工會副委員長，1926年出任香港總工會執委。

周日初（？）生卒不詳，籍貫不詳，1926任香港總工會執委。

熊振文（？）生卒不詳，籍貫不詳，海味工會，省港罷工游藝部主任，1926任香港總工會執委。

高擎天（1897-1928）原名冠岳，廣東番禺人，13歲離家做工，隨同叔伯到廣州，在茶樓做學徒學烹調4年，後經人

介紹到香港某外籍人士家中當廚師，1920年，在廣州參加茶居工會，組織工人罷工和舉行示威遊行，支援援閩粵軍，為桂系通緝，高擎天離開廣州往香港謀生，更名高擎天，當苦力、船工、看門人、電車售票員、司機等職，後來才在飲食行業中站穩腳跟。1922年，海員罷工時，發動工友募捐支援，並參加同情罷工。3月初海員在各行業工人的支持下終於獲得勝利。1925年積極發動工人和家屬參加省港大罷工，任省港罷工委員會交際部成員，1926年香港總工會正式成立，高擎天為幹事，後出任香港總工會代總幹事，考入第一屆勞動學院學習，並被選為同學會執委，後返回故鄉大石禮村開展農民運動，1927年廣州起義，高擎天夫婦積極投身起義前的準備工作，做好工人赤衛隊的組織發動工作，起義失敗後，轉移到香港。1928年被國民政府捉住了高擎天夫婦，兩人都犧牲，高擎天時年31歲，黃秀珍時年25歲。

略談國民黨在省港大罷工之角色

李國強
港九工團聯合總會主席

（一）前言

　　省港大罷工可説是劃時代工潮，亦是象徵中港工運自十九世紀末萌芽後，迅速發展之高潮。是次大罷工不僅是工業行動，亦牽涉對香港封鎖、「杯葛」運動，其政治含意往往被視為高於一切，然而是次事件性質之錯綜複雜，含隱著中、英、俄三方，香港與廣州政府，以及國民黨與共產黨，軍閥、商團以及工運之間的微妙關係，以及在政治與經濟領域之角力與久暫謀合。就算外國勞工學者也曾就，這次有多方「持份者」介入之工潮作出以下評論：「和前面提到的勞資糾紛不同，這是差不多完全有政治動機的，並且有廣州政府公開支持。事實上，這是英國政府和廣州政府之間的鬥爭，這説明工人和其結社及組織因得到廣州政府大量補助，才能持續去鬥爭這麼久[1]。

　　上述説法頗為中肯，不過尚可補充數點，就是大罷工除動員25萬罷工工人，及罷工初期得到大部份港商支持外，同時牽涉於事件中的，尚有國民黨與國民政府，中國共產黨與蘇俄。正面交鋒的是設在廣州之罷工委員會與香港政府，而在幕後處理二線，但具舉足輕重的影響力的，就是國民政府、國民黨與共產黨，及英國政府、英商財團，以及支持共產黨及為孫中山先生提供顧問意見之蘇維埃[2]。

---

1 見祖英倫（喬英格蘭，Joe England）與約翰里爾（John Rear）著：《香港的勞資關係與法律》Industrial Relations and Law in Hong Kong；英文原本，香港：牛津大學出版社，1984；中文版，劉進文、唐振彬譯，上海：上海翻譯出版公司出版社，1984。

2 共產社會主義源自德國馬克思，是針對「工業資本主義」之兩極化反響，據馬克思理論，無產（即受剝削工人）階級革命，應在工業較先進之西歐國家或美國成熟發生，然而卻存在以農業為主之俄國爆發成功，推翻沙俄帝制，代之以聲稱實踐馬列（馬克思與列寧）所鼓吹「共產烏托邦」，並稱為「蘇維埃聯邦共和國」，另成立「紅色國際」，向外輸出「共產理想」，因而被其他西歐資本主義國家認為有「無政府主義」（Syndicalism or Anarchism）傾向，志在傾覆西方被稱為「民主國家」，省港大罷工正處第一次世界大戰後，上述危端四伏之國際形勢，所以亦成為民主但保守之西方國家與前進但中央集權之蘇俄，及「資本主義」與「共產主義」在意識形態之爭逐角力平台。

（二）省港大罷工之遠因：國民黨與英國之矛盾

　　按照筆者之觀察，省港大罷工之直接起因是「五卅慘案」，但若論其遠因，則可追溯至早時之海關關稅餘款的爭議，和香港首宗成功之大型罷工事件，就是1922年之海員大罷工，茲略述如下：

　　2.1　關稅餘款：清末民初，由於中國海關管轄由外國人負責，中國關稅所得，須首先用以償還外債、賠款及支付海關行政費用，扣除後的剩餘稅款方歸中國政府所有，該剩餘稅款因此被稱為「關餘」。1912年初，列強駐華公使團議決成立「各國銀行委員會」，由總稅務司負責管理關餘，仍是先用以償還中國所積欠賠款與外債，稅款存放於匯豐銀行，要符合條件才可提取，就是必經外國公使團同意，中國方能動用關餘[3]。孫中山先生於1918年首次南下廣州組織「護法政府」[4]，繼而向北方之外國公使團交涉，爭取關餘自主權。1919年10月10日，孫中山先在上海公佈將中華革命黨改組及名為「中國國民黨」，並訂定「中國國民黨黨規」，宣稱「本黨以鞏固共和，實行三民主義為宗旨」，繼續堅持護法行動[5]。

　　然而，在爭取關餘之成效中，不得不提與香港有密切關係之伍廷芳，居間協調中外（即外國公使團，特別是美國）之矛盾微妙角力，得以折衝解決。伍廷芳在港任首任華人立法局議員，並在英考取大律師資格，被清廷及國民政府重用。1919年孫中山先生領導之軍政府，與北洋政府進行「南北和談」，但列強卻議決將「關餘悉數撥歸北洋政府」，伍廷芳當時任護法政府外交兼財政部長，憑其在港及在滿清任官

3　見莫世祥：《中山革命在香港（1895-1920》，香港：三聯書店，2011，第320頁，註64。
4　護法運動源於1917年中，孫中山先生首先在上海聯絡西南部軍閥，倡議恢復及維護民國元年頒佈之《中華民國臨時約法》，因而揭起「護法運動」，8月南下廣州後，帶領國民議會召開「非常會議」，亦稱「護法議會」或「非常議會」，同年孫中山先生獲選及就任相等於元首的「大元帥」之職。至翌年中國政局又變，解去大元帥之職返上海。見同上，第316-318頁。
5　同上，第318頁。

時與外國公使之私交，成功爭取後者同意將關餘百分之十三撥歸護法政府，並同意該款項只可用於教育及實業，不能充當軍費。然而軍政府已落入桂系軍閥手中，伍廷芳被解去其在護法政府的職務，但繼續保管寄於香港及上海匯豐銀行之關餘，幾經波折，率將關餘呈交孫中山先生領導之國民黨，用作討抗之用[6]。

孫中山先生在1921年第二次回粵主政時，宣佈將收回海關管理權，但列強一再拖延，至1923年12月16日，廣州近萬市民示威，聲援廣州政府收回關餘及海關管理權，然而列強卻於同月17至27日，派出近20艘軍艦駛至廣白鵝潭，艦上炮口對準廣州市，劍拔弩張，其中包括英艦7艘、美艦6艘、而日法艦各兩艘。列強以美國為首採「炮艦政策」，逐令其與國民黨之南方政府（下文將這個時期的南方政府簡稱為國民政府）關係更形緊張[7]。

2.2 海員大罷工：1922年1月發生的海員大罷工，是英國在中國的首次遇挫折，亦是香港及國內勞工首次對香港及僱主的勝利，香港「海員工會」（全名為「中華海員工業聯合總會」）大部份幹事日後加入共產黨，卻得到孫中山先生領導之國民黨支持贊助，可說是開了非正式「國共合作」的先河。孫中山先生同情勞工組織及其運動，1921年國民政府擬定及頒佈《廣東省暫行工會法》，參照法國之《職業組合法》，賦予工人結社、聯手罷工及國際聯繫、與立約之權利，孫中山先生因此亦被稱為「工人總統」及「勞工之友」。海員工會前身為「聯義社」，是中國反袁第二次革命的組織，為反對「包工僱傭」制，及到得孫中山先生與國民黨的鼓勵，決定將存在香港的聯義社支部重整為現代工會。海員工會於1921年3月成立，由孫中山先生為其定名，其意希望總工會日後發展成為全國性組織，工會招

---

6 同上，第319-325頁。
7 同上，第377-378頁。

牌亦是由他親手題，而最初之領導層全屬國民黨黨員。

1922年1月，海員工會因提出加薪被拒，而號召海員罷工，2月海總遭港府查封，並沒收其招牌。3月4日發生「沙田慘案」令港府讓步，促使船東妥協，率達成解決工潮協議，其中包括由港府發還海員工會招牌，並為其重新掛上。當時參加罷工的海員撤回廣州時，他們生活皆得到國民政府和國民黨照顧，孫中山先生並特意令馬超俊照應。1921年「中國共產黨」成立，1922年共產國際代表到華考察，在其報告，推崇國民黨對工運及海員罷工之積極角色：「整個罷工都由這個政治組織的領袖們所領導，全部財政資助主動吸納罷分子入黨」。

另一方面，港府亦認為海員罷工，反映奉行資本主義之英國，與嚮往社會主義的孫中山領導之國民政府，在政治意識形態之矛盾衝突。港督司徒拔在海員罷工結束後向英廷作如下匯報：「孫中山領導下之國民黨是此次罷工幕後的組織者。廣州政府已完全處於這一具有布爾什維克主義性質的組織控制下。毫無異問，極端主義者站在孫的一邊[8]。」

導致「五四運動」，全國知識分子、學生及工人反思，民族情緒高漲，反對西方及日本「大國沙文主義」（Chauvinism），剛逢俄國1917年十月大革命，列寧領導共產蘇維埃政府向外輸出「國際共產意識」，並嘗試說服孫中山先生聯手抵抗歐美。在這日益複雜之政治及意識形態角力環境下，國民黨及西方政府與英國之關係漸趨緊張。

海員大罷工之成功，間接鼓勵省港大罷工日後爆發，其前奏為反英「五卅慘案」，及反英反港之「沙基慘案」。1923年6月23日「沙基慘案」，中國工人學生被英法軍隊在沙面租界槍殺52人，其中國民黨黃埔軍校學生最多，總共達23名，即軍校每20名學生中有1人遇害。

---

[8] 馬林：《馬林給共產國際報委會的報告》，載：《馬林在中國的有關資料》，北京：人民出版社，1980年，第16-17頁。見：《中山革命在香港》，第345頁。

二十世紀初，英國海軍實力雄霸全球[9]。大英帝國被稱為「不落日國」，其軍力非在多事之秋之國民政府可比，堪稱強弱懸殊。全球主要航道，除台灣海峽及巴拿馬運河外，皆處其勢力或影響範圍之內，而英屬香港，位處珠江以及通往日本要道，在商業及政治上有「舉足輕重」之地位，正如孫中山先生在「三民主義」公開演講，就英國通往中國之地理優勢點題說明：「這個地勢，在軍事上掌握中國南方幾省的咽喉。」

在省港大罷工前夕，香港在經濟產值上之地位可算是遠東之冠，據英國派駐中國的海軍司令藍頓在1908年跟港督盧押談到香港的防務問題，指出香港每年貿易總額（4500萬英鎊），遠多於由德國控制的青島（510英鎊），蘇俄勢力下之海參崴（30萬英鎊），及美國管轄之馬尼拉蘇碧灣（600萬英鎊）。在大罷工發生時，「估計這個殖民地（香港）的貿易損失額在一億英鎊以上」[10] 由於香港的重要地理及英國的傲慢帝國主義態度，加上其認為中港工運有「布爾什維克」傾向，以英國當時龐大之軍事勢力，無疑的會用盡手段去打擊國民黨弱小而不被承認的南方政府，而當時港督曾以鄙視的口吻貶低省港大罷工：「無秩序及無政府主義者在進攻代表文明的我們[11]。」

（三）國民黨、軍閥與共產黨

1912年4月1日孫中山先生辭去臨時大總統，「國民黨」成為在野黨，袁世凱掌權下令解散國民黨，黨員受迫害及被暗殺，國民黨須再度亡命海外。1914年6月，孫中山先生在日本東京將國民黨重組，改名為「中華革命黨」。此時國內黨務幾乎停頓，但海外國民黨支部仍然活躍，自強不息，在

---

9 奧爾伯特（Roberta Allbert），《銀行家和外交家在中國（1917-1925）》，Bank and Diplomats in Chian(1917-1925): The Anglo-American Relationship，倫敦（London）：法蘭卡斯（Frank Cass），1981，見：《中山革命在香港》，第244頁。

10 見祖利英倫與約翰里爾著：《香港的勞資關係與法律》。

11 見艾狄確（E. B. Endacott）：《香港史》，A History of Hong Kong，香港：牛津大學出版社，1964，第290頁。亦見約翰卡洛（John M. Carroll）：《帝國邊緣：香港之華人精英與英國殖民官員》，Edge of Emires: Chinese Elites and British Colonials in Hong Kong，香港：香港大學出版社，2007。

孫中山先生多年之領導及號召下，黨務得到華僑捐獻，大力
支持。

　　至於國內，孫中山先生曾三度嘗試在南方建根據地，但
有兩次被迫離粵。1917年7月孫中山先生南下，9月就任「中
華民國軍政府」陸海空大元帥，翌年被政學系軍閥排擠離粵
。

　　1919年孫中山先生重組中華革命黨，再命名為「中國國
民黨」，1920年自上海返粵，1921年5月5日在廣州就任「非
常大總統」，但旋被叛徒陳炯明所害，幾乎喪命，並被迫再
度離粵。1923年孫中山先生第三度返粵主政，成為國民政府
大元帥，一邊護法一邊進行改組國民黨，完善國民政府根據
地，並為其謀出路發展。同年訪問香港，並在母校香港大學
就三民主義發表演說，暫時穩定了國民政府與香政府之關係。

　　1921年中國共產黨成立時，與國民黨並非互相排擠，孫
中山先生對之有容納之意，他致函蔣介石，就當時形勢作如
下剖析：
　　「根本辦法，必在吾人稍有憑藉，乃能有所措施。若毫
無所藉，則雖如吾國之青年共產黨，與彼主義完全相同矣，
亦奚能為？所以彼都人士，只有勸共產黨之加入國民黨者，
職是故也。此可知非先得憑藉不可，欲得憑藉，則非恢復廣
東不可……倘並此而無之，則我不過為一租界之亡命客耳。」

（四）國民黨與勞工、省港大罷工
　　孫中山先生素來親民，重視工人福祉，前文曾提他給予
海員工運的支持，他尊重草根階層之地位。孫中山先生在他
的自傳曾說，明末清初之民族主義根苗，並非在士大夫，而
是保存於社會低下階層中。在孫中山先生主張及領導下，國
民黨與勞工關係密切。胡喬木在《中國共產黨的三十年》書
中指出：「北京的軍閥政府和各地的軍閥都向帝國主義投降
，壓迫工人運動，只有當時在廣東的革命政府，支持了罷工
工人，和人民反帝鬥爭。」

國民黨與正萌芽茁長之中國工運，及共產黨關係千絲萬縷，在省港大罷工之前後發展頗為戲劇化。1922年海員大罷工成功後，鼓勵現代工運催生，同年5月1日「第一次全國勞動大會」在廣州舉行，產生「中華全國總工會」，與保守之工團總會分立。孫中山先生領導的廣州民國政府，對工運持開明態度，所以允許偏左的勞動大會在廣州舉行，籌組中華全國總工會。未已省港大罷工爆發，國民政府公佈七項援助罷工措施，及議決封鎖港口，令軍事委員會加以援助，並由黃埔軍校負責訓練，由罷工委員會組織及指導之糾察隊，並撥給武器及木船等裝備。與此同時，國民黨領導之國民政府亦得到罷工工人支持，有助其鞏固廣東省之統一及控制，為反軍閥之革命根據地[12]。當時返穗罷工工人約20萬人，生計開支浩大，礙於程序國民政府不能挪用關稅補助，端賴海外華僑透過國民黨海外部，及當時支部鼓勵下，捐款及物資支持源源不絕。據鄧中夏的《中國職工運動簡史》指出：「罷工委員會收有國內捐款25萬元，海外華僑捐款113萬元，反英成為當時廣東及華僑的全民運動[13]。」

　　面對列強在華威脅未減，國民黨與共產黨在省港大罷工前夕聯手振興國運。1924年1月國民黨舉行第一次全國代表大會，容納若干共產黨黨員加入領導層，並採聯俄容共政策。是次國民黨大會通過《宣言》，其綱領包括「制訂勞工立法、改善勞工生活之狀況、保障勞工團體、並扶助其發展」；此外黨章亦規定各級黨組織須設工人部及工農委員會。是

---

12 可參考陳善光：《省港大罷工與第一次國共合作》，載：任振池、劉寒主編：《省港大罷工研究：紀念省港大罷工六十五周年論文集》，廣州：中山大學出版社，1991，第2-8頁。亦見韓效芳：《論國共合作與省港大罷工的關係》，載：任振池、劉寒主編：《省港大罷工研究》，廣州：中山大學出版社，第12-18頁。亦見馬星光：《省港大罷工時期的汪精衛》，載：任振池、劉寒主編：《省港大罷工研究》，第119-221頁。中國大陸就大罷工之文獻已對國民政府及國民黨之正面角色作出如下肯定：「如果沒有國共合作的環境，沒有國民黨、國民政府在經濟上物質上和和行政權力的支持、幫助，省港大罷工不可能長期堅持下去。所以我們對國民黨在罷工的作用加以充分的肯定、補正。」見陳克謨：《省港大罷工領導問題述評》，載：任振池、劉寒主編：《省港大罷工研究》，第24頁。

13 鄧中夏作為高級知識分子，認為須由知識分子領導無產階級，結合工農群眾推動革命。但討論省港大罷工與帝國主義之鬥爭，他則認為雖然工農階級與工商階級有利益上之矛盾，但因反對帝國主義是橫跨不同階級之共同目標，因此可以組成聯合陣線對付。但是「除了共同利益以」，還有各別的特殊利益，因各階級的政治地位不同，各階級的要求也不盡一致，革命的階級覺悟程度也不一致。因此在強調共同利益的同時，必須注意照顧到各階級的各別的利益。見張光謨，同上，第28頁。

年11月國民政府頒佈中國歷史上第一項工會法，即《工會條例》。此外，老同盟會會員廖仲愷出任國民黨第一任工人部部長，他同時亦兼任國民政府財政部長，並大力支持財政緊絀的黃埔軍校，廖仲愷曾跟管理黃埔軍校之蔣介石説：「你不必問財政從何而來，我亦不會問你財政如何支出。」廖仲愷在1925年8月20日遇刺身亡。一週年後，劉少奇在其撰寫之悼念文章《廖仲愷先生與工農政策》中，高度推崇廖仲愷：指廖先生「依照孫中山先生所手定的工農政策，積極説明工農組織之發展，並領導工農群眾參加國民革命，曾著極大的成效統一了廣東，穩固了國民革命的基礎，……廖先生之所以為國民黨的模範黨員，實即以此。」

　　廖仲愷事件標誌省港大罷工之轉捩點，行刺幕後策劃人被疑與英國有關，據廖仲愷夫人何香凝在丈夫百日紀念上致詞所稱，兇手曾收受英國鉅額金錢，英國因國民黨有損其在華利益及勢力，除與國民政府就省港大罷工對峙外，並屢次暗箭傷人，在華涉嫌買兇行刺廖仲愷，並唆使匯豐銀行買辦陳伯廉之商團襲擊廣州，及以軍火及金錢支持陳炯明叛亂。據大陸出版資料所記，中國共產黨認為行刺與國民黨有關，原因是國民黨在省大罷工開始時，為表支持，委派廖仲愷及汪精衛加入「罷工委員會」任顧問，故有同情共產黨之嫌，所以刺殺事件被共產黨視為，日後蔣介石領導國民黨進行反共清黨之序幕。1926年中山艦事件後，清黨行動展開，國共分裂[14]，國民政府為求鞏固及集中資源北伐，不再支持罷工行動，是次工潮卒在無條件匆匆結束。

（五）國民黨聯俄容共

　　孫中山先生有鑑內憂外患，採聯俄容共之策。1923年12月7日他接受《字林西報》記者訪問，曾作如斯暗示。當時廣州仍有英國炮艦4艘、日艦1艘及美法各1艘。孫中山先生就此表示：「我力不與抗，然為四大強國壓倒，誰敗榮，果爾，將另有辦法。」記者再三請明示辦法，先生只隱示擬與蘇俄聯盟。聯俄之策，亦是由於當時所有西方列強皆針對國

14 見周奕：《香港工運史》，香港：利訊出版社結，2009，第96-78頁。

民政府所導致。就以民主之美國為例，孫中山先生對美艦參與壓迫國民政府之聯合姿態，特別失望。1923年12月17日，孫中山先生曾分別致函美國政府抗議，及向美國國民發表公關書，表示對列抗抗議及失望。

　　至於國共合作，可說國民黨與共產黨在其早期成立時，並非互相排拆。1921年中國共產黨成立，翌年7月黨第二次全國代表大會過通《中國共產黨加入第三國際決議案》，提到「完全承認第三國際所議決的加入條件二十一項，中國共產黨成為共產國際之中國支部。」1923年1月共產國際通過《關於中國共產黨與國民黨關係問題的決議》，內文首先肯定國民黨之領導地位，中國唯一之重大民族革命與革命集團是國民黨。……由於國內獨立的工人運動尚不強大，由於中國的中心任務是反對帝國主義。……因此，在目前條件下，中國共產黨員留在國民黨內是完全適宜的。……國民黨與年青的共產黨合作是必要的。

　　由於孫中山先生之積極勞工政策及培植工運取向，支持了共產黨向共產國際提出，與國民黨合組統一戰線之議，經過中共「二大」及「三大」商議及確定，1924年國民黨在廣州召開第一次全國代表大會，共產黨員被接納加入，同時成為國民黨黨員[15]。

（六）國民黨與省港大罷工

　　省港大罷被英國等西方國家等同「布爾什維克」無政府主義者之運動，但英國由於1926年發生煤礦工人引起之全國罷，無暇亦不願派兵到華與國民政府對峙，但罷工工人卻得到蘇俄派駐廣州顧問鮑羅庭之助。表面而言，大罷工是由剛成立的中華全國總工會主導，但亦結合香港「工團總會」的力量，為有效地組織罷工，鮑羅庭建議成立罷工工人代表大會作為最高權力機構，下設常設罷工委員會，負責執行及管理，成員共13名。其中中華全國總工會佔兩名（總工會委員

---

15 韓效芳：《論國共合作與省港大罷工的關係》，載：任振池、劉寒主編：《省港大罷工研究》，廣州：中山大學出版社，第13頁。

長林偉民及組織部長李森），加上香港工會蘇兆徵等 7 人，和沙面廣州洋務工會曾子嚴等 4 人，主要為共產黨員。顧問包括兩名國民黨骨幹人員，即廖仲愷（國民黨勞工部長及財政部長）、汪精衛（國民政府主席）、鄧中夏（中華全國總工會秘書長兼宣傳部長）、黃平（中華全國總工會）等人，其後鮑羅庭亦加入為顧問；由蘇兆徵任罷工委員會委員長，並由李森任罷工委員會下設之幹局局長，國共合作支持罷工，國民政府不單提供援助，並參加罷工領導行列，而罷工委員會及共產黨，亦擁護國民政府及北伐統一 16。

　　論其定義，「罷工」一般被視為工人之「最後武器」，主要是屬經濟手段，暫時窒息僱主正常運作，以謀求經濟改善目的。但若從宏觀而言，省港大罷工具一定歷史意義，無前例成功結合工人與商人的運動，並能跨越黨界，向港府及英商施壓。從社會學來看，大罷工是成功動員不同階層人士的政治事件，大罷工背後的推動力是當時國人對帝國主義的反感與仇恨，所謂敵我同愾，不論省港大罷工及對日侵略對抗戰，外敵往往能做成內部團結，正如美國群眾運動學者賀佛爾稱：「在所有促成團結的工具中，仇恨最易理解。⋯⋯共同仇恨能把種類分歧的成分統一起來」。

　　省港大罷工早期迅速成功，其因素有三：1・孫中山先生的領導；2・建立黨軍；與3.聯俄容共。然而大罷工失敗收場，原因是罷工委員會未能適時取得港府就罷工要求妥協，以至工潮曠持日久，卒導致國共分裂，勢成火水，國民政府因北伐消耗，無暇兼顧大罷工，遂無功落幕。跟隨大罷工之後就是北伐，因此北伐亦可算是大罷工的果實，北伐成功，令中國全國初步統一，同時收回海關主權，所以省港大罷工在

16 前引：陳克諝：《省港大罷工領導問題述評》，第19-31頁。有關在大罷工幹部，共產黨人能夠控制及把持大罷工之領導層，右派評論有如下解釋：省港大罷工委員會於7月6日成。⋯⋯因罷工代表與罷工委員之選舉，事起愴悴，罷工工人在慌亂中不暇慎擇，而國民黨黨員尊重中央領導，素持光明態度，不意稍有干涉挾持，乃無人與工人黨對工人作準備控制的爭取。於是共產黨乘機大事活動，使該黨分子，輕易的佔領到罷工代表與罷工委員的多數，就一手控制了罷工代表大會與罷工委員會。節錄自《中國勞工運動史》，第2冊，台北：台北中國勞工福利出版社，第411頁，載於：陳克諝：《省港大罷工領導問題述評》，第30-31頁。

歷史上之定位，不容置疑，其歷史意義及貢獻，定應永久紀念的。

後記：省港大罷工有感

按省港大罷工標誌廣州香港兩地作為中國南方之政治中心，成功孕育了震撼民心的群眾運動，曾有學者朱謙之在《南方文化運動》一書，推崇「南方文化」，能夠比諸北方更予人以希望及信心，他有如下闡述：「北方文化實在太老了。中部富於妥協性質，只有南方，是革命的文化，實為未來中國興亡存續之一大關鍵。」

回顧省港大罷工，筆者有感我國經歷與帝國主義的生死搏鬥，國民受到全民運動的洗禮，藉著歷史文化薰陶，與我民族堅毅不屈的生命力，必定再展演歷史的新篇章，一洗腐化之頹風。但令人遺憾的，帝國主義的侵略本質及國際的現實主義格局，仍是持續不已。強如美國仍是著逐私利，強抑他國發展。郭廷以在其《近代中國的變局》中對所謂「近代化的國家」（Modern Nations）之功利行為作以下批評：「已經近代化的國家，並無協助落後國家義務，縱使不願積極提攜啟迪，他亦不應阻擾破壞，讓落後者長期落後，永不能近代化。然而中外接觸的歷史事實，竟是如此。清朝如此，民國時代更甚。……近代化運動最好是能存在一個比較穩定的條件下進行，自命為近代化的國家之於中國，則常常返其道而行，有意製造中國的動亂，干擾中國的進步。如一旦無可資其利用之工具，所謂近代的國家就不顧一切，公然介入。」

現時正處世界風起雲湧，多事之秋，國人應借鑑過去省港大罷工之經驗，為振興發展中華努力。

（本文在研討會發表後，得到伍錫康的補充，然後在文集刊出。）

國共兩黨與省港大罷工

莫世祥
香港樹仁大學歷史系教授

　　20世紀20年代中期，國共兩黨首次合作，在廣東掀起打倒軍閥、列強的國民革命浪潮。根據孫中山的意見和共產國際的指示，中共和國民黨實行「黨內合作」，即中共的黨、團員以個人名義加入國民黨，致力發動工人、農民和學生的運動；同時暗中吸納工人、農民、學生乃至國民黨左派人士加入中共，發展中共黨組織。在此特殊的政治大背景下，省港大罷工從發動、運行到收束，都無不打上國共兩黨合作領導的印記。

一、罷工前國共兩黨在香港潛伏的概況

　　在英國殖民管治下的香港，國共兩黨始終以秘密活動的形態，潛伏於華人社會之中。其中，國民黨扎根香港的歷史可謂源遠流長。早在1895年2月，孫中山就在香港設立興中會總會，聯合楊衢雲等華人白領精英及會黨組織，策動反清起義。1905年9月，孫中山派人在香港成立中國同盟會香港分會，吸納原興中會成員及反清志士，將香港作為推動內地共和革命的基地。1914年7月，孫中山在日本東京創立中華革命黨，開展討伐袁世凱、捍衛中華民國民主共和制度的革命活動。該黨隨即在香港設立港澳支部，在香港海員當中成立該黨的外圍組織聯義社。留存至今的中華革命黨檔案文獻顯示，1914-1916年間，該黨至少在香港來往國內外航線的14艘輪船上建立起該黨的分部組織，先後委任19名海員擔任這些輪船的分部長。1919年10月，孫中山在上海將中華革命黨及舊國民黨改組成為中國國民黨，先前設在香港的中華革命黨秘密機關隨之成為中國國民黨（以下簡稱國民黨）的組織網絡。1920年10月，孫中山指揮護法粵軍佔領廣州。同年冬，原來設於香港的聯義社總社奉命遷到廣州廠後街60號，成為國民黨聯絡海員和華僑的海外交通部。

這時，香港海員開始籌建工會，推舉陳炳生、酈達生、林偉民、翟漢奇、陳一擎、馮永垣、羅貴生等 7 人為工會籌備委員。這些人都是資深國民黨員，早前都曾加入中華革命黨。孫中山得知香港海員籌備成立工會，即派聯義社要員蔡文修、翟海等人來港協助，并將工會命名為「中華海員工業聯合總會」（以下簡稱海員工會），規定所有航行於海洋、內河的大小船舶的華籍海員，都歸該工會管理。這表明，孫中山期望該工會成為全國性的海員工會組織，并不局限於香港一地。海員工會分別在廣州軍政府和香港政府登記註冊。1921年3月 6 日星期天上午11時，海員工會在香港德輔道中137號 3 樓舉行成立慶典。[1] 其領導層全部是國民黨員。其中，陳炳生為會長（或稱主席），蔡文修為副會長，翟漢奇為司理，羅貴生為司庫，林偉民、酈達生為交際委員，馮永垣為調查委員。

1922年1月12日，海員工會因各輪船公司拒絕給海員加薪而發起大罷工，3 萬海員及相關行業的罷工工人隨之離開香港。3 月初，罷工風潮擴展到全港各行業，參加罷工的工人達到10萬人，史稱香港海員大罷工。罷工期間，國民黨領導的廣東護法政權向集中在廣州的罷工工人提供有力的後勤支援，而且出面向港英政府交涉，協助罷工工人爭取權益。在廣西桂林整軍北伐的孫中山，得知香港海員罷工的消息，急電國民黨中專門從事勞工運動的馬超俊，「前往慰問，並力於協助。以是海員益為奮興，堅持罷工，不為所屈」[2]。在各方面的壓力下，港英政府放棄鐵腕取締罷工的政策，轉而敦促各輪船公司船東通過談判，基本接受海員提出的加薪要求。3月8日，香港海員大罷工勝利結束。勞資雙方達成的協議規定：各輪船海員加薪一成半至三成；罷工期間的工資及應得的加薪折半發放；罷工海員復工後，若無法安排工作，可在管理人監管下，獲得不超過 5 個半月的一半薪金，作為善後津貼。工人在罷工期間，居然可以領取薪金和加薪的一半，這是世界罷工史上罕有的勝利結局。[3]

1.《各社團開幕情形彙記‧中華海員工業聯合總會》，香港：《華字日報》，1921年3月7日。
2. 馬超俊：《中國勞工運動史》，上海：商務印書館，1942，第92頁。
3. 詳見拙著：《中山革命在香港（1895-1925）》，香港：三聯，2011，第335-347頁。

香港海員大罷工及其勝利，加強國民黨在香港工界的聯繫和影響力。曾到廣州等地考察的共產國際來華代表馬林，向共產國際執行委員會報告說：「海員罷工期間，國民黨與工人之間的聯繫是多麼親密，這一點對我來說是十分清楚的。整個罷工由這個政治組織的領袖們所領導。罷工工人參加黨的民族主義的示威遊行，全部財政資助都來自國民黨。」「國民黨與罷工工人之間的聯繫如此緊密，以致在廣州、香港、汕頭三地竟有一萬二千名海員加入國民黨。[4]」

　　不過，罷工期間，海員工會的領導層出現以陳炳生為首的保守派和以蘇兆徵、林偉民為首的激進派之爭，兩派均為資深國民黨員，但其中的激進派領袖終因政見分歧，後來轉而加入政治主張更加激進的中共黨組織，從而帶動海員工會在日後的政治轉向。

　　20世紀20年代初，中共黨、團組織在香港的建立與發展，是香港本地的部份草根青年知識分子和基層手工工人自覺呼應內地革命新潮的結果。在這個意義上可以說，中共剛誕生就在香港落地生根，并不是外來衍生品，而是本土化產物。

　　據當時參與者憶述：「1920年至1921年之間，香港青年林昌熾（當時在香港政府任視學員）、張仁道（皇仁中學畢業生）和李義寶（小學教師）三人，本著研究馬克思主義的目的，合資捐錢不定期地出版一種刊物，名叫《真善美》。其主要內容是介紹馬克思主義的基本原理。」「1921年，陳獨秀自上海搭船到廣州，途經香港。林昌熾等三人特意到船上會見陳獨秀，並攜帶《真善美》刊物給陳獨秀看。他看了以後，倍加贊許，鼓勵三人組織馬克思主義研究小組。三人聽到這些意見後，回到李義寶家中（香港跑馬地黃泥湧一間廟堂，是蒙養小學校的校址），成立馬克思主義研究小組[5]。」

　　據此憶述，中共成立之前，香港已經和北京、上海、長沙、廣州等內地城市一樣，出現有本地知識分子自發組織的

4.《馬林給共產國際執委會的報告》（1922年7月11日），載：《馬林在中國的有關資料》，北京：人民出版社，1980，第16頁。
5. 梁復然：《廣東黨的組織成立前後的一些情況》，載：《"一大"前後》，北京：人民出版社，1980。

馬克思主義小組。在共產國際指導下，內地各省市的馬克思主義（或稱共產主義）小組於1921年6月底派代表在上海聚會，隨即宣佈成立中國共產黨。這時，在五四新文化運動中名揚天下的陳獨秀，已於同年初由廣東省長、國民黨粵支部長陳炯明委任為廣東省教育委員長，他雖未參加宣佈中共誕生的中共「一大」，卻當選為中共總書記。

根據中共留存至今的檔案記錄，1923年5月底、6月初，林君蔚（字昌熾）等8人組建隸屬中共的中國社會主義青年團香港團組織。同年10月，香港團組織成立地方執行委員會（簡稱地委），下設3個支部、6個小組，形成地委、支部和小組的三級架構，團員增加到20多人。1924年5月，林君蔚、李義葆（即李義寶）、杜純鋼、羅郎佳、楊開、易全、黎熾等7人，成立中共香港黨小組。此時，國共兩黨已經實現黨內合作，因此他們也加入國民黨，參與國民黨香港黨組織的改組活動，隨後又配合國民黨，一起策反陳炯明派系在香港的機關報《香港新聞報》，并最終將其改名為《中國新聞報》[6]。

此時，香港中共早期黨、團成員的職業結構以小學教職員工和街道手工木匠居多，因而未能直接聯絡香港工人當中人數最多而又最具產業工人革命性的海員和機器工人，致使中共在香港的地下活動局限在個別學校以及對社會政治影響較少的手工木匠行業，無法打開局面。中國社會主義青年團香港地委總結成立以來的工作，承認面臨的困難是：「（1）機器工人運動困難本團因為沒有機器工人，是以此種最重要的工人未能運動，而青年的機器工人更難招致。（2）海員工人結合困難本團同志雖與海員工會發生關係，但是非把他們組織起來，決不為功。而他們平時工作又是漂泊無定的，所以我們只能對他們宣傳，不能為他們組織，尤其是青年海員。[7]」

---

6. 詳見拙文《中共黨、團組織在香港的最初建立與發展》，載：《昨天的革命》，香港：新苗出版社，1999；拙文《香港"報變"考陳炯明在港機關報倒戈事件始末》，載：《孫中山研究》第2輯，廣州：中山大學出版社，2009。
7. 《1924年5月13日團香港地委報告（第一號）》，載：中央檔案館、廣東省檔案館編：《廣東革命歷史文件匯集》，甲1，1982年內部印行，第411頁。

早期中共黨、團組織在香港遭遇發展瓶頸的窘況，由於早期中共黨人的努力和國民革命浪潮的興起而迅速化解。1924年3月8日，海員工會召開慶祝海員罷工勝利兩週年紀念會，香港早期中共黨人「多有赴會，並有演講國民革命和勞工救國的問題，聽者都很表同情。」他們欣喜地注意到：「該會的職員是今年新選的，辦事似有勇氣，他們都極悅意和我們攜手。」[8]同年四月底、五月初的每個星期六晚上，林君蔚、李義葆等香港中共黨、團員都定期到海員工會進行國民革命的演講宣傳。

　　這時，「極悅意」地和香港早期中共黨、團員「攜手」的海員工會的新領導人，是蘇兆徵、林偉民等國民黨籍的激進派骨幹成員。蘇、林等人是1922年香港海員大罷工的實際領導者，罷工勝利結束後，他們照舊返回輪船打工。因殺妻案而一度被捕入獄的陳炳生重新出任海員工會會長，其後到上海開設介紹海員就業的辦館，海員工會由司理翟漢奇實際負責。1923年，蘇兆徵等人鑒於翟漢奇貪污、挪用工會公款，要求查帳，據說查出翟漢奇貪污虧空工會會款4萬港元。1924年初，香港海員工會舉行會員大會，改選工會幹事。蘇兆徵取代翟漢奇而當選為司理，與他同屬「激烈派會員」的林偉民、何來、馮永垣、羅貴生等人也當選為工會幹事。會長則由為人隨和而又喜歡抽鴉片煙的譚華澤出任，這是陳炳生等工會前任領導有意牽制「激烈派」的結果。在此前後，林偉民應上海海員的邀請，到上海協助組建「中華海員工業聯合總會上海支部」，參與領導上海海員罷工。於是，林、蘇二人分別成為滬、港海員心目中的工運領袖。

　　1924年春，林偉民作為中國海員工業聯合總會的代表，應赤色職工國際的邀請，前往莫斯科，出席國際運輸工人大會。在莫斯科，林偉民感受到國際共產主義運動的蓬勃發展，於是經與會的中共黨人介紹，在莫斯科加入中共，成為第一個加入中共的香港海員。他隨即將此事告訴同鄉密友蘇兆

8.《1924年3月9日彭月笙致劉仁靜信》，載：《廣東革命歷史文件匯集》，甲1，第362頁。

徵，勸促蘇兆徵一同加入中共，將香港工運引上中共領導的
革命新軌道。

　　1925年3月，孫中山病逝北京。按照孫中山的遺願，由
國民黨左派和中共發起的國民會議促成會全國代表大會在北
京召開，蘇兆徵等省港工會代表也一起組團赴會。在北京期
間，蘇兆徵經中共在北方的領導人介紹，加入共產黨。此後
參加中共的香港海員回憶說：「蘇兆徵到北京後，與李大釗
同志等接觸談話，並參加了中國共產黨的組織。組織生活會
上，陳延年（陳獨秀之子）宣佈蘇等為新同志。會上研究了
以後黨的發展工作，李大釗同志指示今後黨的門要比過去適
當開放些，叫蘇等回去多找些好同志，發展黨的組織。[9]」

　　蘇兆徵作為香港海員的實際領袖人物，遲至1925年春夏
才加入中共，這和中共最初對香港海員罷工與海員工會的定
位有關。幾年之後，中共領導人李立三在作黨史報告時說：
那時中共認為海員工會「是國民黨領導的，還不去理他。當
時罷工領袖蘇兆徵幾次找黨，均遭拒絕。因此他說黨看不起
工人，不願入黨。直到孫中山北上，他才去北京加入。[10]」

　　海員領袖林偉民、蘇兆徵等人相繼加入中共，海員工會
的實際領導權隨之從國民黨轉入共產黨手中。

　　1925年初，中共在香港的黨、團組織有新的發展。一二
月間，中共廣東區委派黨員黃平和梁複然，分別以國民黨組
織部特派員和國民黨工人部特派員的名義，來到香港，將原
來的中共香港黨小組擴建為黨支部。黃平兼任書記，黨員發
展到10人。團香港地方委員會的團員人數則增至33人，按團
員職業重新為３個支部，即排字工社支部、大東電報局支部
和木匠支部。地委書記由彭月笙擔任，他的家住在香港大道

9. 馮永垣：《蘇兆徵二三事》，載：《蘇兆徵研究史料》，廣州：廣東人民
　　出版社：1985。按：也有回憶稱，蘇兆徵由鄧中夏介紹入黨。證明蘇兆徵
　　加入中共的最早檔案文獻，是1925年5月17日國佐在致旅蘇同志信中稱：
　　「蘇兆徵已經加入西比。」「西比」，即C.P.，即共產黨。該信載《廣東
　　革命歷史文件匯集》甲2，第197頁。
10. 李立三：《黨史報告》，（1930年2月1日），載：《中共黨史報告選編》
　　，北京：中共中央黨校出版社，1982，第214-215頁。

東93號 3 樓。地委的通信暗號，初取諧音「江棣芳」，後改為「梁偉」。

在國共合作的政治環境下，香港的中共黨人繼續和國民黨在港機構及其外圍工團組織發展良好的合作關係。中共黨人李義葆和林君蔚以國民黨員身份，出任國民黨港澳總支部籌備委員會委員。該委員會主要由與國民黨有長期歷史聯繫的香港工團總會職員組成。工團總會是當時香港兩大工會集團之一。它擁有70多個香港行業工會，其中以手工業工會居多，香港海員工會也加入該會。中共黨、團組織成員還參與《聯義月刊》、《勞動週刊》、《職工月刊》等刊物的編撰工作。其中，《聯義月刊》是國民黨在港海外聯絡機構聯義社的機關刊物，《勞動週刊》和《職工月刊》分別為是香港工團總會、香港洋務職工聯合（總）會所辦刊物。它們在當時各發行500份。

同年 3 月12日，孫中山病逝北京的噩耗傳遍全國。香港各工會團體聞訊，都在門前下半旗致哀。國共兩黨在港機構立即磋商籌備舉行追悼活動。13日晚上，根據國民黨港澳總支部籌委會的決定，香港工團總會召集全體大會，討論召開追悼孫中山大會的有關問題。香港中共黨、團組織也派人參加，力主選擇寬闊的場所，召開全港追悼大會。可是，工團總會職員膽小怕事，擔心引致港英當局的彈壓，只決定於16日在工團總會會所開哀祭會，令所屬各工會工人停工 1 天，到會參加致祭。經與會的聯義社代表力爭，工團總會同意在哀祭會場外面舉辦演講，宣講孫中山宣導中國民主革命的豐功偉績。

16日上午，香港工人悼念孫中山的哀祭會在工團總會會所舉行。工人們滿懷對中國民主革命先行者孫中山先生的哀思，從四面八方湧向會場。國共兩黨成員站在會所門外的講演臺上，向來往民眾分別演講「中山死後之國民黨」、「中山死後之國民責任」、「中山死後之工農階級」、「中山死後之帝國主義」等問題，動員群眾化悲痛為力量，繼承孫中

121

山遺志,促進祖國的國民革命。香港街頭公開響起「打倒帝國主義!」「打倒軍閥!」的呼聲。港英當局派來監視哀祭會的警察藉口維持秩序,阻撓演講和追悼孫中山的活動。這就激起在場民眾的憤慨和反抗,雙方隨即發生衝突。港英當局增派大批警察到場毆打民眾,拘捕反抗者,禁止哀祭會繼續舉行,還派探員調查在港中共黨人[11]。

港英當局壓制香港工人悼念孫中山的活動,只能更加激發工人反帝愛國的民族主義情感。國共兩黨在香港合作發起和領導悼念孫中山的活動,進一步密切和各工會的聯繫,喚起香港工人階級關注祖國國民革命的熱情。

4月間,在北京加入中共的蘇兆徵等人回到上海,與在上海的中共工運領袖鄧中夏等磋商,決定由全國鐵路總工會、中華海員工業聯合總會、漢冶萍總工會、廣州工人代表會等四大團體,發起全國第二次勞動大會。5月上旬,大會如期在廣州舉行。會議通過工人階級必須及時將經濟鬥爭轉為政治鬥爭、必須參加民族革命運動並爭取領導地位等議案,同時決定成立中華全國總工會和加入赤色職工國際。會議選出中華全國總工會的25名執行委員,其中有香港海員工會的林偉民、蘇兆徵和譚華澤。曾經領導香港電車工人罷工的香港電車工業競進會代表何耀全,也當選為執委。經執委會推選,林偉民任中華全國總工會執委會委員長,劉少奇任副委員長,鄧中夏任秘書長兼宣傳部長,李啟漢任組織部長。執委會的領導者幾乎都是中共的工運領袖。隨著林偉民、蘇兆徵、譚華澤等人進入全國總工會的執行機構,海員工會成為總工會的核心團體,中共對海員工會的工作隨之加強。從此,中共在香港的組織網絡分為兩部分,一為轄屬廣東省委的香港地方黨團組織,一為直屬中央的海員工會黨組織。

二、國共合作領導省港大罷工

1925年5月30日,英國巡捕在上海租界開槍鎮壓進行反

---

11. 詳見拙文:《中共黨、團組織在香港的最初建立與發展》,載:《昨天的革命》,香港:新苗出版社,1999。

帝示威遊行的群眾，造成震驚全國的五卅慘案。6月1日，上海工、商、學界憤而舉行罷工、罷市、罷課鬥爭，從而掀起漫延全國各地的五卅運動。這場運動具有反對帝國主義侵略中國、反對軍閥勾結列強實行專制統治的政治目標，隨即成為國共合作共同發動香港工人參加內地國民革命的切入點。

6月1日，即上海「三罷」發起之日，國民黨上海執行部發表宣言，表示聲援。同日，駐地廣州的國民黨中央在廣東大學召開群眾大會，抗議帝國主義的暴行。汪精衛發表演說，大會通過多項援助五卅慘案的辦法。次日，國民黨中央執行委員會發動廣州各界聲援上海反帝運動的大示威，通電全國，號召：「凡我黨員，應一致努力援助國民，以與英國帝國主義相搏。[12]」

與此同時，中共廣東區委在獲悉上海發生五卅慘案之後，決定發動直接處在帝國主義壓迫下的香港工人和廣州沙面工人，聯合舉行聲援上海同胞的省港大罷工。中華全國總工會隨即向國民黨中央提出發動省港罷工以支持五卅運動的計劃，國民黨中央當即贊同並著手組織工作。

這時，國民黨在香港的機關報《中國新聞報》等香港中文報刊都以顯著篇幅，報導五卅慘案及相關消息。香港工團總會、海員工會以及由共青團香港地委發起組織的香港青年社等團體，先後發表通電、派發傳單，張貼標語，聲援上海等地的五卅運動。香港工界、學界群情激蕩。

6月8日，中共要員鄧中夏、孫雲鵬以中華全國總工會代表名義，中共廣東區委委員楊殷以國民黨中央工人部特派員的名義，一起前往香港，與蘇兆徵、黃平等香港中共黨人會商發動香港工人罷工事宜。在此前後，共青團廣東區委派周文雍、藍裕業到香港，協助團香港地委發動學生罷課。隨同前往香港的，還有陳日祥、羅珠、李廷等多名黨團員。他們

12.《中華民國史料叢稿大事記》，第11輯，第90頁，轉引自李曉勇：《國民黨與省港大罷工》，北京：《近代史研究》，1987年第4期。

抵港後的活動大致如下：「上層工團方面，（鄧）中夏、黃平、（蘇）兆徵三同志負責；下層工人群眾方面，由李廷諸同志負責；學生方面，由（彭）月笙C.Y.同志負責；商人方面，則無法活動。13」

中共黨人與香港各界工會領導人的重要聯繫，是在位於中環的車衣工會4樓舉行兩次秘密聯席會議。「一次是議決臨時指揮機關與宣言條件；一次是議決發動時日與離港方法14」。此時香港100多家工會互不統屬，分立為工團總會、華工總會和無所歸屬的三大派，但由於中華全國總工會在香港工會中享有領導威望，上海與全國各地的「三罷」鬥爭聲勢浩大，加上蘇兆徵、何耀全等人作為中華全國總工會執委和香港工運領袖的感召力，兩次聯席會議都順利通過有關罷工的議案。會議決定將罷工指揮機關定名為「全港工團委員會」，推舉蘇兆徵為幹事局局長，黃平為外交委員，鄧中夏為總參謀。不久，中共廣東區委指定黃平、鄧中夏、楊殷、蘇兆徵、楊匏安等5人，組成直接領導香港罷工的中共黨團。

先是，鄧中夏等人對在港密議罷工「不敢過存」，即不抱過多奢望，但結果卻「出乎我們意料之外」，罷工密議進展順利。事後，中共廣東區委分析其中的原因：一是香港各工會對五卅慘案同仇敵愾，「對滬案皆表示願意罷工」；一是「香港工團領袖多隸國民黨籍，我們此次在港鼓吹罷工，多號國民黨中央及（廣東）革命政府之命，故收效極速，此亦不得已所取之手段也」15。這說明，香港工人的覺醒和中共以國民黨及廣東國民政府的名義作號召，是香港工人階級積極參加省港大罷工的原因。

6月12日，國民黨執政的廣東國民政府平定駐防廣州的滇軍楊希閔部、桂軍劉震寰部叛亂事件之後，隨即將先前籌

---

13. 《1925年7月中共廣東區委關於省港罷工情況報告》，載：《廣東革命歷史文件匯集》，甲6，第26-27頁。「C.Y.」，指中國共產主義青年團，當時團組織已改用此名。
14. 鄧中夏：《一年來省港罷工的經過》，載：《省港大罷工資料》，廣州：廣東人民出版社，1980，第56頁。
15. 《1925年7月中共廣東區委關於省港罷工情況報告》，載：《廣東革命歷史文件匯集》甲6，第27-28頁。

措的發動省港大罷工計劃付諸實施。6月13日，中共實際領導的中華全國總工會發佈啟事，稱：「敝會經與中國國民黨中央執行委員會工人部協商，特組織一辦事機關，……即由敝會組織『省港罷工委員會』專司其事。」國民黨中央和國民政府還決定向省港罷工工人提供食宿保障，以便吸納香港和廣州沙面工人，發展廣東經濟。後來，廖仲愷披露這一計劃說：「國民黨擬定很精密的計劃，以收容返國的工人。從前工友為帝國主義生產，現在要為自己的國家生產，以謀廣東的發展。[16]」6月17日，汪精衛、廖仲愷在廣州召集各界團體代表會議，通報國民黨中央和國民政府決定發動省港大罷工的決定，會議議決：凡外國在華工廠、商店和學校的工人、僱員和學生一律罷工罷課，為罷工募捐，抵制英、日、美3國貨物。

國民黨中央遂即派幹員協同全國總工會到香港及廣州沙面發動罷工。這些幹員既有國民黨員，也有加入國民黨的中共黨、團員，他們都以國民黨的名義在香港活動，致力組織全港罷工。其中的中共黨、團員還暗結團體，成為發動罷工的激進派。

面對即將爆發的罷工風潮，港英當局頒佈告示，聲稱嚴懲「滋事分子」，調集軍艦，派水兵登陸，與軍警一道設崗巡邏，稽查行人；捉拿發起罷工的工會領袖，查封《中國新聞報》，拘捕主編陳秋霖及該報編輯、工人等。在這種情況下，香港一些工會領袖發生動搖，轉而提議最好分批罷工。中共黨團當即決定，由中共黨人領導和影響的海員工會、電車工會、華洋排字工會、洋務工會先行罷工，帶動其他工會參加。可是，海員工會會長譚華澤素持中庸平和態度，不敢帶頭下達罷工的命令。於是，3年前激烈派會員迫使海員工會首領宣佈罷工的場面再度重演。要求率先罷工的海員圍住譚華澤，強迫他最終贊成罷工。

---

16. 廣州：《現象報》，1925年6月25日；《在罷工工人代表第七次大會上的報告》，載：省港罷工委員會機關報《工人之路》，第40期；轉引自李曉勇：《國民黨與省港大罷工》，北京：《近代史研究》，1987年第4期。

6月19日晚上9時，香港海員、電車、排字印務等3個行業的工人首先舉行罷工。洋務、起落貨、煤炭、木工等行業的工人也相繼參加罷工。此後半個月內，香港各行各業的工人全都陸續加入罷工行列，估計參加罷工的人數共達25萬以上。經省港共青團組織發動，香港皇仁書院學生也率先罷課，聖保羅、聖士提反等多所學校的學生隨即加入罷課行列，並在此基礎上成立香港學生聯合會。據中共廣東區委估計，參加罷工的香港工人有三分之二返回廣東原籍，有三分之一在廣州各接待處投宿。根據國民黨中央的指令，廣東國民政府封閉廣州城內的煙館、賭館、廟宇和其他空置的場所，供香港罷工工人臨時住宿。在廣州住宿的香港罷工工人，最多時約達13萬人。

香港工人大罷工之後，全港工團委員會發表宣言，痛陳罷工原由：「中國自鴉片戰爭之後，帝國主義除了經濟的、政治的、文化的侵略之外，還加以武力的屠殺，是可忍，孰不可忍！故我全港工團代表聯席會議一致議決與上海、漢口各地取同一之行動，與帝國主義決一死戰。我們為民族的生存與莊嚴計，明知帝國主義的快槍巨炮可以制我們的死命；然而，我們亦知中華民族奮鬥亦死，不奮鬥亦死；與其不奮鬥而死，何如奮鬥而死，可以鮮血鑄成民族歷史之光榮。所以，我們毫不畏懼，願與強權決一死戰！[17]」

委員會還發表文告，聲明罷工所要達到的目標。這些目標分為兩大部份：一是與內地同胞採取反抗帝國主義的同一行動，支持上海工商學聯合會提出解決五卅慘案的17項條件；二是鑒於「香港居住之華人歷來受英國香港政府最不平等條約之殘酷待遇，顯然有歧視民族之污點」，特代表全港華工，向香港政府提出6項要求：

（一）華人應有集會、結社、言論、出版、罷工之絕對自由權，《中國新聞報》應立即恢復，被捕記者應立即釋放，並賠償其損失。

---

17. 鄧中夏：《中國職工運動簡史》，北京：人民出版社，1953，第225頁。

（二）香港居民不論中籍、西籍，應受同一法律之待遇，務須立時取消對華人之驅逐出境條例，與笞刑、私刑之法律及行為。

（三）華人佔香港全人口之五分之四以上，香港定例局應准華工有選舉代表參與之權；其定例局之選舉法，應本普通選舉之精神，以人數為比例。

（四）應制定勞動法，規定八小時工作制與最低限度工資制，廢除包工制，謀女工、童工生活之改善、勞動保險之強制施行等；制定此項勞動法時，應有工團代表出席。

（五）政府公佈七月一日施行之新屋租例，應立時取消；並從七月一日起，減租二成五。

（六）華人應有居住自由之權，（扯）旗山頂應准華人居住，以消滅民族不平等之污點[18]。

7月3日，中華全國總工會省港罷工委員會宣告成立，成為省港大罷工的正式領導機構。委員會由13人組成，其中中華全國總工會推舉2人、全港工團委員會推舉7人、廣州沙面洋務工團聯合會推舉4人，分別擔任省港罷工委員會的各項職務。受全港工團委員會推舉，蘇兆徵任省港罷工委員長，何耀全任副委員長；林偉民、李啟漢則受中華全國總工會委託，擔任委員會執行委員。委員會還延請國民黨領袖汪精衛、廖仲愷以及中共要員鄧中夏、黃平、楊殷安為顧問。省港罷工委員會下設幹事局，辦理具體各項事務。李啟漢任局長，香港同德工會代表李棠任副局長。香港海員工會會長譚華澤任會審處主任，該處的職責是負責審訊工人糾察隊解來的人犯。在香港最早參與組建中共黨、團組織的林君蔚，作為中華全國總工會的代表，擔任會審處委員。此外，香港青年社負責人彭月生任罷工委員會的演講隊長和宣傳學校校務長，香港學生聯合會負責人郭明生任演講隊主任。省港罷工委員會的領導層分別由國共兩黨要員組成，其中，中共黨、團員居於少數，但掌握正、副委員長的實權。

---

18. 秋人：《省港罷工的過去和現在》，載：《省港大罷工資料》，廣州：廣東人民出版社，1980，第90頁。

為了加強對省港罷工委員會的領導，中共廣東區委決定由鄧中夏、陳延年、馮菊坡、黃平、李啟漢、蘇兆徵、林偉民、劉爾崧等人，組成罷工委員會中共黨團，鄧中夏任書記。該黨團隨時依據形勢變化，研究罷工的鬥爭策略，提請罷工委員會貫徹實施。中共還在罷工委員會和工人骨幹中積極發展黨員，香港電車工人領袖何耀全因此加入中共，並參加罷工委員會的中共黨團活動。

　　此時，香港的中共黨、團員大多聚集廣州，從事省港罷工活動。同年10月下旬，團香港地委新發展團員25人，原有團員中加入中共的有18人。至此，中共香港支部的黨員人數合計為28人（不包括直屬中共中央的蘇兆徵、林偉民、何耀全等人），團員人數37人。11月間，香港黨、團組織根據實際工作需要，聯合組成一個特別委員會（簡稱「特委」），專門在香港罷工工人中發展黨、團員。其中，發展黨員200多人，團員40多人。據回憶，由於海員入黨人數較多，還專門成立海員支部。在罷工期間入黨的海員有陳郁、陳權、馮燊、林鏘雲、鄧發、何來、陳春霖、周福、黃養、陳劍夫等人。 12月，香港特委的團員人數增加到286人，分為集賢、學生、海員、印務、東園、洋務、煤炭、東機、西機、南機等10個支部。李耀先接替已經加入中共的彭月笙，出任團香港特委書記。此外，屬於外圍組織的新學生社香港支部成員有50人，香港青年社成員100人，香港學生聯合會250多人。次年1月，香港團員人數增至371人，香港學生聯合會增至300人[19]。

　　香港和廣州沙面租界的工人相繼罷工之後，隨即聯合廣東各界人士，在廣東境內禁止對香港的糧食物資供應和中斷省港貿易往來，對港英當局實施經濟制裁。 6月30日，廣東各商界團體決定成立「廣東商界對外經濟絕交委員會」，呼籲拒用外幣，檢查外國貨物，抵制英、日等國商品，以援助省港大罷工。次日，省港罷工工人代表大會議決組織糾察隊，配合廣東國民政府的軍警，在省內各港口查禁對港糧食貿

19. 《1926年2月團香港特委組織工作報告》，載：《廣東革命歷史文件匯集》，甲4，第162頁；《1926年1月團粵區委工作報告》。

易。糾察隊總隊長由國民黨要員、香港工團總會負責人黃金源擔任，中共要員鄧中夏任訓育長。

7月9日，省港罷工委員會發表封鎖香港的通電，宣佈：「敝會為貫徹奮鬥起見，議決實行封鎖香港及新界口岸。自本月十日起，所有輪船、輪渡一律禁止往港及新界，務使絕其糧食，制其死命。」從次日起，罷工委員會糾察隊相繼在廣州以及東起毗鄰香港的深圳、西至毗鄰澳門的前山等珠江口一帶口岸，設置崗哨，執行「維持秩序，截留糧食，嚴拿走狗，鎮壓工賊」的任務。從此，省港兩地進入相互封鎖狀態。彼此間的水上交通運輸一度中斷，糧食、蔬菜、肉類等食品乃至相關貨物的貿易量大幅度下降，香港物價迅速飛漲，港英當局直接感受到罷工的壓力。

然而，封鎖香港也限制廣州的對外貿易。因此，8月1日國民黨領袖廖仲愷在向罷工工人代表大會上作報告時，提出改變策略「單獨對英」的方針和向外國的商人、商船發放特許證的議案。他說：「我們罷工所要打破的第一個陣線就是香港，……凡香港的輪船皆不准進口。」「關於貨物之輸入輸出、船舶之往來，應有統一之特許機關，以收攻擊香港、維持廣東之效。」[20] 特許證由國民政府外交部長、商務廳長、公安局長和罷工委員會代表簽發。由於只封鎖香港，所以凡不是英船、英貨及經過香港的船隻，均發給特許證，准許自由進出廣東，進行貿易。後來，鑒於領取特許證手續麻煩，收費偏重，為了爭取商人繼續支持對港英當局的經濟制裁，省港罷工委員會又與廣州總商會、全省商會聯合會等商人團體在 9 月19日聯合發出佈告，宣佈取消特許證，同時繼續禁止廣州與港澳之間直接進行貨物往來；但只要不是英貨、英船及不經過香港、澳門的貨物，均可自由貿易。

從此，「單獨對英」的方針成為省港罷工的中心策略。它使廣州港很快恢復往日的繁忙景象。美、日、德等國的一

20. 廣州：《工人之路》，第40、39期，轉引自李曉勇：《國民黨與省港大罷工》，北京：《近代史研究》，1987年第4期。

些公司、洋行及商船聞訊紛紛前來復業,廣州通向沿海城市及外國的航線相繼恢復,廣州外貿重現生機。

1925年秋冬,廣東國民政府先後肅清分別盤踞在東江的陳炯明和南路鄧本殷等部叛軍,統一廣東全省。於是,省港罷工委員會對港澳地區實施封鎖的範圍,便從珠江口岸一帶,擴大到東至汕頭、西到北海的全省沿海港口。在蜿蜒數千里的海岸線上,到處都有工人糾察隊和協助稽查英貨的農民自衛隊的哨卡。因此,經營大宗進出口生意的各地商客大多改到廣州交易,不再經由香港中轉,廣州商務日見起色,竟出現取代香港而成為華南最繁忙的中外貿易中轉港的勢頭。廣東商人因此可以從中獲利,政府也增加財政收入,商界與政府於是對罷工工人長期封鎖香港的行動予以支持和合作。

封鎖香港的行動主要由省港罷工委員會糾察隊實施。糾察隊由罷工工人組成,他們大多懷著一腔報國熱血,秉公執法;但也有一些人假公濟私、從中漁利,敗壞糾察隊聲譽。為了整頓紀律,加強軍事訓練,時任黃埔軍校政治部主任、中共廣東區委軍事部長的周恩來,選調國民政府鐵甲車隊隊長、共產黨員徐成章出任糾察隊總教練,調黃埔軍校第一期畢業生、共產黨員陳賡等人任糾察隊的教練或幹部。11月4日,根據省港罷工工人代表大會的決議,中共要員鄧中夏、徐成章和國民黨要員黃金源等7人組成糾察隊委員會,作為該隊的最高執行機關,宣佈公開整頓糾察隊,「以符工商聯合反對帝國主義之主旨」。

糾察隊的整頓大致從兩方面進行:一是健全組織,以10人為1個班,3個班為1小隊,3小隊為1支隊,3支隊為1大隊,各大隊由糾察隊委員會所統轄。另設「模範隊」1個大隊,其任務是監察糾察隊的成員,職責類似軍隊中的憲兵。二是進行軍事、政治訓練,軍事訓練由黃埔軍校畢業生主持,政

治訓練由訓育員或邀請國共兩黨名人講授。一般每天要進行軍訓兩次，還要上政訓課。糾察隊成立時有2,000多人，分為5個大隊，後來有擴充。糾察隊起初沒有配備武器，國民政府只是派黃埔軍校學生組成的黨軍予以協助執勤或駐防。後因奸商時常勾結土匪及叛軍襲擊糾察隊，國民政府便撥500支舊槍和5艘小輪船，作為糾察隊稽查自衛之用。糾察隊在對敵鬥爭中十分勇敢，先後繳獲大小敵艦7艘和許多長短槍支，用以武裝自己。到1926年3月15日，糾察隊委員會居然能組織起擁有12艘艦艇的專門艦隊，在廣東沿海各口岸巡邏，截留出口糧食，緝扣私運英貨，加強對香港的海上封鎖。

由於奸商、土匪和反動軍隊的破壞，省港罷工委員會主持下的封鎖香港的行動疏漏甚多，但是在香港的英國人仍然明顯感受到被封鎖的困窘：

1925年進入香港的中外船隻共約37.9萬艘，比省港罷工前的1924年減少38.4萬艘。省港罷工僅半年，便使全年入港船隻減少一半以上。其中，英國海洋輪船減少26.1%，英國內河輪船減少43%。原來的省港航線和中國沿海航運業務大多由英國輪船公司壟斷，封鎖香港以後，中國的輪船公司理所當然地取而代之，改用中國輪船或租用挪威、瑞典、德國、荷蘭等國輪船來經營。日本一些輪船也乘虛擴大此項業務。英國在華南海運業中的霸主地位一蹶不振。

為了繼續向廣東推銷積壓在香港的英國商品，英商不僅要設法消除貨物箱上的英國或香港的標記，還要捨近求遠地將貨物先運到千里之外的上海，再從上海運到廣州。更可笑的是，沙面與廣州城區的距離不過幾百米，港英當局向沙面提供的補給和商品同樣不得不先從香港運到上海，再從上海運到廣州，如此往返折騰數千里。

1926年10月，香港學生聯合會負責人、共青團員莫儉白

在《罷工後的香港》一文中寫道：「據海關貿易冊關於香港
經濟損失的統計，香港每年出入口貨價值一千三百五十六萬
鎊，約合中國銀十五萬萬元。罷工後，各地封鎖香港，使其
商務停頓，平均每日損失四百萬元，每月一萬萬二千萬元。
若說香港之出入口貨有一半往中國北方，那末中國南方也有
一半。罷工後，這一半是損失的了。照這樣計算，香港自罷
工到現在已損失之數目，總在七萬萬以上。」

處於省港貿易中斷狀態下的香港，航運阻滯，百業蕭條
，店鋪歇業，屋宇空置，當時人因此譏之為「死港」。內地
肉食、蔬菜很少能突破封鎖，運銷香港，致使港島食品價格
飛漲，還常常有價無貨，街市形同虛設，於是當時人又有「
餓港」之譏。由於清潔工人也參加省港罷工，香港城區垃圾
堆積如山，烈日薰蒸，臭氣沖天，引發疫病流行，於是香港
又被譏為「臭港」、「疫港」。

省港大罷工期間，國民黨領導的廣東國民政府擔負起代
表罷工工人向香港及廣州沙面的英國當局交涉談判的任務，
並且將此項交涉提昇到取消不平等條約的政治高度。1925年
6月23日和28日，國民黨中央兩次發表主張廢除不平等條約
的宣言。國民黨政治委員會為擴大宣傳影響，決定組織北上
外交代表團，於同年九月初由政治委員會主席、外交部長胡
漢民帶隊前往北京。省港罷工委員會選出黃金源、胡蔭為代
表，參加北上外交代表團。在此後與英方的外交談判與博弈
中，國民政府堅持原則，針鋒相對，毫不退讓。中共工運領
袖鄧中夏讚揚此舉「為廣東自有獨立政府以來第一次與外國
開的對等會議，為國民政府的新紀錄」，「不僅為廣東外交
闢了一個新紀元，而且為中國外交也闢了一個新紀元」。21
由於英國當局對省港罷工和沙基慘案秉持拒不認錯的強硬立

---

21. 鄧中夏：《中國職工運動簡史》；《省港罷工中之中英談判》；轉引自
李曉勇：《國民黨與省港大罷工》，北京：《近代史研究》，1987年第
4期。

場，雙方談判陷入僵局。國民政府為省港罷工而進行的外交鬥爭，卻在近代中國屈辱的外交史上寫下抗擊強權的首頁。

1926年7月，國民黨中央和國民政府正式從廣東出師北伐，決心推翻北洋軍閥及其控制的北洋政府在全國的統治。北伐軍在兩個多月內，迅速攻佔湖南、湖北和江西等地，國民黨的政治、軍事重心隨即從廣東向長江流域省份轉移。

在北伐戰爭導致國共兩黨工作重心北移的戰略背景下，結束持續一年多的省港大罷工的問題，就擺在國共兩黨決策者的面前。原因是：一、大軍北伐，廣東後方空虛，需要穩定局勢，避免再與港英當局激烈衝突；二、北伐軍費開支不斷擴大，廣東政府難以繼續支付省港罷工工人十餘萬人的生活費；三、長期封鎖香港，越來越引起需要將農產品和其他商品銷往香港的農民及商人的反感；四、港英政府逐漸適應封鎖，另到別處招工，并從別處獲得食物供應，香港經濟狀況好轉，封鎖逐漸對香港失去作用；五、罷工聲勢漸成強弩之末，罷工工人生活困苦，難以繼續支撐下去。

8月28日，共產國際遠東局來華使團在廣州和中共中央代表、中共廣東區委召開會議，達成一致意見：有必要在不要求香港給予貨幣賠償情況下結束罷工[22]。這一意見不啻主張無條件結束省港大罷工。國民黨中央同意這一意見。在北伐軍攻克武漢之後，國民政府外交部長陳友仁於10月6日正式發出照會，宣佈「凡兩廣與中國各省或外國所貿易之物品，對於其生產及消費一律徵收暫行內地稅」，實際上等於宣佈恢復兩廣與香港的正常貿易貿易，按內地稅率徵稅。10月10日，省港罷工委員會發表宣言，宣佈停止封鎖香港。至此，轟動中外、歷時一年零四個月的省港大罷工主動收束。

22.《共產國際執行委員會遠東局使團關於廣州政治關係和黨派關係調查結果的報告（1926年9月12日於上海）》，載：《聯共（布）、共產國際與中國國民革命運動（1926-1927）》上，北京圖書館出版社，1998，第467-468頁版。

三、完成省港大罷工的未了要求

　　省港大罷工在香港海員大罷工勝利結束的三年之後再度爆發，其參加人數之眾、持續時間之長、影響範圍之廣、政治訴求之鮮明，後者無疑勝過前者。可是，就結束罷工的動因而言，前者迫使香港船東滿足工人加薪要求而告勝利結束（雖然後來不少船東食言而肥，並未履約給工人加足薪金），後者卻因服從國共合作的北伐戰爭大目標而主動收束。港英政府完全罔顧罷工工人的政治、經濟訴求，致使罷工者返回香港之後，不少人失去工作，生活陷入困境。在這個意義上，可以說省港大罷工失敗了。

　　省港大罷工結束距今已經90年。昔日省港大罷工向港英政府提出的六大要求（見上文），早已在香港經歷的滄桑巨變當中，大部份得以實現。可是，其中仍有 1 項要求，至今在已經回歸祖國19年之後的香港依然無法得以解決。這就是六大要求中的第四項：「規定八小時工作制」。

　　八小時工作制最初起源於1817年 8 月歐洲空想社會主義者羅伯特‧歐文的倡導。1855年，悉尼石匠率先向資方爭取到八小時工作制，此後這一工作制推廣到當地其他行業和澳洲其他城市。1886年5月1日，美國工人舉行總罷工，要求資本家實行八小時工作制。這一日後來成為全世界工人一致慶祝的國際勞動節。馬克思主義的創立者、共產黨的老祖宗強調：八小時工作制是工人階級獲得解放的一個必要條件。「沒有這個條件，一切進一步謀求改善工人狀況和工人解放的嘗試，都將遭到失敗。[23]」

　　八小時工作制不僅是近代工人階級努力爭取的經濟目標，也是近代資本主義創造超額利潤、化解勞資衝突、達至雙贏的最佳選擇。1914年，美國福特公司採納八小時工作制，並且將工人薪資翻一番，結果調動工人的積極性，大幅度提高生產力，公司利潤率也隨之水漲船高。於是，西方發達國

23.《馬克思恩格斯全集》，第16卷，北京：人民出版社，1983，第215頁。

家逐漸推廣實行八小時工作制，在遠洋輪船工作的香港海員目睹此事，隨之產生爭取八小時工作制的訴求，並且將此作為省港大罷工向港英政府提出的六大要求之一。

　　從90年前的省港大罷工至今，香港勞工界一直努力爭取實現八小時工作制的幾代人訴求。然而，自詡「愛國」的香港立法會袞袞諸公，卻在當今環球各國及各地區的經濟體幾乎[24]都已立法保障八小時工作制的情況下，竟然否決勞工界代表提出的「立法制訂標準工時」的無約束力議案[25]，活生生地演出只知「愛國」不知「愛民」的道貌岸然劇，充份暴露出香港發達資本主義的華麗外衣下還保留著落後百年的原始資本主義的破綻。當今的香港立法會，資方代言人為數眾多而橫行無忌，勞方代言人形影隻單而無從制衡。香港長期貧富懸殊、勞資失衡的結果，導致社會矛盾衝突不已，反抗行為越來越偏激。八小時工作制作為省港大罷工的未了要求，難道還要繼續成為香港資本主義的深層次結構缺陷，成為當代港人的世襲遺憾嗎？

---

24. 筆者實在不知道當今世界上還有哪一個或幾個經濟體如同香港一樣拒絕立法採用八小時工作制，惟謹慎起見，用 "幾乎" 一詞表示可能還有和香港同行者。
25. 《標準工時議案立會否決》，香港《明報》2015年6月5日。

省港大罷工與香港大學中文學院的成立[1]

區志堅
香港樹仁大學歷史系助理教授

前言

不少研究省港大罷工的學者，多注意省港罷工的原因及整個事情的發展，也注意居港的華商在是次省港大罷工所起作用，卻多未注意省港罷工與香港高等院校中文教育的發展，甚有關係。罷工起源自中國於二十年代興起的民族主義，然而，在香港的情況，省港大罷工又與香港大學中文學院 (按：港大中文系於1927年成立時，並沒有Department的英文名稱，與文學院轄下的其他學系不同，英文文字只稱為 Chinese Section，1929至1932年間改稱中文學院「School of Chinese Studies」，之後才改稱為Department of Chinese，中文學院的正確英語名稱為School of Chinese Studies，是二三十年代港大 3 個學院之一的文學院 「Faculty of Arts」屬下的一個系統單位的成立也有關係[2]，中文學院的成立也絕非省港大罷工的原意，故本文以「未料的結果」指稱省港大罷工與香港大學中文學院發展之關係。

因為省港罷工於1925年6月19日爆發，至1926年10月10日省港罷工委員會決定於此日起停止封鎖香港結束罷工，領導罷工委員會的蘇兆徵在大會上宣讀關於停止封鎖宣言，歷時16個月的省港罷工才正式宣佈結束[3]。罷工領袖蘇兆徵於1925年8月14日在《招待軍政商各界招待會上的演講》，1925年8月19日《香港總督撤任了》，於1926年1月11日的

---

1. 筆者十分感謝陳明銶教授及周奕先生給予拙文寶貴意見。
2. 有關香港大學中文學院的發展，參見許振興：《民國時期香港的經學——李景康與《儒家學說提要》的啟示》，《民國時期香港的經學一兩種《大學中文哲學課本》的啟示》，《民國時期香港的經學——一九一二至一九四一年間的發展》，收入林慶彰主編：《變動時代的經學與經學家——民國時期(1912-1949)經學研究》（台北：萬卷樓，2014），5冊，第95-518頁；第521-553頁；第555-595頁。
3. 見《蘇兆徵大事年表》，載：蘇兆徵：《蘇兆徵文集》（北京：人民出版社，2013），第176-204頁。

《罷工委員會歡迎出獄同志》、及在1926年3月31日發表的
《省港罷工經過報告》等文章中，均談及：「我省工人為爭
國家的生存，民族的生存，奮然不願犧牲一切，聯合罷工來
對付他（按：英國），這並不是為本身的利益——加薪減時
而奮鬥。幸罷工以來，蒙政府及各界均表同情，不惜竭力援
助，敝會很為感激。但帝國主義者的凶燄，還一天一天的高
起來。那麼我們抵抗的力量，也自應益發強屬」，「總計史
君（按：時稱於1925年8月在任的港督史塔士）在港督任內
，亦嘗用極嚴酷方法對待我華人，在罷工期中亦嘗以各種野
蠻方法對待我華人，冀以武力手段消滅我華人之反抗，但卒
未有效，今者蠢爾之華人尚未解決，而史君已去，則蠢爾華
人乎？抑史君自道之也？英帝國主義之對待手段已用盡，而
我儕反抗之運動尚再接再厲未已，帝國主義之覆滅其日近矣
」，「此次因反抗帝國主義者罷工運動，出獄同志最為努力
」，「我們因為帝國主義慘殺我們同胞，所以大家罷工回省
，反帝國主義的凶暴，那時回省人數不下十餘萬人」[4]，省港
罷工乃是出於國人反帝國的民族主義思潮及氛圍[5]，較少學
者關注省港罷工後，香港的政治及社會文化發展的面貌，此
或可成為進一步開拓研究的領域。

二、省港罷工後金文泰就任港督、華商地位的上升

　　港督史塔士於1925年8月離任，接任港督者為金文泰，
有些研究已指出懷疑金文泰是在省港大罷工後，因政治因素
才興中文教育，藉與中國傳統學問教學，以控制居港華人的
思想；又或在省港罷工後，這群華商是否因為藉支持有關中
國文化教育，以炫耀華商的身份？又說有一群居港的前清遺
老與富商、港英官員的交往，往往是只注意利益互動。若深
入研究港大中文學院的成立背景與省港大罷後的香港情況，
前清翰林與華商及港督金文泰的交往，自有一番美意，不應

---

4. 蘇兆徵：《在招待軍政商各界招待會上的演講》，《香港總督撤任了》
   、《罷工委員會歡迎出獄同志》，《省港罷工經過報告》，載：《蘇兆
   徵文集》，第13頁；第15頁；第35頁；第48頁。
5. 本文不替民族主義下一個定義，不少研究已指出民族主義往往是被建構
   的，有關民族主義的定義及建構，見 Benedict Anderson, Imagined
   Communities: Reflections on the Origin and Spread of Nationalism (London:
   Verson,1991); Anthony D.Smith, National Identity (London: Penguin Books
   Ltd.,1991),pp.8-15。

視為簡單的利益關係[6]。

　　我們不能否認金氏反對共產主義思想，與省港大罷工後，華商及英商人恐共的心態是相同的，從政治思想而言，這加強了金氏與華商合作的可能性。早在1926年1月13日，金文泰在致英國政府的函電中，已認為英國政府應強烈地表示反對共產主義，並要認同廣東國民政府的合法地位。[7] 1926年3月15日，由漢口英國領事館致函給金文泰的函件中，也談及金氏支持軍閥吳佩孚的反共主場，並要求把從香港共產黨黨員手上，收回軍火交給吳氏。[8] 金氏又在1926年8月7日致函英國領事館，要求英國政府多注意共產主義危害英商在華發展，也要求英國政府以武力支持吳佩孚及蔣介石反共的工作；又在8月25日及11月6日的報告中，指出英國政府已關注蘇俄嘗試在中國成立共產政權的問題，金文泰一再堅持若不與國民政府合作消滅共產黨，將來危害必然更大，而這些函件，也先後交給華商周壽臣，認為華商應多支持港英政府實行對抗共產黨的政策。[9] 在1927年3月12日的函件中，金氏說服英國政府有必要派軍隊對抗蘇俄在中國南方的勢力，[10]因為金氏的反共立場，故他極力支持蔣介石以武力平抑共產黨的清黨運動，再一次申明協助蔣氏消滅共產黨，將有利英

6. 以為金氏因政治因素，才興辦中文教育的觀點，見王齊樂：《香港中文教育發展史》，第289-290頁；王宏志：《歷史的偶然》，第10頁；Luk Hung-kay, "Chinese Culture in the Hong Kong Curriculum: Heritage and Colonism" pp.659-660；盧瑋鑾：《編選報告》，載：《早期香港新文學資料選》，第5頁。但以上學者尚未注意金氏實有其宏揚中國文化的美意，同時，筆者也不否認金氏因為政治因素，才興教，但若只強調這點，而忽視了金氏的對宏揚中國文化理念，也尚未完備。
7. Box 1 file2 f55, "Telegram from Clementi to Amery requesting clarification of the British Governments policy towards Bolsheviks in China" 〔香港檔案館館藏〕。
8. Box 1/4 f80 1926 Mar.15, "Telegram from Consul-General at Hankow to Clementi repeating a telegram sent to Macleay on the military situation with regard to Wu Pei fu and the possibility of supplying him with confiscated communist arms in Hong Kong" 〔香港檔案館館藏〕。
9. Box 3 file1 ff1-107 1926 Aug 7,Aug 25 "Reports of Russian attempts to set up five Communist Governments to rule all of China" Box 2 file3 f1175 "The question of relaxing the arms embargo in favour of anti-communist war Lords" Box4 file2 ff106, "Reports of Russian activities in Cnaton Including the replacment of General Galen as Chief Military Advisor" 〔香港檔案館館藏〕。
10. Box 7 file1 ff77,1927April, "Elementi's continued support for force to be used against the ' Bolshevised South' " ff.76 "Reports on Russian activities in Hankow" 〔香港檔案館館藏〕。

國政府及英商在中國的發展；[11]甚至認為，若國民政府平滅
在中國發展的共產黨後，便可以消滅在印度發展的共產思想
。換言之，若不消滅共產黨，將會促使印度共產思想發展，
最終危害英國在遠東的利益[12]。

　　金氏在1928年4月25日的演説中，説出：「打倒商務之
共產主義，仍隨時可為吾人患，教吾人不得不時存戒焉」，
共產黨已活躍在太平洋沿岸及歐洲，他更誇張地指出「共產
信徒，分匿各國，幾至普天之下，無處無之」，而香港在省
港罷工之後，工商業及經濟日漸發展，社會安定，只有促進
這些經濟拓展，「則共產主義之赤色恐怖，將不能不滅矣」
，金氏一方面加強渲染共產思想帶給社會的惡果，一方面與
華商保持密切聯繫[13]。

　　看金氏及蘇兆徵的言論，更見蘇氏針對商業及帝國主義
發展的觀點，促成金文泰與華商觀點相結合。蘇兆徵己於
1926年1月3日的《中華全國總工會歡迎國民黨全國代表之
歡迎詞》，尤支持孫中山倡導聯俄容共的政策，並説：「省
港罷工的工友，極希望第二次全國代表繼續奮鬥，聯合革命
的分子，喚起民眾，擁護工人利益，擁護省港罷工勝利」。
[14]於1927年5月20日，蘇氏於《在太平洋勞動會議上的開幕
詞》中，説：「今天是太平洋勞動會議的開幕日，亦即各帝
國主義者最注目最恐慌的一天；同時，也就是太平洋各國的
勞動者及全世界的工人階級加緊團結，猛力向國際資本帝國
主義進攻之新紀元」，乃號召太平洋諸國工人革命，當然包
括打擊英國等國在亞洲的殖民地政府，「中國是半殖民地國
家，中國革命運動，當然是對著世界各帝國主義進攻的，中
國的國民革命是世界革命的一部份。中國的革命如能早日成

11. South' "ff.76 "Reports on Russian activities in Hankow" 〔香港檔案館館藏〕。
　　Box 8 file1 ff2 1927 April 8, "The Continuing power struggle with the Nationalist
　　Party and the successful campaign launched by Chiang Kai-shek against the
　　Communist" Box 8 file2 ff6 1927 April 16, "Correspondence on the continuing
　　anti-Communist Campaign waged by Chiang Kai -shek" 〔香港檔案館館藏〕。
12. Box8 file4 ff95 1927 May 10, "Attempte to resist contacts between Chinese
　　Communists and Indians" 〔香港檔案館館藏〕。
13. ＜港督演説詞＞，《華僑日報》，1928年4月25日，第3張，第3頁。
14. 蘇兆徵：《中華全國總工會歡迎國民黨全國代表之歡迎詞》，《蘇兆徵
　　文集》，頁25-26。

功，世界各帝國主義的崩潰自在目前」，更言「反對帝國主義者破壞太平洋各國勞工大會！太平洋各國勞工大會萬歲！太平洋各國工人階級解放萬歲！赤色職工國際萬歲」；[15]於1927年，蘇兆徵更與譚平山一起辭國民政府職位，更言：「共產黨員既為革命的國民黨及共產主義者，則在此種狀況之下退出政府」[16]，可見金文泰面對蘇兆徵等人的「左傾」及「赤色」的共產主義指導下的革命言論，自然也加強金文泰的反共思想，更因這些「赤色職工國際萬歲」的言論，也是危害英帝國在太平洋及亞洲的利益，故也加強了金文泰既與國民政府官員的聯繫，也加強了金文泰更靠近華商，希望多些獲取省港罷工後居港華商支持金氏的態度。

另外，金文泰對香港背負的責任，成為他推動中國學術研究的重要因素。金氏為一位漢學家，早年受教於華人學者宋學鵬，學習中國文化。宋氏原為廣東花縣人，曾在1905年任本港庇理羅士官立女子書院漢文部院長，1911年兼任香港官立實業專科夜學院方言館的粵語教習，學生多為本港官、商、學者及軍政界名人，宋氏主要從事香港的中文教育活動，至1933年，才退休，其時能精通中文經籍者很多，但能兼通英文的，則較少。因宋氏尚中國傳統文化及曾經編《廣州白話會話》、《廣東地理教科書》及《香港政府漢文小學教科書》外，甚了解廣東文化，在他的薰陶下，金文泰也崇尚傳統文化及廣東文化，因此也成為金氏翻譯中文版《粵謳》的動因[17]。

最重要者，金文泰對中國文化的態度與昔日的港督不同，他了解中國文化，更以平等的態度相待中國文化。[18]而港大中文學院的成立，與他甚有關係。金文泰在英國牛津大學修讀經典文學 (the Classic's Study)，他開始對中國文化發生興趣，是受其叔父的影響。其叔父為英國殖民地部在香港招收的第一批官學生，金氏自少聽叔父介紹香港史地知識，早

---

15. 蘇兆徵：《在太平洋勞動會議上的開幕詞》，載：《蘇兆徵文集》，第92頁。
16. 蘇兆徵：《譚平山、蘇兆徵辭職書》，載：《蘇兆徵文集》，第105頁。
17. 有關宋學鵬的生平，見王齊樂：《香港中文教育發展史》，第262-263頁。
18. 要注意港督金文泰離開香港後，往馬來西亞任職，但對當地華人及漢文化也有另一種態度，此有待研究的課題，但在金文泰在香港任公務人員和港督期間，金氏仍重視中國文化。

已對香港歷史產生興趣，在劍橋大學取得學士學位及文學碩士學位（Master Of Arts）後，更考取香港官學生的資格，到東方求學。及後，又到廣州學習粵語及中國書法，兩年後，不獨學會廣東話，更獲得「一位完美的中國書法家」的稱號。1899年，他已在香港任職，1901至1903年，他先後任新界地政署及註冊處助理（Assistant Registrar-General），兩年後任地政副主任，1907年任助理輔政司（Assistant Colonial Secretary），1910年任港督的私人秘書，不久升為代理輔政司，在1913年及1922年離港，任英屬圭亞那（British Guiana）及印度的錫蘭（Cylon）的輔政司，在1925年返港，因為他成功處理新界法律問題，使官員認為他對中國法律十分閑熟，[19]又認為他是漢語的專家（Expert Linguist of the Chinese Language），[20]他在英國讀書時，已通過廣東話及普通話（Mandarin）的考試，已見他具有運用中英兩種語言的能力，尤重要者，金氏能運用這兩種語言，及善於處理中外交涉的能力，成為英國與中國地方官員溝通的橋樑。[21]1904年金氏在香港，得宋學鵬以廣東話教導中國傳統學術的知識，金文泰也因師事宋氏，得以第一次閱讀《粵謳》，平日也得到華人學者楊襄甫、區鳳墀（香港第一位任註冊處中文書記）的教導及協助，又得洋人亞禮待（J.A. van Aalst）的教導，了解中國韻律，故成功把招子庸《粵謳》翻譯成為英文版的 The Cantonese Songs。[22]

此外，早在1908年10月28日，金氏任港大校務委員會秘書時，也認為港大的辦學模式是做照英國大學；所以，中國政府及境內的華人父母，不用派留學生往海外，只要派他們子侄往香港就讀便可吸收西方的科學知識，而英人也可以在港大學習中文，加強與華商溝通，金氏從中英兩方外交利益

19. May To Lyttelton, No.140, March 29,1904:CO129/322;Lugard To Lord,8th March,1907.CO129.339.此函是盧押盛稱金文泰成功解決英國政府與新界居民有關香港新界法律的爭議問題。

20. May To Lyttelton, No.578, December 18,1903.CO129/320.

21. 有關金氏的生平，見沈永興主編：《從砵甸乍到彭定康——歷屆港督傳略》（香港：新天出版社，1994），第142-147頁。

22. Cecil Clementi, "Preface," (Tran. With Introduction and Notes by Cecil Clementi) Cantonese Loe-Songs (N.Y.:Oxford at The Clarendon Press,1904).

上，談及港大成立的重要；尤可注意者，他提出較少人注意的地方，他以為港大不獨要開辦有關科學及醫學的課程，更要開辦有關中國文學及中國歷史的課程，因為英國雖在印度開辦大學，也使很多印度學生獲取西方知識，有百份之九十的印度學生，取得英文科成績合格的學生，卻不能夠運用他們的母語，與其父母交往，或難以用母語書寫，故有必要在大學課程內，開辦有關屬土文學及歷史的課程。[23]可見金文泰不同於一般殖民地官員，他們藉教育去改造屬土的本土文化，而金氏認同不同國家有不同文化的觀點，肯定不同國家文化的價值，更不欲把消滅殖民地的固有文化，換上外來殖民地主的新文化。

金文泰的學歷及其對中國詩歌的欣賞，可見其早已了解中國文化，同時也注意廣東文字及中國法律，早在1899年往香港的新界任職，了解中國傳統農村文化，又在1918年，因他了解中國問題，故被推薦為香港大學副校長，雖未成功，但英國官方也深知他頗了解中國事務，[24]便在省港大罷工期間，便接任港督，英國政府欲藉他的語文能力及對中國民俗文化的了解，以挽回英國在華的利益。

他任港大校長期間，從中、英文化互相依存的角度，指出港大推動中國文化教育的重要。他曾說香港扮演了一個英人與中國人主要的一個相遇的地方，中國人可以在香港學習英國人的西方的知識，英國人也可以在香港閱讀有關中國的東西，故兩地若要增加彼此的了解，有必要學習彼此語言、文學作品、歷史、行為及民俗。港大可以使英人在香港學習中國語文、中國思想及中國人生活習慣，中國人也可以在香港藉入讀這所以英文為官方語言教授的大學，得以了解英國人所思所想，港大就是最好的一所大學，能使中英兩個民族聯合起來，香港不獨是一個最好的中英知識交融及社交生活的殖民地，中國與英國均是文化深厚的國家，他們的文化匯聚香港，以應付香港所需。[25]港大對中國政局的貢獻，就是

23. Second Meeting of General Committee, October 29th 1908, p.5-9.
24. May,To Chancellor of Hongkong Univeristy，CO129.449.
25. H.E. Sir Cecil Clementi ,in Hong Kong General Chamber of Commerce, Hong Kong University as an Imperial Asset,1928,pp12-13.

使英國的理想、公民觀念、道德思想及教育理想傳入中國，及提倡與加速英國與中國交往，港大畢業生便可以成為有益有用處的公民。同時，他認為英國政府不應把香港與其他殖民地相比擬，因為香港與中國大陸相連，雖然有各種不同民族同居在香港，然而有百份之九十為中國人，香港也是深染中國文化、風土、人情、語言及習慣的地方，英國官方自不能不提倡中文教育，從而加強中西文化交流，這才是教育的目的[26]。

金氏在省港大罷工期間，上任港督，多次要求英國政府撥款支持港大籌辦中文學院。金文泰認為「港大是在殖民地內，知識分子的活動中心」（the center of the intellectual life of the a Colony），港大成為培養港人知識的唯一地方。[27]他早在1926年致函給英國政府中，表示認同威靈頓要求支持在香港辦中文教育的報告，並要求香港政府積極支持港大發展。[28]在1927年2月5日，曾致函英國政府，指出「英國政府現時一定不可延遲利用庚子條款，以支持香港大學的發展，香港定例局全體成員也支持我（按：金文泰）的意見，誠邀英國政府多支持及關注港大的發展」；[29]他在1927年間，也積極要求華商及英商支持港大及中文學院的發展。[30]其後，更在1928年1月13日、1月29日及3月15日，也致函英國政府，強調香港地位對英國營商的重要，又要求政府多支持港大的發展[31]。

26.《港督金文泰籌辦香港大學中文學院演說》，載：《華僑日報》，1928年5月10日。
27. Clement C., ?Preface?, in Elements in an Analysis Though and its Activities (Oxford: Basil Blackwell,1933).
28. Box 1/4 ff97-107 1926 Mar19, "Letter from Clementi to Amery enclosing a copy of a letter , written in his capacity as Chancellor of the Hong Kong University , appealing for financial support from the Boxer Indemnity Fund and enclosing a copy of Lord Willington's reply ?, Box2 filr2 f46?Appeals made by Clementi to the Willington Delegation to support the Hong Kong University ?
29. rom Governor Clementi to Secretary of State,London?5th February,1927〔香港檔案處藏金文泰檔案金文泰書札第一檔〕。
30. Box6 file1 ff 163, "Clementi's continued campaign sponsorship for the University of Hong Kong from the Boxer Indemnity Fund" 〔香港檔案館藏〕。
31. Box1 file2 f55 ,1926 Jan.13,Box 1/2 ff147-148 1926Jan29, Box 1/4 f80 1926 Mar 15〔香港檔案館藏〕。

可見金文泰雖然同樣從應用的角度，推動中國文化的教育，但他不同昔日港督的地方，金氏已注意推動中國文化教育，要求英國政府推動研究中國文化，也可見金氏不以西方「獵奇」（按：近東方主義（Orientalism）的觀點）的心態視東方文化，已把中國文化與英國文化視為平等地位，不獨只言中國人要藉香港學西方文化，也要英國人在香港學習中國文化。

　　然而，1919年五四運動後，以北大為首的大學，積極推動白話文運動，其時任英國大學駐華辦事委員會委員的胡適，也是新文化運動的代表人物，北大學生更高舉「打倒傳統文化」，孔子思想及經學均視為保守的思想，阻礙現代化，由是應被打倒，32但金文泰從社會安定的角度，認為學習中國傳統學問的重要。

　　金文泰與這些打倒中國傳統文化的意見，甚有不同。金氏認為五四運動後中國傳統的教育雖然受破壞，但中國傳統文化的地位尤高，五四運動爆發後，新的文化尚未在中國生根，一些受傳統教學影響甚深的中國學者，好像處於孤立（isolation）的狀態，故為適應新時代，改良中國教育制度，尤為重要，而改良中國教育的方法，不是恢復舊學及其研究方法，而是採用新方法，使中國古代傳統學術得以藉西方文化及學習現代科學得以重生，若我們使用此方法，可以有利於中國教育的發展。港大就是扮演了輸入西方文化使中國傳統學問得以發展的地方，縱使實行這個過程雖然十分艱難，但深信將來輸入的新方法，可以改善中國人已有的道德及精神，33中文學院的任務，就是使早年留學歐美的中國學生得

---

32. 有關五四運動推動白話文運動的情況，見Chow Tse-tsung, The May Fourth Movement (Cambridge, Mass.: Harvard University Press,1960) ,pp.269-286；1919年以後，有關學者建構以新文化為五四運動的代表，反對北大為首胡適、陳獨秀及李大釗等人的言論，視為保守及支持經學及儒家思想的，也被劃入保守之列的研究，見顧昕：《五四運動的歷史圖景》（香港：牛津大學出版社，1992），第60-87頁；Vera Schwarcz, The Chinese Enlightment: Intellectuals and the Legacy of the May Fourth Movement of 1919 (Berkely: University of California Press,1980).

33. H.E. Sir Cecil Clementi , "Speech in Hong Kong General Chamber of Commerce, " Hong Kong University as an Imperial Asset, p.13.

以學習中國文化，並使其對中國文化達到學術研究（academic studies）的水準。可見前人每認為金文泰為一位保守的學者，卻未注意他辦中文教育本欲輸入西方文化，使中國傳統學問得以復興的理念[34]。

另一方面，我們也不可忽視金氏提倡研究中國學問，是有其政治意圖。金氏除了從學術研究上推動中國學問的研究外，他也認為：「英國政府可以使提倡中文教育，以表彰大英帝國對中國文化的保護及發展，使香港的華人得以明白政治教育，並非強加於華人身上，自由也不是被英國政府奪去，而是藉英國大學的教導，藉華人得以傳下自由權利的知識，他們更表示給鄉間的親友知道復興中國文化，維持治安及秩序的重要，使他們明白真正愛國主義的意思」。[35]金氏沒有指出愛國主義的定義及其對像，然而，他藉提倡中文教育以推動愛國主義，藉此進一步，加強中、英了解彼此的文化，從而也把英國的法律及秩序（maintain law and order）傳往中國。他指出愛國主義對中國人而言，是一種反對外國人的表現，故港大提倡中國研究，不獨促使中英兩種民族多了解彼此文化，既使各殖民地的不同民族得以聯繫一起，使東方及西方兩個大的民族體系，得以融合，並互相體諒。[36]在1926年4月28日金氏以港大校長的身份，致英國外交部信函，也承認校方比較忽視了中文教育（I have always deplored the comparative neglect of Chinese in the University of Hongkong），今後港大成立中文學院，成為我們對中國發展背負上的責任，將來香港大學在中國現代化的過程中扮演了一個極重要的地位，故希望英國政府能發還部份的庚子賠款，資助港大成立中文學院（Faculty of Chinese），信函中更附上港大學

---

34. 對金氏負面的評價，主要見魯迅：《略談香港》、《再談香港》，友生：《香港小記》，載：《香港的憂鬱》，第3-10頁；第11-18頁；第47-54頁。侶倫回憶二十年代的文壇時，也以負面的角度，評論金文泰及其時遺老學者，有些這些觀點，見王宏志：《歷史的偶然──從香港看中國現代文學史》，第10-11頁；陳明銶也認為金文泰以提倡中文教育，以加強英國的控制，見區志堅訪問及整理：《陳明銶教授訪問稿》（未刊稿）。

35. H.E. Sir Cecil Clementi , "Speech in Hong Kong General Chamber of Commerce, " Hong Kong University as an Imperial Asset, p.14.

36. 同上。當代學者羅香林也認為港大中文系的發展，具有溝通中外文化的角色，見羅氏：《香港與中西文化之交流》，第223-256頁。

生歷年獲取中國政府贈予的獎學金，以見港大學生的學業成就及學術水準，以說服英國政府撥款資助。[37]金氏又在華商會的演講中，強調「香港大學之盛衰，視乎中文之興替，中文盛舉，大學乃能垂諸久遠」，[38]港大中文學院建立成為必然趨勢，金氏遂在1928年4月25日的演說，指出「此學校為將來我國（按：英國）派來之官學生，在此學習漢文」，要求西商結束其開辦的中文課程，改為支持捐助港大開辦的漢文科，可見金氏推動中國文化教育的，尤為著力。[39]因為金氏提倡中文教育尤為著力，故其時的評論，也說：「自金文泰爵士重任港督後，即力提倡漢文之說，登高一呼，群山響應。周、羅兩代表及紳商相助，於是籌辦漢文大學（按：中文學院）之事，得遂實現於今日。金督提倡漢文之功，其將為永垂不朽乎」，[40]金氏提倡中國文化及有關中國學問的研究，不獨有學術的因素，也有政治的意圖，但若只強調其政治意圖，忽視了他推動中國文化教育的宏願，尚未公允！

另一方面，當然也要注意支持港大中文學院成立的另一力量為華商。早期的港大中文學院校董成員，除了學者以外，均是華商，可知華商與高等院校中國文化的推動，甚有關係。[41]華商地位日漸提升，多在二十年代中葉，尤經省港大罷工之後，卻使華商在政壇上的地位，日漸抬頭，其時華商代表的主要機構為中華總商會，此會成員均支持前清遺老及翰林的學術活動[42]。

37. C. Clementi, "Hongkong University : Claim to share in Boxe Indemnity, " 28th April, 1926. CO129.492.
38. 《港大籌辦中文部經過情形（續）》，載：《華僑日報》，1928年4月27日，第2張，第3頁。
39. 《港督演說》，載：《華僑日報》，1928年4月25日，第2張，第3頁。
40. 《籌辦漢文大學之近訊》，載：《華僑日報》，1928年5月25日，第3張，第2頁。
41. 有關省港大罷工後，華商地位的提高，見Chan Lau Kit-ching, China, Britain and Hong Kong (Hong Kong: The Chinese University Press, 1990), pp. 241-255.
42. 有關二、三十年代，華人商業發展甚為興盛，尤以二十年代省港大罷工之後，華人利希慎家族、馮平山家族，也於此時大為發展，華商在1927年，省港大罷工後，對社會的影響比昔日更大，有關二十至三十年代，華資銀行的問題及期間曾發生華商銀行擠提的問題，見馮邦彥：《香港華資集團（1841-1997）》（香港：三聯書店，1997），第13-16頁；《香港金融業百年》（香港：三聯書店，2002），第31-33頁；張曉輝：《香港華商史》（香港：明報出版社，1998），第25-39頁。

談及華商對港大中國文化教育的貢獻，不可不注意其時華商之一馮平山。馮氏在1924年雖已被任為香港大學諮議會的終身委員，於省港罷工發生之初，被香港英國殖民地府委任為非官守太平紳士，並負責協調處理省港罷工的事情，[43]在省港罷工後，被港督金文泰盛稱馮氏，暫時未有資料說明馮平山是否被認為協助結束省港罷工「有功」，而受到重用，但明顯地，港督金文泰甚為欣賞馮平山，如早年的馮氏與孔聖堂合辦一所位於西營盤以中文教學的漢文中學，於省港罷工後，馮氏建議政府接辦為官立漢文中學，此建議為金文泰所採納。

再看馮平山的辦學及尚中國傳統文化之理念，推動其資助中文學院及圖書館成立的原因。[44]馮平山廣東新會人，早年在暹羅行商，雖有販賣鴉片商，遊說馮氏經營此業，均被馮氏指斥。平山尤注意興辦義學，「表章（按：彰）先哲」，[45]前人歸納馮氏的捐款的其目有二：一為使港大成為華南地區蒐藏中國典籍中心，為鼓勵華人研習中國舊有文化而發揚光大。[46]為何馮氏資助蒐收中國傳統經籍？此與馮氏尚中國傳統文化有關。

馮氏頗崇尚中國傳統道德禮儀，幼承庭訓，「受景堂公庭訓，以立品做人四字為宗旨」，[47]他曾撰《王中書勸孝歌跋》，詩歌內容主要是宣揚孔孟孝道思想，詩中曾言：「孝為百行先，詩書不勝錄，富貴與貧賤，皆要信之篤，若不盡

43. 有關馮平山於省港罷工後的發展，及馮氏與成立漢文中學的關係，見馮美儀、尹耀全：《庋藏遠見》（香港：商務印書（香港）有限公司，2013），第115-116頁。
44. 馮平山對港大的貢獻，見羅香林：《附錄一　馮平山圖書館早期史略》，載：《香港與中西文化之交流》，第241-245頁。有關馮氏的生平，見黎樹添：＜馮平山先生年表＞，《香港大學馮平山圖書館金禧紀念論文集》（香港：香港大學馮平山圖書館，1982），第1-15頁；惲茹辛：《馮平山及其記事冊64期（1979），第53-56頁。
45. 吳道鎔：《新會馮平山墓表》（香港大學馮平山圖書館特藏〔據1931年拓本〕），參氏：《馮平山墓表》，載氏：《澹盦文存》〔沈雲龍主編：《近代中國史料叢刊》（台北：文海出版社，1975）本〕，第81-84頁。
46. 如是：《馮平山一生熱心教育》，載：《華僑日報》，1975年6月5日；第1張，第3頁。
47. 馮平山：《馮平山先生自記》（香港大學馮平山圖書館館藏複印手抄本），第1頁下。

孝道，不如死之速」，接著便述母親懷胎之苦，待子長大，又料理家務；父親安定家中衣食，母以禮儀相教，至兒子長大，母乃穿舊衣，妻則喜新裳，指斥「兒長不知恩，父母當奴僕」，父母雙亡，墳墓無人築，再指斥子孫的行為是「人不孝其親，不如禽與畜」，如今世道中衰，就是因為「不效古風俗」。[48]馮平山讚同王氏的觀點，在《跋》中曾説：

中國詩經云：「父兮生我，母兮鞠我，欲報之德，昊天罔極」。外國語言云：「父母之恩，入水不濡，入火不滅，西人言論，比中國尤為深透」，近聞某公，有仇孝之説，是否雖未可知，然社會相傳，人人痛恨，偶記少時，曾讀過《勸孝歌》一首，五十年來，尚印腦中，特為刻出，分送各界，深望青年男女，熟讀歌詞，對於父母之恩，當能發現天良，各圖報答，不至轉眼為人父母時，乃侮木匠擔枷，自作自受，則予心甚安，即凡為父母者之心，亦無不安矣[49]。

結合《勸孝歌》的內容、馮氏的《跋》及有關資料，可見：一、馮氏甚欣賞中國傳統道德，特別相信傳統因果報應及鑑戒的説法，若子女待父母不孝，年長後便會受子女同樣的對待，這是一種「自作自受」的懲罰，希望人們「及早改前非，莫待遭殺戮」，因為相信因果之道，所以行商時以「第一不可欺人，第二不為人欺」為持世之道。二、他認為青年熟讀歌詞，自能泯去的「天良」本性，此説甚近孟子所言：「性善」及「求其本心」，為善去惡的説法，馮氏也能身體力行，「與人謙和」、「修身行己」甚嚴，奉行節儉，絕少酒食，「平日奉孔教」，又常修祖先墳墓、白沙公園及象山公園，倡道德教化。立品做人篤守友愛，心誠待人，權衡義利，以守正道，奉祖先「勤儉二字號」為終身座右銘。[50]三、馮氏反對近世「仇孝」的觀點，《跋》中雖未指斥那人主張「仇孝」的説法，但依此推測，可能是指斥五四時主張「非孝」最力的吳虞，若我們以「非孝」是「新文化」運動

---

48. 馮平山：《王中書勸孝歌跋》〔1923刊本〕，缺頁數。
49. 同上。
50. 《始平郡世系》（缺出版地點：缺出版社，1988），第64頁

批評傳統文化觀點一，則可見馮氏在道德觀上，是採取傳統的儒家文化的觀點，反對五四運動式的「新文化」。四、馮氏不獨以儒家道德自持，法「古風俗」，更向民間宏揚傳統道德，故重刊這歌詞，分送各人，望青年男女思念親恩。五、馮氏十分重視崇先祖禮儀。他在1903年後，更廣建祠堂，遷先祖入祠，並説「如建祖祠之日，必要先建始遷祖祚祥公祠，亦木本水源之意也」，明鄉俗祖宗文化的由來，此後多次建祖祠，以示後人不應「忘本」，又把各宅木主（俗稱祖先的「神主牌」）焚化，以罍盛載，藏在祠內神樓，保存中國傳統文化的目的，就在地方樹立儀節德行，及後捐款及提議建立華人永遠墳場；又多次興學，如：在孔聖會內籌建漢文中學、聖保羅女書院、港大中文學院；又助建愛育善堂，任東華醫院首屆總理及保良局總理，從事「安老懷幼」的工作，均多注意敬老及提倡中國傳統孝道文化。[51]六，馮氏早有保存中國文化及流播中國文化於香港的理念。馮平山嘗言：

> 吾中國聖人修道設教，積文化數千年為環球冠，逮至今日虐古榮今，棄雅崇諺，主持一誤，而人心風俗蕩然，每見縉紳太息此事，猶自恨一簣江河矧余以不學之身益復何能役然？顧亭林有言：「匹夫有責」，正為此事，但使聖教得存一線，為他日昭蘇回復之地，則竭吾區區能盡之力，於責既不敢辭於誼亦無多讓耳[52]。

馮平山有感中國雖為文化的古國，先聖以立教化為責任，如今世道衰微，特別是道德日壞，蔑視古文化，縉紳見此，喟然嘆息，每以顧炎武所言匹夫有責以自勉，馮氏也以存聖教為「匹夫」的責任。

此外，我們今天所見，馮平山積極從事教育活動，支持籌建港大圖書館，而此圖書館初辦之時，以收藏中文典籍為

---

51. 李淡愚等：《馮平山先生事略》（香港大學馮平山圖書館特藏），缺頁；缺作者：《馮公平公事略》，載：《香港兒童工藝紀念冊》（缺出版地點：缺出版社，1937）〔香港大學馮平山圖書館特藏資料〕，頁缺。此文更概括馮平山一生的貢獻為：「尊祖」、「興學」、「奉公」、「濟眾」；參《馮平山先生年表》，第5頁。
52. 未見馮氏原文，轉引自吳道鎔：《新會馮平山墓表》。

主，他認為中文典籍的對維持社會禮教甚具作用。馮平山在六十一歲以後，除了聘請教員教英文，也聘請華人丈員譚荔垣、黎澤民在家中教導四書經籍，又聘前清翰林區大典每於禮拜，教其子弟中國歷史文化知識。[53]他感到香港士子「多趨重西文一途，而對於中國文，反漠不關心」，中國文化文化教育，為一種改良學生重英輕中，忽視中國文化的工具。其次，中文語文教育為協助中國大陸學生南來香港讀書的工具，因為在二十年代末，國內乃多戰爭，大陸商賈南下日多「內地政局變幻無常，且為政者又多以搜索為能事，故內地商業殊非樂觀」，[54]子侄苦於香江只以英文為港大及小學的教導媒介，遂興漢文中學，與華商李右泉、周壽臣等資助成立中文學院，使更多中國學生就學其中「得一完善之漢文學校求學」，他的兒子馮秉芬、馮秉華也先後就讀於中文學院。

　　馮氏也認為興辦中文教育，就是保存中國文化。他《自記》中曾言，有感於港大未重視中文教育「為昌明國學保存國粹起見，大學漢文科之設立，是刻不容緩」，漢文教育便是一種保存文化的工具。因為籌辦中文教育對香港教育事業發展甚為重要，所以「根據政府之意，先由華商捐足二十萬之數，繳交政府開辦」，馮平山一人捐款十萬元，作為中文圖書館及設備經費，另分別捐四萬元為購書費及圖書館基金。[55]因為馮平山提倡中文教育，及藉此保存中國文化，故學者也從保存中國文化的角度，盛稱馮氏對教育事業的貢獻。區大典撰寫《馮平山先生墓志銘》便說：「公常痛恨失學，

53. 馮平山：《馮平山自記》（缺出版地點：缺出版社，缺出版年份），頁缺。要注意馮氏不是一些保守士紳，他不排除西學，既請師員教導子姪英文知識，也曾多次往英國、美國考察，及仿效西方公共圖書館興學的美意。
54. 鄧福根：《本會十七年之回顧》，載：《新會商務公所概況》（缺出版地點：缺出版社，缺出版年份），頁18。此文指出：「粵省械鬥，由來已久，粵人視之，幾如家常便飯，而吾邑（新會）尤甚焉，其流毒所至，盧舍邱墟，田園荒蕪，死亡遍野，流離載道，為禍之烈，有不忍言者。「邑人來此地（香港）謀生者極眾」，可見，因新會治安不佳，南下香江日眾，馮平山一方面興義學，一方面欲推動高等院校教育，以應鄉鄰所求。
55. 《馮平山自記》。蔣剛、潘一寧認為馮平山興辦地方教育甚有貢獻，卻未注意馮氏倡教育振與中國文化的美意。見二氏撰：《馮平山與新會教育》，載：《中山大學研究生學刊》，第2期（1986），第100-105頁；李棪：《馮平山先生傳》，載：《港大雜誌》，1928，缺頁。

乃發憤興學，自邑而都，而港所助學，疑先後幾及百萬金於
道喪文蔽之秋，慨然以經正俗為己任，資富能訓，公其庶子
乎」。[56]另一位清遺老吳道鎔也盛稱馮平山為人「沈敏豁達
」，推動中國文化教育的貢獻，以為馮氏德行是「富而仁義
，輔夫必待富而後輔以仁義，好行其德」、「宅心純非遂名
為豪舉者比也」。[57]故馮平山雖與遺老學者交往甚密，這種
交往不只是遺老只求利益才與交往，遺老與華商馮平山的交
往也是二者均以推動中國文化及興學為共同的志趣，若以馮
平山與遺老的交往為例，可見馮氏氏保存中國文化，傳播中
國文化的理念，更是遺老與之交往的重要原因[58]。

　　另外，有 3 位華商周壽臣、羅旭龢及鄧志昂，均為後期
籌辦中文學院的主要人物。周氏先捐幣 6 萬元資助建立中文
學院，及後鄧氏捐出餘下款項，成為資助中文學院大樓興建
經費的主要財政資助來源，故今天中文學院也名為「鄧志昂
中文學院」；[59]而他們也欲藉推動港大籌辦中文部，以傳播
中國文化的知識，進而建立港大中文部成為研究中國學問的
重鎮，而華商也認為推動中文教育的工具，是教導傳統四書
五經的知識。

　　1928年4月27日，周、羅二氏均於省港罷工後，發表提
倡中文教學的言論。周、羅二氏曾在演說中，談及港大推動
中文教育的意義，他們認為一國民族的生存，必有賴本國文

<hr>

56. 區大典：《馮平山先生墓誌銘》（香港大學馮平山圖書館特藏），缺出
　　版年份。編《廣東文獻》的吳道鎔也認為馮平山：「吾中國聖人，修道
　　設教，積文化數千年，為環球冠。逮至今日，虐古榮今，棄雅崇諺，主
　　持一誤而人心風俗蕩然。每見縉紳，太息此事。猶自恨一簣不障江河。
　　矧余以不學之身，益復何能為役。然顧亭林有言，匹夫有責，正為此事
　　。但幾希國輝，得一存線，為他日昭蘇回復之地，則竭吾區區能盡之力
　　，於責既不敢辭，於誼亦無多讓耳」，就是稱揚馮平山對保存中國文化
　　的貢獻。見吳道鎔：《新會馮平山墓表》。
57. 吳道鎔：《新會馮平山墓表》。
58. 馮平山圖書館雖於馮氏死前，尚未落成，平山哲嗣秉芬及秉華，繼續捐
　　助圖書館，捐助建築費達十二萬零九百六十圓三角九分。見羅香林：《
　　馮平山圖書館早期史略》一文。
59. Hong Kong University, 1912-1933 (Hong Kong: The Newspaper Enterprise Ltd,
　　1933), p.26.因有關鄧志昂的資料尚未及見，而周壽臣及羅旭龢的資料較
　　多，只好以此二氏的言論為討論中心；有關鄧志昂對中文學院成立的貢
　　獻，見Bernard Mellor, The University of Hong Kong An Informal History (Hong
　　Kong : Hong Kong University Press,1980), pp.74-76.

化的發揚，而中國文化的發揚有賴保存中國禮教政俗，其時香港各界只是「舍棄其本國之禮教政俗，而學他人之禮教政俗」，這是「物有本末，天下安有無本之學，而無本之國哉」，學生不知中國傳統學問的大意，轉求新學，他們舉例說明，如學習文字哲學的學生，既不通「六書」為中國文字的造字原則，也不明訓詁知識；修學哲學的學生又不讀「四書」、「五經」、先秦諸子及宋明理學大師的著作，根本不明哲學大義，也有些學生不讀《大學》言修齊治平的要義「試問學成之後，將為本國之師乎？抑為外國之師乎？」中文學院的成立就是藉中文部教導學生有關中國學問的知識，希望西文各系的學生與中文部教員「通力合作，用比較之法通中西之途，而無偏中偏西，互相隔膜之弊」。況且，大學成立必有其特長，如牛津大學以文學著，劍僑大學以數學著，但港大收藏西文書籍不及以上兩所英國大學，教員尚未深入了解西方哲學，故不能與西方大學爭長短，居香港的學生只要多習中文，易求中文經籍，加上「老儒宿師猶在，風土民情仍重」，故在香港發展中國傳統學問較西學為容易[60]。

華商更注意推動普及中國文化教育，他們資助漢文中學的成立，正值「鼎革以還，曲學阿世者，逞趨新之說，棄先聖之言，以禮義為封建之殘餘，以詩書為古人之糟粕」，時風只知攻擊傳統中國文化，故藉辦學以「急挽狂瀾，力支頹勢」，以保存中國文化[61]。

可知羅、周二氏頗推崇中國傳統學術及欣賞前清輕林為在香江傳播中國學問知識的人物，因此不難理解，他們聘任賴際熙、區大典兩位太史執教中文學院[62]。

60. 《港大籌辦中文部組過情形（續）》，載：《華僑日報》，1928年4月27日，第2張，第3頁。
61. 羅嗣超：《金文泰中學新校舍落成紀念特刊發刊詞》，載許衍董：《廣東文徵續編》（香港：廣東文徵編印委員會，1988），第384-385頁。按此文雖介紹金文泰中學的成立經過，但金文泰中學的前身，就是1926年得華商支持的漢文中學，故此文可見漢文中學成立與華商的資助的關係及華商的辦學理念。
62. 有關華商、華商與晚清遺老與中文學院成立的關係，見區志堅：《粵港學人交往——學海書樓教員之研究》，陳明銶主編：《近代粵港關係研究》（香港：中華書局，2010），第86-101頁；學海書樓推動中國文化教育的貢獻》，廣東省政協文化和文史資料委員會編：《香海傳薪錄》（北京：中國文史出版社，2008），第79-125頁。

因為華商與金文泰在推動中國文化教育的理念也是相近，二者均以提倡中國文化教育為要務，故香港華商總會會長李右泉於1928年5月1日，華商總會會議中，宣佈「現下內地已有提倡廢孔荒經，幸得香港金督，熱心我中國文學，極力提倡，外人既如此加意扶持，我中國人又焉可不出力，若不實力進行，自問亦對良心不住，外人既熱心孔道，本國人反放棄，殊可恥也」，[63]各港督誠允，凡捐助五百元以上給中文學院的，可獲紀念品，華商在各方面的因素下，盡力捐助港大中文學院的運作。

三、結論

　　1927年省港大罷工後促成了華商及港督金文泰的心意連繫起來，華商在省港大罷工後，在香港社會的地位較昔日已為上升，他們提出香港大學設立中文學院的建議，更容易為香港政府接受，加上廣東一帶已流行共產革命的思想及言論，不獨攻擊「封建主義」、「帝國主義」，更批評「資產階級」，不少言論針對居廣東及香港的商人，促使港督金文泰維護英人在華行益，更積極與華商合作，其中一項為在香港推動中國傳統學問及推動華人倡議建立中文學院，而華商及前清翰林的合作，也出現香港在省港大罷工後，一種較廣東及北京，所謂「保守」的氛圍。進一步，也可見這個「後」省港大罷工時代，華商與港英殖民地政府「共謀協作」（Collaborative Colonial Power）研究課題，尚有待進一步開拓[64]。

---

63. 《籌辦大學堂漢文科三次會議》，載：《華僑日報》，1928年5月1日，第2張，第4頁。
64. 見Law Wing Sang（羅永生），Collaborative Colonial Power: The Making of the Hong Kong Chinese（Hong Kong: Hong Kong University Press, 2009）一書。

省港大罷工影響下的東華義莊

梁寶龍
香港工運史研究者

　　省港大罷工延續到1926年，省港交通阻礙，航運停頓，使到在香港身故的華人不能運往內地原籍安葬，只好暫時存放在東華義莊，再加上已存放在東華三院義莊的棺木骨殖亦不能落船運送回鄉，東華義莊在罷工的衝擊下，運送服務一度中止，日積月累，義莊不敷應用，東華乃向港英提出撥地擴建，港英撥出鋼線灣1572號地段相連之處約 5 萬餘方尺予東華興建新樓，命名為「丙寅莊」[1]。

　　葉漢明在《東華義莊與寰球慈善網絡——檔案文獻資料的印證與啟示》第137-139頁，談及省港罷工糾察隊拘押東華的蝦苟艇事件。

　　蝦苟艇是小型漁船，長四五丈，由於棺木骨殖要循水路運送回鄉，較細的蝦苟艇便大派用場[2]。

　　1926年7月22日，東華聘請香港天壽號運送台山先人棺木骨殖回鄉，天壽號僱用的鴻利蝦苟艇滿載駛至深圳南頭，遭省港罷工糾察隊扣留，並拘押船上舵工，「指為不合手續，破壞罷工條件，硬要將艇充公」。東華致函南頭樂善堂，「懇求」樂善堂代稟縣長設法維持，請南頭糾察隊從速放行。樂善堂派董理前往糾察隊詢問。糾察隊副隊長説，「由農會會友到來訂明保領」，而糾察隊隊長正在深圳未返，待隊長回來即行保釋放行。隊長回部後，「即交原保農友保釋」，鴻利蝦苟艇繼續前往台山[3]。

　　南頭屬糾察隊第五區管轄。糾察隊將所有與廣州較為接近的防線，大約劃分為 7 區，與廣州相隔太遠的地區則設立

1. 葉漢明：《東華義莊與寰球慈善網絡》，香港：三聯，2009，第58-60頁。丁新豹：《善與人同》，香港：三聯，2010，第122頁。
2. 葉漢明：《東華義莊與寰球慈善網絡》，香港：三聯，2009；第29頁。
3. 葉漢明：《東華義莊與寰球慈善網絡》，香港：三聯，2009，第137-139頁。

辦事處，以解決一切問題。防線的分區，辦事處的分段，糾察駐防的分配如下：

第一區：廣州的白鵝潭、河南、花地（舊稱花埭）、芳村、黃沙、沙基等，以三支隊駐守。

第二區：順德的陳村、大良、容奇等，以一支隊駐守。

第三區：廣東中西部南岸的江門、台山的公益埠、斗山、廣海、寧陽鐵路一帶，以三支隊駐守。

第四區：中山的石岐、珠海的前山等，以兩支隊駐守。

第五區：深圳，東至沙魚涌，西至寶安、南頭區等，以三支隊駐守。

第六區：太平等，以一支隊駐守。

第七區：汕頭等，以一支隊協同汕頭罷工糾察隊駐守。

辦事處設在陽江、電白縣水東、雷州、北海、海南島、淡水等 6 處。糾察隊數目之多寡，則分地區輕重，酌量分配4。

糾察隊第五區隊部設在深圳羅湖東門老街南慶街22號，今為南慶街省港罷工委員會接待站舊址，又稱思月書院，建於清代，建築物原為水貝村等張氏的分祠。三開間二進佈局。面闊13.6米、進深16.2米，面積210平方米。1925年省港大罷工期間闢為接待站，接待往返廣州、香港的罷工工人，後為省港罷工工人糾察隊隊部，1988年列為市級文物保護單位。1996年因東門改造需要被拆除。1999年重建於東門老街廣場。

省港大罷工的目標是要打擊英帝國主義者，可是在曠持日久的罷工下，受影響的層面不斷擴大，使過世的香港市民未能還鄉入土。更苦的是海外華工，慘被賣往海外做苦工大半生，死後只能回到原是中國的土地香港，躺臥在東華義莊北望神州，空嗟嘆！

省港罷工結束後，珠江水路盜賊如毛。1928年 6 月，東

---

4. 冼一宇：《粵港罷工糾察隊奮鬥概況》，載：廣東哲學社會科學研究所歷史研究室編：《省港大罷工資料》，廣州：廣東人民，1980；第169-174頁。

華的蝦苟艇運送兩具棺木回鄉，在順德大洲海面李家沙遭土匪截擄，後被國民革命海軍查起，東華聯絡有關人士處理[5]。當時國民革命軍海軍司令是陳策（1892-1949），日軍進攻香港時，陳策發動香港市民參加香港保衛戰，港英投降後，陳策與數十名英軍成功從水路突圍離港回國內。

葉漢明在《東華義莊與寰球慈善網絡——檔案文獻資料的印證與啟示》第85－87頁，談及三十年代招聘新管莊人一事，每月「工食費」為38元。照「工食費」字面解釋，東華義莊不提供膳食。另據「文虎（羅章龍）：《中國職工運動狀況（1928-1930）》一文，載：《紅旗日報》，廣州：第10號，1930.8.24；載：中華全國總工會中國工人運動史研究室編：《中國工運史料》，北京：工人出版社，第23期，1983，第141頁。」所記1930年香港工人月薪資料互相印證，數值相近。

1930年香港工人每月工資表

類別	工資		
	上	中	下
重工業	40元	20元	12元
市政	40元	20元	12元
輕工業	22元	16元	12元
手工業	20元	15元	9元
店員	16元	12元	6元[6]

葉漢明在《東華義莊與寰球慈善網絡——檔案文獻資料的印證與啟示》第167頁，記載1924年東華代聘件工到日本工作，月薪為港幣50元。

葉漢明在《東華義莊與寰球慈善網絡——檔案文獻資料

5. 葉漢明：《東華義莊與寰球慈善網絡》，香港：三聯，2009，第136-137頁。
6. 文虎（羅章龍）：《中國職工運動狀況（1928-1930）》，載：《紅旗日報》，廣州：第10號，1930.8.24；載：中華全國總工會中國工人運動史研究室編：《中國工運史料》，北京：工人，第23期，1983，第141頁。

的印證與啟示》第219頁，記載1937年5月，古巴華人骨殖運送住香港，因海員罷工引致遲滯。香港海員工會於1937年復會，提出《海員抗日救國十大綱領》：1.在日本船上做工的中國海員自動離職，拒絕替敵人工作；2.在別國輪船上工作的中國海員，拒絕運輸任何軍火赴日；3.要求公司船員不要開赴日本。在香港，一時竟有40餘艘船；新加坡和澳洲也有部份船，因海員參加反日罷工不能開航[7]。暫未找到古巴航線的資料。

7. 楊建：《"一二九"前後香港的抗日救亡運動與中共組織的重建》，載：中共廣東省委黨史研究室編：《香港與中國革命》，廣州：廣東人民，1997，第77-78頁。

殖民時期香港身份

1925至1926年省港大罷工中的華商精英[*]

鄭雋言著
美國加州大學柏克萊分校學生
鄭逸思譯
美國雪城大學學生

撮要

　　二戰之前，英屬香港一直是中西客貨運之主要管道；此自由港以物流連接廣東及東南亞，以至全世界。正因香港的獨特貿易角色，香港華商精英成為獲利甚豐的權貴階級。但中英關係不時處於緊張狀態，例如1925至1926年間之省港大罷工，中國工人罷工抗議西方利益；華商夾在兩者之間，其身份認同備受試驗。本文剖析該次罷工期間，香港華商之身份問題；但囿於時間及資料所限，本人之畢業論文將以更多原始資料作更深入探討。

現有討論

　　香港之殖民經驗吸引了中西雙方學者，學術研究發展大致可分為西方論述（Western narrative）及中國論述（Chinese narrative）。[1]西方學者以英人為主，觀點傾向歐洲中心；而

---

* 本文之英文原稿在2016年9月17日發表於加州大學柏克萊分校中國研究中心（Center for Chinese Studies, University of California, Berkeley）舉辦的本科生中國研究會議（Undergraduate Conference on China）。承蒙陳明銶教授、梁寶霖先生及梁寶龍先生邀請，拙作獲收錄於文集當中，本人深感榮幸。若有紕漏，煩請指正。本人亦希望在此對兩位指導教授：本校葉文心教授（Prof Wen-hsin Yeh）和史丹福大學東亞研究中心陳明銶教授（Prof Ming K. Chan）致謝。他們精闢的評語啟發思考，受益匪淺。此外，本人亦感謝下列學者及機構，於本人暑假留港期間撥冗賜教，並協助蒐集資料：香港大學高馬可教授（Prof John M. Carroll）、香港中文大學鄭宏泰博士（Dr Victor Zheng）、香港科技大學何傑堯教授（Prof Virgil Kit-yiu Ho）、程美寶教授香港城市大學（Prof May-bo Ching）、梁寶霖先生（Mr Apo Leung）、梁寶龍先生（Mr Po-lung Leung）、香港大學圖書館特藏部孔安道紀念圖書館、香港政府檔案處歷史檔案館、香港中央圖書館、東華三院文物館，以及皇仁書院校史館。

1. 陳偉群（Chan, Wai Kwan）：《香港社會的塑造：在早期香港階級形成的三個研究》（The Making of Hong Kong Society: Three Studies of Class Formation in Early Hong Kong）（牛津：Clarendon Press，1991），第1-5頁。蔡榮芳稱這兩種論述為「殖民主義的史學（colonial historical scholarship）」及「愛國主義的史學（patriotic historical scholarship）」。蔡榮芳：《香港人之香港史 1841-1945》，（香港：牛津大學出版社，2001），第6-7頁。關於香港史學更詳盡的介紹，參看李培德編：《香港史研究書目題解》，（香港：三聯，2001）。

中國大陸的學者則側重愛國主義、馬列思想及反帝國主義鬥爭；因而在港華人對香港的貢獻往往被輕視，而有關港人身份認同發展之研究亦不普遍[2]。 直至1980年代，中英談判引起國際注目，更多學者才著意研究香港史，尤以香港本位角度為甚。

省港大罷工一向被理解為歌頌中共的愛國政治事件；不少中國學者皆甚注意，包括盧權、禤倩紅、蔡洛、甘田和蕭超然等。雖然他們的著作視省港大罷工為一反帝運動之重要勝利，立場較親共、親勞工，但對罷工的來龍去脈卻交代得頗為完整，不但聚焦在罷工者身上，對罷工者的狀況、罷工委員會的管理，及罷委會、廣東政府、中共和港府之間的溝通亦有仔細著墨[3]。 此外，一些於廣東結集出版的文件和公告等相關原始資料，更讓讀者一窺當時深圳河以北之情勢[4]。

在中國大陸學者的論述之外，近來越來越多學者以一個較新的香港本位角度看待是次罷工。由此，香港社會、政府及商界對罷工的反應得以提及。這些研究當中，蔡榮芳（Tsai, Jung-fang）及高馬可（John M. Carroll）的著作值得一提。

蔡榮芳的中文著作《香港人之香港史1841-1945》講述香港由開埠到二戰的歷史。在罷工一事上，相對於純粹為中共歌功頌德，他採香港本位的角度，揭示罷委會糾察如何阻撓工人復工，跟中國大陸罷委會廣受歡迎的主流論述十分不同[5]。 他描繪一種在香港華商精英間較為普遍的新式愛國主義：他們不支持罷工，因而受廣東政府及罷委會的非議；但華商反駁，促進粵港貿易及香港社會穩定是另一種愛國表現

---

3. 蔡洛、盧權：《省港大罷工》，（廣州：廣東人民出版社，1980）；甘田：《省港大罷工》：（北京：通俗讀物出版社，1956）；盧權、禤倩紅：《省港大罷工史》，（廣州：廣東人民出版社，1997）；蕭超然：《省港大罷工》，（北京：工人出版社，1956）。
4. 廣東哲學社會科學研究所歷史研究室編：《省港大罷工資料》，（廣州：廣東人民出版社，1980）；林亞杰編：《廣東文史資料存稿選編（三）：省港大罷工；港澳華僑史》，（廣州：廣東人民出版社，2005）；中國第二歷史檔案館編：《五卅運動和省港罷工》，（南京：江蘇古籍出版社，1985）。
5. 蔡榮芳，第133-134、144、148頁。

。 [6]香港華商毋須在愛國主義形式上跟廣東政府或中共亦步亦趨。他更提出「與強權協力的民族主義者（collaborative nationalist）」一詞，可為後來學者提供嶄新而具說服力的基礎[7]。但儘管跟民族主義有莫大關聯，他並未闡述其多層次的身份概念[8]。

高馬可較集中在香港華商「與強權協力的民族主義者」的身份認同。他的著作《帝國邊陲：香港華人精英及英國殖民者（Edge of Empires: Chinese Elites and British Colonials in Hong Kong）》強調華商對英殖統治者發展香港之重要，跟西方論述強調歐人貢獻大相徑庭。此外，高馬可亦認為，香港身份認同在二戰前早已在華裔資產階級身上萌芽。[9]他認為在港華人資產階級自有共通文化及身份認同。[10]他更指出在港大部份華人其實可視為協力主義者，因為除少數鴉片戰爭前早已在港定居的原居民之外，他們皆「自主選擇」來港。 [11]此外，高馬可亦比較中港兩地的政治環境，以此解釋香港身份認同萌芽之可能。[12]

兩位學者對研究罷工中的華商上的立論皆有局限。蔡榮芳倚重本地報紙《華僑日報》及港府送呈倫敦之公文 CO 129；而高馬可則大量引述CO 129檔案及另一本地報章《工商日報》，由周壽臣、羅旭龢及何東在1925年年中創立以反制罷委會之文宣。[13]由於收錄於CO 129/489中羅旭龢關於罷工的報告（Robert Kotewall's report on the strike）是直接牽涉到華商和罷工的第一手資料，所以蔡榮芳及高馬可皆有引用。此外，高馬可亦引用港督金文泰的日記以闡述港英政府的角度。就本人在港所能搜集的材料，希望能補充對省港大罷工及香港華商精英身份認同之間的一些關係。

---

6. 同上，第142-143頁。
7. 同上，第284-286頁。
8. 同上，第278頁。
9. 高馬可（John M. Carroll）：《帝國邊陲：香港華人精英及英國殖民者》（Edge of Empires: Chinese Elites and British Colonials in Hong Kong），（香港：香港大學出版社，2007），第5頁。
10. 同上，第14頁。
11. 同上，第187-188頁。
12. 同上，第191頁。
13. 同上，第147頁。蔡榮芳，第147頁。

問題設計

根據陳偉群對香港三個階級的粗略定義，在香港華商精英的身份認同之中，當中兩個最重要的，大致可理解為文化族裔身份及階級身份。[14]以族裔及階級考量，我們不難看出香港華商精英的尷尬處境。因為族裔及階級利益不時對立衝突，所以香港華商精英兩邊不討好，必須協調自身身為華裔及商人階級間的分歧。

文化族裔及階級身份的衝突可以與強權協力的民族主義跟經濟利益的角度來理解。經濟利益為華商精英的著眼點之一：身為商人，他們的目標是賺取最大的利潤。他們可以以短期利潤換取長期利潤，但依然，整體利潤仍然在他們的盤算中佔很大比重。

香港華商精英

香港華商精英在中、英、西方間的協調角色在香港歷史中無可比擬。以血統來說，他們是純華裔（父母皆為華裔）或歐亞裔（多數父親為歐洲人，母親為華人）。雖然歐亞裔並非純華人，但很多時不只是港英政府，甚至連他們自己也看待自己為華人。[15]因此，華裔及歐亞裔商人的文化族裔身份認同可以概括為華人。他們常位列香港華人社會的領袖，領導一些只服務華人的慈善及商業組織，例如東華醫院（Tung Wah Hospital，後發展為東華三院（Tung Wah Group of Hospitals））、保良局（Po Leung Kuk）、華商總會（Chinese General Chamber of Commerce）和華商會所（Chinese Club），以及處理華人事務的政府機構，如潔淨局（Sanitary Board）和團防局（District Watch Committee）。[16]亦有個別翹楚獲委

---

14. 陳偉群，第10-12頁。陳偉群的《香港社會的塑造：在早期香港階級形成的三個研究》（The Making of Hong Kong Society: Three Studies of Class Formation in Early Hong Kong）是一個關於香港社會中三個重要社會階級的發展重要的研究。此書呈現了一個具體理論基礎去理解華商階級。
15. 鄭宏泰、黃紹倫：《何東身份認同的心結》，《二十一世紀雙月刊》，第111期（2009）：第65-75頁；黃紹倫、鄭宏泰：《何世禮身份認同的心結》，《二十一世紀雙月刊》，第114期（2009）：第104-113頁。
16. 陳偉群，第108-113頁。關於華商會所的歷史，參見張圭陽：《華商會所百年》，載：華商會所編：《華商會所百周年紀念特刊》，（香港：華商會所，1997），第12-35、36-58頁。

任為立法局或行政局非官守議員（unofficial Legislative or Executive Councilors），兩者都是殖民地體系原本預留予英國臣民或其他歐洲人尊貴而具影響力的席位。

令商人精英從一般本地華人間脫穎而出的是他們的教育背景。大多數精英皆在港就學，亦有負笈海外擴闊視野者，當中以高等教育為主。跟普遍華人相比，商人精英的教育程度非比尋常。他們很多成為商人、買辦，或在中國海關工作。[17]在這種華歐接觸日增的時代，他們扮演著重要的仲介角色。而其一關鍵是他們的中英雙語能力。

1925至1926年省港大罷工

1925至1926年間的省港大罷工長達十六個月，在眾多國際工人集體行動來說，歷時較長，因此對香港經濟影響也較深。[18]1925年5月下旬上海的五卅慘案中，示威的中國工人在英方令下遭開槍擊斃，引發全國一連串同情工人的罷工抗議運動，省港大罷工就是其一。香港雖為英國殖民地，但亦跟隨示威浪潮，並由官立中學皇仁書院（Queen's College）以在1925年6月18日的罷課抗議揭開序幕。[19]汲取1922年海員罷工（Seamen's Strike）時工人曠工返粵，窒礙香港經濟甚巨的經驗，這次罷工在1925年6月23日沙基慘案（Shakee Massacre，也稱六二三慘案）後，於年中返粵之工人達20萬，香港貿易受重創，出入口貿易下跌近五成。[20]

---

17. 因為大班十分倚重買辦進對華貿易，所以此職位大多都由歐亞裔或受西方教育的華裔擔任，然後他們藉此職位累積利潤並躍升為精英。鄭宏泰、黃紹倫，《香港歐亞混血買辦崛起之謎》，《史林》，第2期（2010）：第4-5頁。
18. 李達嘉，《商人與共產革命：1919-1927》（台北：中央研究院近代史研究所，2015），頁283。
19. 周奕：《香港工運史》，（香港：利訊出版社，2009），第64頁；高馬可，第132頁；司徒胡君麗、司徒莊（Gwenneth and John Stokes）：《皇仁書院：其歷史 1862-1997》（Queen's College: Its History 1862-1987），（香港：皇仁書院舊生會（Queen's College Old Boys' Association），1987），第98頁。
20. 莫倫白：《罷工後之香港》，原載：《廣州評論》，第2、3期合刊，1926年10月，收錄於廣東哲學社會科學研究所歷史研究室編：《省港大罷工資料》，（廣州：廣東人民出版社，1980），第760-762頁；周奕，第68頁。

此外，省港大罷工亦發生在中國政治發展的重要關口上。與其說是一場純粹的工人運動，省港大罷工常被視作一場大型的政治與愛國運動。[21]由於時值國共首次合作及廣州國民政府成立，省港大罷工基本上由中共組織，但財政資助則來自國民黨領導的國民政府。[22]1925年6月19日至1926年10月10日罷工期間，中港兩地發生不少重要政治事件，包括因孫中山在1925年3月12日逝世而引發的國民黨內左右派爭鬥、沙基慘案（6月23日）、廖仲愷被刺（8月20日）、金文泰港督（Cecil Clementi）履新，取代司徒拔（Reginald Stubbs）（11月）、中山艦事件（1926年3月20日，又稱三二零事件），及蔣介石出師北伐（1926年7月）。[23]省港大罷工在中國近代史的脈絡來看，可視作蔣介石治下國民黨跟中共以後連場鬥爭的前哨戰。

　　罷工期間，香港華商精英在罷委會和港府之間扮演了一個特殊的調停角色。即使他們自己反對罷工，他們仍竭力調停並嘗試挽救香港經濟。除此之外，他們在協助港府應對罷工的同時，也有探訪身在廣州的罷工工人。當中一些個人及組織貢獻甚豐，例如羅旭龢（Robert Kotewall）、周壽臣（Chow Shouson）、羅文錦（Lo Man-kam）、東華醫院及華商總會。他們對罷工的多層次反應顯然是剖析香港身份的絕佳起點。

文化族裔身份
　　省港大罷工反映出不論在自我審視或外來認同的層次上，香港華商精英的文化族裔認同皆為華人。

華裔與歐亞裔
　　正如前述，華裔及歐亞裔商人精英均具華人身份認同。1920年代的著名歐亞人士，如羅旭龢和羅文錦，皆自視為華

21. 曾銳生（Steve Tsang）：《香港現代史》（A Modern History of Hong Kong），（倫敦；紐約：I.B. Tauris，2007），第92頁；周奕，第62頁。
22. 蔡洛、盧權：《省港大罷工》，（廣州：廣東人民出版社，1980），第135、142頁。
23. 《省港大罷工大事記》，載《省港大罷工資料》，第2-19頁。

人，甚至成為本地華人代表。[24]但他們自我審視方面之身份
認同仍需闡釋。多數情況下，歐亞人士的父親為歐洲人，而
母親為華人，且通常為「涉外婦人」（protected woman，也
稱涉外婚婦、受保護婦女）。歐亞裔兒童通常在港由母親撫
養，而父親則很少留港陪伴。由此，歐亞裔兒童自母親身上
繼承了華人文化。[25]當時華人及歐人的社會規範皆禁止跨種
族婚姻。[26]異於一般華人，歐亞裔家庭在中國大陸並無宗族
及親屬，所以他們跟中國並沒有直接聯繫和有力的人脈關係
，遑論來自中國的任何支持。這情況加強了他們對香港的歸
屬感，並視之為唯一家鄉。此現象可見於二戰前華商總會的
《個人會員名冊》內：在「籍貫」一欄，歐亞裔會員，包括
羅文錦之父羅長肇（Lo Cheung-shiu）及何東（Robert Ho
Tung）之子輩，皆填上「廣東香港」[27]。

　　然而，華人身份並不一定得到每名歐亞人的認同。即使
由同一華裔母親撫養，何東之六弟何啟佳（Walter Bosman）
並不接納母親所授之華人身份。反之，何東自視為華人並活
躍於華人社會，但何啟佳不但承繼父親的英文姓氏，更離港
遠赴南非為英國政府工作。[28]由此可見歐亞人在選擇身份認
同時十分靈活，不一定為華人。

雙語及西式教育
　　就教育而言，這些商人精英並未就學於傳統儒家私塾，

---

24. 關於羅旭龢及羅文錦生平的詳盡介紹，參見Christopher Cook：《羅旭龢：
香港之人》（Robert Kotewall: A Man of Hong Kong），（劍橋：Ronald
Zimmern，2006）；羅德丞（Lo Tak-shing）：《文錦：1893年7月21日生
，1959年3月7日歿，「仍愛、仍予、仍屬我們」》（M. K.: Born 21st July
1893, Died 7th March 1959, "Still loving, still giving, still ours"），（香港：
未註明出版地，1959）。
25. 「涉外婦人」意指由歐裔男士以財力支援她們生活和養育孩子的華裔女
性，通常都被認為是出身於船民，即蜑家人（Tanka）。涉外婦人和她們
的歐亞裔子女住在香港歐人與華人社區之間。此外，涉外婦人通常都比
一般傳統華裔婦女財政更獨立。鄭宏泰、黃紹倫：《香港大老：何東》
（香港：三聯，2007），第51-58頁。
26. 同上，第61-62頁。
27. 《個人會員登記冊，1910-1940》，收錄於《香港中華總商會年鑑、會
員名錄和其他刊物／引用資料》（Annual Reports, Membership Directories
and Other Published/Reference Material, The Chinese General Chamber of
Commerce），HKPRO: HKMS164-1-29。鄭宏泰、黃紹倫：《香港大老：
何東》，第187頁。
28. 鄭宏泰、黃紹倫，《香港大老：何東》，第30、184頁。

只學中文典籍，反而入讀西式學校如皇仁書院（香港首間官立學校，從1862年創校至1894年時稱「香港國家大書院」（Government Central School，學校並無官方中文名稱，「香港國家大書院」乃其一可考譯法，現今多稱「中央書院」）及教會學校，學習中英雙文及其他傳統儒家私塾沒有教授的學科，例如化學、算術、幾何學及地理學。[29]周壽臣、何東及羅旭龢曾就讀此校。此外，周壽臣亦為清廷第三批留美幼童一員，故在西式教育系統下浸淫更深。[30]從實務角度看，他們的雙語能力對其事業成就至關重要，因能增進他們跟中西雙方溝通的能力，從而成為容許他們靈活選擇立場並佔盡優勢的關鍵。

這些精英所接受的西洋思想不但擴闊視野及促進事業發展，更為他們原有的華人身份增添新的涵義。他們並不抗拒華人身份，但對此身份抱不同見解，大異於中國大陸同胞的華人身份。香港華商精英聲言他們都是民族主義者，但相信亦嘗試以異於中國工人及國民政府的方式來呈現。他們信奉自由開放的中國貿易。[31]他們跟港府同一陣線，甚至曾計劃推翻正值國共合作的廣東政府。[32]他們自視為華人，似乎跟中國大陸的一般中國人無異，但他們卻跟同胞反其道而行。

雖然商人精英自視為華人，但因生於香港，所以在法律及行政管治層面上，他們實屬英國臣民，是受英國政府承認的英國人。有趣的是，在時下有關他們身份認同的討論當中，只有少數學者對此有所著墨。在多數論述中，此等法律問題似從未存在，而且普遍認為中港兩地的華人身份認同並未囿於法律意義上的國籍，因為在1949年中共建政前，中港人口一直自由流動，而兩地的普羅大眾皆認定華商精英已身

29. 司徒胡君麗、司徒莊，第13-14、40頁。司徒莊為皇仁書院前校長（1965-1970年）。他和太太司徒胡君麗均為歷史學家。
30. 鄭宏泰、周振威：《香港大老：周壽臣》，（香港：三聯，2006），第36-52頁。
31. 蔡榮芳，第63-64頁。
32. 丁新豹：《善與人同：與香港同步成長的東華三院（1897-1997）》，（香港：三聯，2010），第157-158頁。
33. 鄭宏泰、黃紹倫：《香港大老：何東》，第162、166頁。因周壽臣家族自祖、父輩已在香港長居，所以政府承諾授予他的家族及其後人英籍公民身份。鄭宏泰、周振威：《香港大老：周壽臣》，第28、135頁。

負華人的責任。[34] 與其強行調和國籍跟政治或愛國取態，商人精英索性利用其具認受性的英國臣民地位，結合中國民族主義的優勢來實現理想及抱負。

商人階級利益與省港大罷工

商人階級利益

一般而言，商人階級利益可理解為他們生意來往所賺取之金錢利潤。本部份將集中解釋香港商界，特別在罷工期間，如何維持自身利益。

在1920年代，香港曾有一連串勞工運動，昭著者有1920年機器工人罷工（Mechanics' Strike）、1922年海員罷工及1925-1926年省港大罷工。工人認為此等工人集體行動能有效維護權益及達成合理訴求，而華商則被描繪成一群與港府聯手否定工人權益的自私自利資本家。其時港府及商界皆以盡快穩定香港經濟為共同目標。當工人運動如省港大罷工牽涉民族主義及愛國情緒時，這情況便更為明顯。

面對罷工，政府及商界通力合作以盡速穩定經濟。他們亦不止一次計劃資助陳炯明反擊，奪取廣東政府。在1921年先由劉鑄伯（Lau Chu-pak）首次提出，然後港督司徒拔在1922年陳炯明被孫中山擊潰前再度提議，在罷工期間司徒拔再提議最後一次。[35] 雖然計劃皆以失敗告終，但若無香港華商，此等協調聯絡必不成事。1925年7月，依羅旭龢及周壽臣建議，港督司徒拔批准成立秘密的工業維持會（Labour Protection Bureau），以抗衡罷工工人威脅及坊間謠言。[36] 更多華商參與及帶領一些政府組織，如特別警察後備隊（Special Police Reserve）、香港防衛軍（Hong Kong Volunteer Defence Crops）及團防局（District Watch Force）[37]。

---

34. 鄭宏泰、黃紹倫：《香港身份證透視》，（香港：三聯，2004），第7頁。
35. 張俊義：《20世紀初粵港政局之互動》，載：陳明銶、饒美蛟編：《嶺南近代史論：廣東與香港關係1900-1938》，（香港：商務印書館，2010），第178、180-181頁；曾銳生，第96頁。
36. 高馬可，第145頁。
37. 同上，第153頁。

雖然司徒拔對罷工依然強硬，1925年9月各邑商人聯合會（也稱僑港各邑商會）首次呼籲談判。[38]歷經多番嘗試，直至司徒拔卸任港督，談判才得以開啟。即使司徒拔繼任者金文泰亦堅持港府不與粵政府溝通，然而，跟中共和罷工工人領導的罷委會對話亦實屬不妥，他卻願意派遣一華人代表團，包括羅旭龢、周壽臣，及東華醫院、團防局和二十四行商會（Association of Twenty-Four Mercantile Guilds of Hongkong）的領袖於12月抵粵談判。[39]華商、罷委會及港府之間的博弈反映商人如何跟港府立場一致。

　　香港華商精英不僅需與港府合作，在某些時候，他們亦需本地華人的支持，才能在跟港府的溝通中具話語權。在省港大罷工這危機中，華商精英亦有機會鞏固自身地位。以他們在華人社會中的領袖聲望，他們跟港府合作時更能議價。與改善中港兩地同胞生活水平的善舉相比，他們在華人社區的領導地位確實能為他們樹立聲望，從而在跟政府打交道時更有影響力。

　　香港有不同華人社團，不少以宗族、家鄉及鄰里主導，如宗親會、同鄉會和街坊福利會，亦有一些慈善組織以改善本地甚至華南華人生活水平為宗旨。東華醫院和保良局即為其中表率。東華醫院自1870年創立就為貧苦大眾提供中醫服務，之後更涉足殮葬、食物救濟等範疇。東華醫院對粵港華人社會的貢獻毋庸置疑。所以，此等組織不但在香港華人社區中舉足輕重，亦跟中國大陸政府關係密切，於是當中港發生衝突時不免會惹起港府懷疑。[40]東華醫院和其他機構被視為華人社會弱勢社群的求助對象，而且華商可以遊說華人大眾順從或反抗政府，故提升了他們的聲望和影響力。他們可

---

38. 周奕，第74頁；盧權、褟倩紅，第262頁。
39. 高馬可，第136-137頁。
40. 在1879年，歐人社會一度擔憂東華醫院會成為華人社會「政府中的政府」（imperium in imperio）。《孖剌西報》（Daily Press），1873年5月21日、7月1日、7月25日、1875年7月25日；《德臣西報》（China Mail），1875年11月13日、1879年5月，轉引自丁新豹，第74頁；轉引自洗玉儀（Elizabeth Sinn）：《權力與慈善：英殖香港的一個華商精英》（Power and Charity: A Chinese Merchant Elite in Colonial Hong Kong），（香港：香港大學出版社，2003），第122頁。

以利用華人大眾跟港英政府的潛在對立來鞏固自己的社會地位及商業利益。

儘管香港華商同具華裔血統,他們的經濟利益很大程度上,卻與日益壯大的中國民族主義運動有所衝突。這從罷工當中可見一斑。

省港大罷工本為反抗中港英帝國主義而策動,但香港本地華商卻受最大打擊。當中小型和新開業的企業損失尤其慘重,一些小銀行甚至一蹶不振,主要因為小型公司並無資本以高薪聘請新工人。[41]而杯葛英貨及港元的行動更加癱瘓香港。港幣波動令經濟崩潰,導致很多商號倒閉,以致港府稅收銳減。單是1925年11至12月,就有超過三千所公司倒閉。[42]慈善團體東華醫院本只提供食物援助,但時任東華醫院委員會主席馬敘朝(Ma Tsui-chiu)申明,由於整體經濟受挫,東華醫院有必要違背其一貫不干政原則。[43]由此可見,罷工時香港經濟崩塌連累華商,迫使他們主動盡速平息罷工以挽救生意,以及重建香港有利的營商環境。

初步概觀
由於本研究為畢業論文之初探,現階段提供任何結論仍為時尚早。但仍可觀察出兩大要點:首先,華商精英的靈活性值得一提。雖然在罷工期間,他們選擇淡化文化族裔身份以維持階級利益;在其他情況下,很多華商仍以華裔同文同種自豪。所以,香港華商精英熱衷於利用其多重身份的優勢,周旋於不同文化族裔跟階級身份之間,那個較為有利,就以那個身份示人。

另一觀察就是商人階級首要的經濟生存本能。的確,對商人而言,經濟穩定十分重要,但罷工揭示香港作為商業中

---

41. 高馬可,第139頁。
42. 周奕,第74頁。蔡榮芳,第146頁。
43.《東華醫院董事局會議記錄》,1925年(乙丑)七月初三日,轉引自丁新豹,第155頁。

心，對華商十分重要。不只是香港華商，甚至粵商以至港府皆倚賴香港營商牟利，可見商人本質上以生意持久先行。此等心態毋庸置疑將對香港政治影響深遠，因為政府須與英商及華商合作。

　　本研究將會擴展成畢業論文。屆時將援引更多原始文獻，例如政府檔案、報章，以及其他只藏於香港圖書館的刊物，有望寫成精細及詳盡的論述，輔以更完整的細節和更聚焦的詮釋。

參考文獻

蔡洛、盧權：《省港大罷工》，廣州：廣東人民出版社，1980。

高馬可（John M. Carroll）：《帝國邊陲：香港華人精英和英國殖民者(see main text)》（Edge of Empires: Chinese Elites and British Colonials in Hong Kong），香港：香港大學出版社，2007。

陳偉群（Chan, Wai Kwan）：《香港社會的塑造：在早期香港階級形成的三個研究》（The Making of Hong Kong Society: Three Studies of Class Formation in Early Hong Kong），牛津：Clarendon Press，1991。

周奕：《香港工運史》，香港：利訊出版社，2009。

張圭陽：《華商會所百年》，載：華商會所編：《華商會所百周年紀念特刊》，第12-35、36-58頁，香港：華商會所，1997。

Cook, Christopher：《羅旭龢：香港之人》（Robert Kotewall: A Man of Hong Kong），劍橋：Ronald Zimmern，2006。

安德葛（G.B. Endacott）：《香港的政府與人民，1841-1962年：一個憲法史》（Government and People in Hong Kong, 1841-1962: A Constitutional History），香港：香港大學出版社，1964。

安德葛（G.B. Endacott）：《香港史》（A History of Hong Kong），倫敦、紐約：牛津大學出版社，1973。

甘田：《省港大罷工》，北京：通俗讀物出版社，1956。

廣東哲學社會科學研究所歷史研究室編：《省港大罷工資料》，廣州：廣東人民出版社，1980。

李培德編：《香港史研究書目題解》，香港：三聯，2001。

李達嘉：《商人與共產革命：1919-1927》，台北：中央研究院近代史研究所，2015。

林亞杰編：《廣東文史資料存稿選編（三）：省港大罷工；港澳華僑史》，廣州：廣東人民出版社，2005。

劉蜀永：《簡明香港史（新版）》。香港：三聯，2009。

羅德丞（Lo Tak-shing）：《文錦：1893年7月21日生，1959年3月7日歿，「仍愛、仍予、仍屬我們」》（M. K.: Born 21st July 1893, Died 7th March 1959, "Still loving, still giving, still ours"），香港：未註明出版地，1959。

盧權、褟倩紅：《省港大罷工史》，廣州：廣東人民出版社，1997。

盧受采、盧冬青：《香港經濟史：公元前約4000-公元2000年》，北京：人民出版社，2004。

《個人會員登記冊，1910-1940》，收錄於《香港中華總商會年鑑、會員名錄和其他刊物／引用資料》（Annual Reports, Membership Directories and Other Published/Reference Material, The Chinese General Chamber of Commerce），檔案編號HKPRO: HKMS164-1-29。

中國第二歷史檔案館編：《五卅運動和省港罷工》，南京：江蘇古籍出版社，1985。

司徒胡君麗、司徒莊（Gwenneth and John Stokes）：《皇仁書院：其歷史 1862-1997》（Queen's College: Its History 1862-1987），香港：皇仁書院舊生會（Queen's College Old Boys' Association），1987。

丁新豹：《善與人同：與香港同步成長的東華三院（1897-1997）》，香港：三聯，2010。

蔡榮芳：《香港人之香港史 1841-1945》，香港：牛津大學出版社，2001。

曾鋭生（Steve Tsang）：《香港現代史》（A Modern History of Hong Kong），倫敦；紐約：I.B. Tauris，2007。

法蘭克．韋爾許（Frank Welsh）：《香港史（第二次修訂版）》（A History of Hong Kong（2nd Revised Edition），倫敦：Harper Collins Publishers，1997。

黃紹倫、鄭宏泰：《何世禮身份認同的心結》，載：《二十一世紀雙月刊》，第114期（2009，第104-113頁。

蕭超然：《省港大罷工》，北京：工人出版社，1956。

余繩武、劉存寬、劉蜀永編：《香港歷史問題資料選評》，香港：三聯，2008。

余繩武、劉蜀永編：《20世紀的香港》，香港：麒麟書業，1995。

張俊義：《20世紀初粵港政局之互動》，載：陳明銶、饒美蛟編：《嶺南近代史論：廣東與粵港關係 1900-1938》，香港：商務印書館，2010，第173-191頁。

張連興：《香港二十八總督》，香港：三聯，2012。

鄭宏泰、黃紹倫：《何東身份認同的心結》，載：《二十一世紀雙月刊》，第111期（2009）：第65-75頁。

鄭宏泰、黃紹倫：《香港歐亞混血買辦崛起之謎》，載：《史林》，第2期（2010）：第4-17、191頁。

鄭宏泰、周振威：《香港大老：周壽臣》，香港：三聯，2006。

鄭宏泰、黃紹倫：《香港大老：何東》，香港：三聯，2007。

鄭宏泰、黃紹倫：《香港身份證透視》，香港：三聯，2004。

省港大罷工與香港望族

梁寶龍
香港工運史研究者

我是中國人

上年寫了一篇讀書報告,其後亦發表一篇讀書報告,同樣有談本土意識。有論者認為省港大罷工時香港上層精英竭力為港英維持秩序,是本土意識的強烈表現。但在這群上層精英中,有人堅持自稱是中國人。

香港望族何東是中國和荷蘭的混血兒,自認是中國人,經常穿著中式長衫,但卻效忠港英。

何東是關注中國政局的,1923年孫中山訪港在香港大學演講,何東的大兒子何世儉是香港大學學生會主席,負責致歡迎詞。何東本人於下午與孫中山會晤。何東曾高調向中國各軍閥提出「停戰裁兵」的建議,北上中國各地會遊說各軍閥。經過一番努力,建議無法開展。

省港大罷工爆發初期的1925年中,何東正在倫敦與英國外交部及殖民地官員談論中國和香港問題的時候,寫了一封私人函件Memorandum on the Present Crisis in China,反對英國政府作出讓步,終止中國治外法權及恢復關稅自主等。可見何東在中港的政治力量和心態。

何東的兒子何世禮在中國人身份上表現激進,他於1925年9月入讀英國烏烈芝皇家軍事學院(Royal Military Academy, Woolrich),這時省港大罷工已經爆發。1926年下半年,何世禮報考英國皇家坦克兵團,「香港人」的身份給他帶來困擾,英國戰爭部(War Office,即後來的國防部)認為何世禮的英國屬土公民乃屬外國人,又指何世禮可能會成為軍閥。需要小心處理,必要時考慮推薦他到法國受訓。

在這個情況下，何世禮得到東北軍閥張作霖的名義上資助，冀能進入法國軍官學校受訓。但沒有支取薪金，也沒有為張作霖工作。經過一段波折後，何世禮於1927年加入「范波路皇家坦克兵團第二戰鬥營」（The Second Battalion of the Royal Tank Corps at Farnborough）當學員。

　　1927年下半年，何世禮作出驚人之舉，申請放棄英國國籍，轉為中國公民，維持英國屬土公民身份不變。1925年時何世禮是持英國護照進入英國的，護照英文名Roberr Ho Tung，放棄英國國籍後，改用英譯中拼音Ho Soughhai Lai，自稱中國軍人。英國戰爭部獲悉這一消息後，終止何世禮的范波路皇家坦克兵團第二戰鬥營學籍。何世禮由吳佩孚保薦投考南京軍事學院，因此在上海辦理「入籍中國」手續，1929年時何世禮加入了東北軍，成為真正的中國軍人。在《工商日報》內，部份員工以「將軍」來稱謂何世禮。

　　早在1924年，何世禮已決意北上從軍，一班皇仁同學亦有此意。可見當時部份香港精英第二代的心態。事情不僅如此，當時亞洲瀰漫革命氣氛，在皇仁讀書的何世禮有「Bolshi Robert」的譯號，Robbie是何世禮的英文名是Rberr，Bolshi即Bolshevik的簡寫，是俄文 большевик 的音譯，中文音譯是「布爾什維克」，意譯為多數派，是指俄國社會民主工黨中的一個派別。這個譯號不是指何世禮是共產黨員，而是指他左傾。聯俄容共前的國民黨已被指是布爾什維克，蔣介石當時被指是左派領袖，曾在公開會議上高叫反帝國主義口號。

　　早在1921年，香港另一望族利希慎安排兒子利銘澤、利銘根到倫敦求學。1923年，利銘澤入牛津大學班堡克書院（Permbroke College，彭布羅克書院）攻讀土木工程，1927年畢業，中國改革開於後，利銘澤北上做生意，成中南海紅人。周壽臣的兒子周錫年醫生於1923年到倫敦大學深造。以上各人的中國心各異。

省港大罷工

香港土生的望族周壽臣曾在清政府內任官，省港大罷工時全力為港英維持香港的安定繁榮出謀獻策。

何東在罷工問題上，認為工人的行動破壞了香港經濟和社會安全，因而支持港英以強硬手段對付工人，協助港英分化工人，企圖瓦解省港大罷工。

1925年，九龍塘花園別墅興建計劃工程遇上省港大罷工及發展商病逝而面對清盤危機，部份業主及股東請求何東協助，何東先組織成立「九龍塘花園會所」，然後繼續未完的工程，別墅於1929年相繼落成。在區內原本全以英國郡為名的街道選取1條街命名為何東道（Ho Tung Road），以示感謝和紀念何東施以援手。

很多人誤以為九龍塘花園因省港大罷工打擊而破產，實情則是九龍塘花園計劃出現失誤，在平整土地，修建去水道等工程上計錯數，令工程嚴重超支，陷入財困要破產收場。

1926年，上海《民國日報》報導指何東、渣打銀行及英美煙草公司聯合組成財團，借出500萬元給張作霖及孫傳芳作反赤軍費。英國贈送30,000個軍用鋼盔支持反赤。

省港大罷工後，何東女兒何艾齡、何綺華於1927年赴英留學。

香港另一望族利希慎於1924年時以3,850,960.35元從蘇格蘭Dumfriesshire的鄉紳約翰・威廉・布坎南-渣甸（John William Buchanan Jardine）手中，購入銅鑼灣東角土地，包括家宅、商廈、貨倉等。省港大罷工前各港商都是看好香港的市道。1925年，利希慎為紀念好友江其輝，應允為皇仁書院設立獎學金。

有論者認為：華人精英無法在港英內取得正式的華人代

表位置，只好在中英之間尋求以各種策略，提升其政治和社會地位，這就出現雙重效忠的問題。在政治和經濟的壓力下，華人精英以自身利益為出發點，效忠也隨時局而變化，回歸前後可見一斑。

參考資料：

鄭宏泰、黃紹倫著：《三代婦女傳奇——何家女子》，香港：三聯書店（香港）有限公司，2010。

鄭宏泰、黃紹倫著：《山巔堡壘——何東花園》，香港：中華書局（香港）有限公司，2012。

鄭宏泰、黃紹倫著：《香港大老——何東》，香港：三聯書店（香港）有限公司，2007。

鄭宏泰、黃紹倫著：《香港將軍——何世禮》，香港：三聯書店（香港）有限公司，2008，第51-80頁。

鄭宏泰、黃紹倫著：《香港赤子——利銘澤》，香港：三聯書店（香港）有限公司，2012。

鄭宏泰、黃紹倫著：《一代煙王——利希慎》，香港：三聯書店（香港）有限公司，2011。

利德蕙著，顧筱芳譯：《香港利氏家族史》The Lees Hong Kong，香港：中文大學出版社，2011。

鄭宏泰、周振威著：《香港大佬——周壽臣》，香港：三聯書店（香港）有限公司，2006。

以上圖書香港公共圖書館都藏有，可供外借。

省港大罷工之研討會後記
從省港大罷工淺談其理論含義

伍錫康
香港大學商學院

前言

　　在上世紀二十年代中期，發生扣人心弦之省港大罷工與杯葛事件，距今湊巧九十週年，為紀念是次震撼性之中國香港工人運動，我們匯聚一群懷緬省港大罷工之報人、工運與社運領袖與學者，聚首一堂，舉辦一次頗富意義之研討會。回顧這段自1925至1926年，環繞著省港大罷工為經緯之勞工史，會上講者所發表之論文，其後與會者所提之意見及評語，不單僅是互相切磋，亦有縱橫交辯以求真理。總結而言，是次研討會對於認識省港大罷工之前因後果，其發展過程，與瞭解該宗事件在中國與香港近代社會政治史上之定位，影響與長遠意義，頗具價值。

　　研討會上提交之論文，其涵蓋內容頗為廣闊，有關文章在紀事方面，亦可説詳盡客觀，並且在剖釋是次工潮之背景成因，特別是在處理中外利益衝突、國共矛盾與合分之「相對」論（DIALECTICS），與中國工人之經濟期望及意識形態之取向，頗能深入淺出。

　　本文作為是次研討會之後記，將集中探討屬於較為理論或「抽象」層面之問題，以在大會發表之論文及隨後互動交錯討論之要點作為開端，嘗試從是次大罷工之歷史經驗，發掘及提出若干理論性之觀點或問題，略作淺談闡釋。

　　首先，值得稍作思考之問題，就是「時空論」，任何概念，往往橫跨時空兩界，作為分析比較基礎，中國共產黨創黨人之一，李大釗教授對在時界上過去、現在及將來三點曾有啟發性之闡釋，從歷史觀而言，「現在」雖屬實體現象，亦是抽象理念，「現在」就是由「過去」與「將來」在時界

上交匯於一點而成，倘若沒有「現在」，「過去」與「將來」不能相連延續，若不考慮「過去」，則不能解釋「將來」，若沒有「將來」，則「過去」缺乏意義。

以上觀察，看似常理，或屬必然(即'TAXONOMY')，可說放諸四海皆準。倘若回顧在1925年發生之省港大罷工，可說絕非偶然而是在較早之時段已有跡可尋。概括而言，歷史因素主要有二。其一是社會與經濟體制之演進，在清末民初，在列強資本帶動下，現代工業開始在中國出現，產生依賴工資之勞動工人隊伍[1]，雖然相對而言，香港工人較諸國內同業，工作環境與僱傭條件較佳，然而勞動法尚未踏進軌道，而工資低廉，工廠僅屬賺錢工具，因此勞資雙方關係僅屬虛浮不穩，況且工人不少來自中國大陸鄉間，對工作紀律及操守鮮有認知，動輒因不滿工錢而停工，或隨意缺勤[2]，縱使英國在工業革命引進「工廠」制度後，亦不時有激進分子破壞機器洩憤，被稱為「洛狄派」（THE 'LUDDITS'），而十九世紀初，在英國工人結社（COMBINATION）或罷工容易被視作違法而遭當局鎮壓，警察與工人因此間有流血衝突，有關英國工人與資本家及當權者之鬥爭，不少記載英國勞工史之文獻有詳細闡述[3]。

若理論而言，卡‧卻德爾等人（CLARK KERR ET AL.），在闡釋工業發展與社會價值觀演進及兩者關係之經典文獻

---

1. 按照唐尼所稱：「工業發展中之中國可分為三個主要地區——(i)港口、(ii)後勤地（由鐵路與河流連接）與(iii)內陸。在第一地區，工業資本（歷史上最初倚賴海外輸入）有重要地位；在第二地區，工業正在發展中，但仍處於雛形；至於第三地區，迄今仍是最大但荒蕪，人跡稀疏，仍未成氣候及依賴原土原泥生產（即農耕活動）。」見R.H. TAWNEY（唐尼）《中國之土地與勞工》（LAND AND LABOUR IN CHINA），倫敦：1932，第127頁。
2. 有關香港開埠初期，碼頭貨倉搬運工人、轎夫與人力車夫，不時有間歇性罷工之記載，可見周奕：《香港工運史》，香港：利訊出版社，2009，第14與第15頁。
3. 有關英國工業革命時期之社會、勞工與工會情況，可見譚臣（E.P. THOMPSON）：《英國之工人階級之形成》（THE MAKING OF THE ENGLISH WORKING CLASS），夏敏斯域芙（HARMONDSWORTH）：企鵝出版社（PENGUIN BOOKS），1968年；雅歷‧荷斯班（ERIC J. HOBSBAWN），《勞動人：勞工史之研究》（LABOURING MAN: STUDIES IN THE HISTORY OF LABOUR）倫敦：衛特菲與尼歌遜（WEIDENFELD & NICOLSON）。

（名為《工業理念與工業人》INDUSTRIALISM AND INDUSTRIAL MAN）裡，就是引用上述這類「工業化」早期之經驗，輾轉解釋(i)為甚麼在這段期間，大部份罷工行動多屬自發性，而且經常不宣而戰，因此引起工作紀律問題；(ii)為規範這種不規則工人行動，以免破壞正常生產及工廠或社會秩序，因此工廠管理不再僅是生產安排組織問題，亦屬工人管理（LABOUR MANAGEMENT），所以工廠開始訂定廠規，政府開始制訂勞工法，以規管工人行動與勞資雙方關係；而在歐美，工會出現以後，僱主亦開始與其談判，制訂集體協約，釐定雙方同意之規條。4

是套工業及工業價值演進論，亦可說部份適用於中港處於省港大罷工前後之社會與政治狀況。

中國在1911年辛亥革命成功後，民國成立代替帝制，香港亦因國內政局轉變而在人口與經濟方面，皆有得益。革命前之洋務及維新改革運動，雖不是失敗就是無功收場，卻開始引發部份知識分子，反思如何借鑑及引用西方科學、哲學與人民科學，協助中國建立自己較新之政經秩序及社會意識與文化原素。與此同時，俄國革命，蘇維埃政府成立，以「紅色國際」（RED INTERNATIONAL）組織，向外輸出共產社會主義思想，間接亦扶植中國共產黨於1921年創立。5

---

4. 見卡‧郤爾，約翰‧鄧立，菲德勒‧夏邊遜與查理斯‧米亞斯（CLARK KERR, JOHN T. DUNLOP, FREDERICK H. HARBISON AND CHARLES A. MYERS）：《工業主義與工業人》（INDUSTRIALISM AND INDUSTRIAL MAN），夏敏斯域芙（HARMONDSWORTH）：企鵝出版社（PENGUIN BOOKS），第二版連序言與後記，1973。
5. 在清末民初這段時間中國知識份子，因受西方民主思想、馬列主義洗滌，而作自我反思。就這「百花齊放」之（抽象）思想與（具體）實務自強改革運動之闡述，可參考徐中約：《中國近代史，下冊》，香港：中文大學出版社（許秋楓與鄭會欣譯），2002，第二十一章；就中國共產黨產生之歷史背景與李大釗及陳獨秀之主張，亦可見徐中約，同上，第517至第521頁。二十世紀二十年代開始，中國亦被美籍中國史權威費正清形容為踏進所謂「公民社會」（CIVIL SOCIETY）初階。見約翰‧費正清（JOHN KING FAIRBANK）與瑪歷‧高文（MERLE GOLDMAN）：《中國：一個新歷史》（CHINA: A NEW HISTORY），劍橋，馬撒塞實州（CAMBRIDGE: MASSACHUSETTS）：哈佛大學出版社，第二加長版，2006，第257至第285頁。

1919年第一次世界大戰結束，巴黎《凡爾賽宮和約》簽訂，列國同意廢除與中國在滿清時代所訂立之不平等條約，然而卻在上海及廣州沙面等地維持「外國租界」（FOREIGN SETTLEMENTS），並且容許日本取代德國在華之利益，不單為日本侵華寫下伏線，亦是對中國主權缺乏尊重，因此導致隨後之「五四」運動，標誌著知識分子與學生，對改革舊社會傳統及文化之渴求。風起雲湧之學運，對中國工人運動具有一定之催化作用，雖然民族愛國情緒遠較階級意識濃烈，工錢剝削仍是工人不滿抗議之主因[6]。

　　由於香港治安與社會較為穩定，況且港府較為著重法治，因此在地緣政治上，香港不時成為敏感人物托庇之所。明顯例子，如孫中山先生及胡志明等[7]。

---

6. 1919年之巴黎凡爾賽宮條約，結束第一次世界大戰，中國雖曾派遣多達十萬華工至戰鬥慘烈之歐洲西線參加後勤工作，然而卻遭戰勝列強歧視；日本雖然並未有參戰，卻獲列強默許，接掌德國在華之利益，美其名為加強對「布爾拾維埃」主義之防範及圍堵。而外國「沙文主義」（CHAUVINISM）在華繼續肆虐，刺激年青知識分子對傳統舊社會之嚴厲批判，繼而產生對新文學、新價值觀與重整社會及經濟秩序之渴望及追求。「五四」運動，除提倡「白話文」外，並與「女權」、「婦解」及共產社會主義思想互相呼應，深得學生支持，亦對二十年代中港現代工運發揮啟發作用。見莊尼芬・范比（JOHNATHAN FENBY）《現代中國「企鵝」歷史：一個強國之衰與盛，一八五零年至今》（THE PENGUIN HISTORY OF MODERN CHINA: THE FALL AND RISE OF A GREAT POWER, 1850 TO THE PRESENT），倫敦：企鵝出版社，第二版，2013，第139至第145頁。一些外籍中國史學者，視195年之省港大罷工，主因除政治動機外，亦涉及工人企圖爭取改善工作僱傭條件，公平對待華籍工人，禁止童工，撤銷加租與種族平等及其他經濟訴求；見范比，同上，第168頁。就二十世紀初，中港兩地工人之普遍惡劣工作環境與坎坷待遇，可參考畢拉（H.R. BUTTERS）：《勞工主任畢拉先生就香港勞工與勞動情況之報告》（A REPORT BY THE LABOUR OFFICER, H.R. BUTTERS ON LABOUR AND LABOUR CONDITIONS IN HONG KONG），香港：政府印務及出版局，1939，第114至第159段，第129至147頁。

7. 北越開國之父胡志明在一九二零年代，曾參加黃埔軍校為學員，其後曾在香港流亡，遭法國政府通緝，並被港府羈留於域多利亞監獄，其後獲英籍律師法蘭・盧思庇（FRANK LOSEBY）協助，上訴至英國樞密院，卒告獲釋，並未有被逮解予越南法國政府。見查・維社（TREA WILTSHIRE）《殖民地香港掠影》（A STROLL THROUGH COLONIAL HONG KONG），香港：仿亞（FORM ASIA）：2013，第229頁。就香港與中國大陸在工運上之密切關係，在地域政治上成為後者工運發展之重要基地，可參考伍錫康：《香港》，見羅渣・鮑平爾主編：《勞工法與工業關係全球百科全書》之叢書（HONG KONG: A COUNTRY MONOGRAPH, IN THE SERIES RODGER BLANPAIN (ed.), INTERNATIONAL ENCYCLOPEDIA FOR LABOUR LAW AND INDUSTRIAL RELATIONS），荷蘭：冀爾法律與稅務出版社（KLUWER LAW AND TAXATION PUBLISHERS）：1990，第42版：第40段。

雖然港府早在1911年制訂《社團條例》，登記在港活動之行會與工會，這個英屬殖民地之結社環境，似乎較諸內地為「通融」（PERMISSIVE），使其成為中國現代工運萌芽之地。中華機工會成立後未己（注意：香港華人機器會是在1909年立的），在1920年組織罷工取得成果，可説是開近代較大規模工業行動之先河。繼而共達一百多個工會在中港兩地響應成立，例如「廣州機工維權社」在1921年成立，同年在廣州號召罷工，亦可説大致成功[8]。

　　誠然，為1925年省港大罷工寫下較大伏筆之工業事件，是1922年之「海員大罷工」。二十世紀初葉，海員因出海遠涉重洋關係，容易接觸西方文化及民主思想，受其感染，再加上省港海員因輪船公司招募積習而常受岸上承包辦館中間剝削，同時在船上亦受華人買辦代理壓迫，因此海員彼此互助結社之「醒覺」感日增，遂於1916年以9艘郵輪之海員為首，組成「香港海員慈善社」，並得孫中山先生鼓勵，旋於1920年尾先成立「海員工會籌備會」，由於港督司徒拔在早期取態較為同情工運，因此翌年在其默許下，海員工會正式在港創立，並得孫中山先生贊助，為其冠名為「中華海員工業聯合總會」（GENERAL INDUSTRIAL FEDERATION OF CHINESE SEAMAN, 或簡稱, CHINESE SEAMAN UNION）。該會可説是省港兩地最早出現之各產業工會中，其中最具代表性之工人組合[9]。是年七月中國共產黨創黨，而附屬之「中國勞動組合書記部」亦同時成立[10]（即1921年）。

　　中華海員工會在港創會與接踵而至之香港海員大罷工，可説是省港工運連鎖系統之先導者（AVANT-GARDE），亦為1925年之省港大罷工締造條件，海員大罷工得以成事及取得成功，反映中港工運踏進新里程碑，工人已具能力，自行結

8. 同上，畢拉。
9. 同上：第42與第43頁：第41段。亦見周奕：《香港工運史》，第19至第24頁。見香港海員工會：《歷史記得光榮的海員：香港海員工會九十年——一九二一至二零一一年》，香港：香港海員工會，2013，第16至20頁；亦見周奕，《香港工運史》，第24至26頁。
10. 見伍錫康：《香港》，第42頁：第41段，亦參考周奕：《香港工運史》，第36頁。

社，與僱主對抗。海員因出海關係，容易在西方國家，感染及吸收在彼邦之工人結社背後之階級意識及組織科學。

然而觸發1922年海員大罷工之誘因，表面而言，繫於經濟與職業訴求，海員要求船東改善工資待遇未果，故集體離船罷工抗議。但倘若作較深入探討，則是次工潮之導火線，是因在港海員對現存制度所累積之怨憤，渴求重整，而其積憤有二：（一）外籍與華籍海員待遇差距甚大，故中港海員素感不公平；（二）更甚者是行久之包頭辦館制容許這些代理人居間剝削，日益嚴重，而在港生活費用日高，工錢不堪糊口。

1921年尾，中華海員工會向在港船公司提出三項要求，包括（一）加薪；（二）由工會直接負責與船東接洽招聘海員事宜；與（三）建議工會須在場見證雙方簽訂聘用合約[11]。

由於船東泰半輕視上述工會要求不理，海員工會決定號召及組織在港海員進行罷工。行動部署頗為嚴緊，分工頗具系統，以廣州為基地，動員隊伍包括「徵求隊」、「勸進隊」（PICKETING）、「宣傳隊」與「防止破壞罷工隊」（STRIKE BREAKING/ STRIKE RAIDING PREVENTION）。繼因船公司維持強硬態度，未有讓步，海員大罷工遂於1922年1月展開，並得航運界各業工會支持，以「十三太保聯盟」名義呼應，至1月底離船撤返廣州海員幾達萬人，港府初時試圖武力鎮壓，除宣布戒嚴外，並在1月25日查封海員工會及稍後，運輸工會亦難倖免[12]。

然而由於海員罷工獲孫中山先生支持，故氣勢頗盛，港口運作中斷，2月初雙方初步接觸，嘗試談判解決工潮，罷工海員要求除加薪及在聘用時須有海員工會協助外，並須港府及僱主不作「秋後清算」報復行動。然而，由於港府要求

---

11. 見香港海員工會，《歷史記得光榮的海員》，第21至26頁；亦見周奕，《香港工運史》，第227至34頁，第36至38頁。
12. 見周奕：《香港工運史》，第28至41頁；亦見香港海員工會：《歷史記得光榮的海員》，第21及22頁。

海員工會須易名方可復會，致令談判陷於僵局，2月尾香港全市各業總同盟工人相繼罷工，總罷工如箭在弦。至3月3日發生步行返穗工人遭英軍開鎗鎮壓，釀成「沙田慘案」，導致全市全面罷工，港口幾乎癱瘓，3月5日，港府被迫簽城下之盟，結束罷工，海總得以原名復會，並由香港聖公會會督將工會招牌重新掛上[13]。

海員大罷工為1925年之省港大罷工創造有利先導條件，省港大罷工所表現之工人團結意識與組織能力，並非一朝一夕瞬間達致，而是經過海員罷工之經驗，該事件可視為培育中港工運之催化劑。在海員罷工啟發下，1922年至1923年間，在中國發生幾達一百宗大小罷工，涉及工人30萬以上，中港工運人士，吸收教訓，累積經驗，可說是省港大罷工之序曲。雛型之中國工運漸次升至高潮，與二十與三十年代澎湃之愛國學運互相呼應[14]。同時二十年代初之海員運動，培植一群能幹之工運領袖，例如林偉民、鄧中夏、蘇兆徵等，他們不少屬知識分子，抱共產黨理想，但其中亦有國民黨黨人，馬超俊就是表表者，獲孫中山先生重用，一直領導國民黨內之右翼工運人士[15]。

誠然，省港大罷工無疑是中港工運發展史之轉捩點，若從「時空」觀論，它是「承先」，因倘若未有較早前之機工罷工及海員大罷工，省港工運不一定會踏進歷史性高潮，難足以形成一股力量，可與港府對峙長達一年有多，然而省港大罷工無效收場，亦屬「啟後」，因隨後省港工會元氣大傷，港府於1927年制訂嚴苛之《非法罷工與閉廠條例》，而右翼國民政府在國共分裂後，亦對左翼工會多加鎮壓，中港工運遂陷於一蹶不振之地。從政治後遺症觀點而言，由於省港大罷工時，共產黨人一度控制工人行動，鋒芒盡露，引致港

13. 見周奕：《香港工運史》，第41至51頁；亦見香港海員工會：《歷史記得光榮的海員》，第23至28頁。
14. 見伍錫康：《重温中國（港穗）工運與包爾文之理論架構》（"A REVISIT TO THE CHINESE (CANTON-HONG KONG) LABOUR MOVEMENT AND PERLMAN'S MODEL"載於《澳洲政治與歷史學刊》（THE AUSTRALIAN JOURNAL OF POLITICS AND HISTORY），第31期，第3號，1985，第419至第420頁。
15. 見周奕：《香港工運史》，第53至55頁，第60與61頁。

府與國民黨對「布爾什維克」思想極端猜疑，視之為顛覆力量，故不惜鐵腕對待，因此不單扼殺剛起步之中國工運，而港府在取締罷工之主腦工會之餘，表面繼續容納工運，卻刻意培植所謂「英國式之責任性工運」，以取代被認為左傾之「省港工運」[16]。

此外，頗得一提的，就是罷工成功與否之客觀條件，亦可從海員大罷工與省港大罷工兩者比較，略見端倪。理論而言，上述工潮，反映著數項因素，可左右罷工能否奏效：(i)罷工所耗時間長或短；(ii)罷工是否發展成為工人間之「內戰」（所謂 'THE WORKING CLASS' CIVIL WAR），這亦與罷工是否曠持日久有關；及(iii)輿論（即SOCIAL MEDIA）之取向。

回顧省港大罷工，似乎就是因為持續太久，引致不同變數相繼出現，大大削弱罷工初期之氣勢，首先是一度敵愾同仇之民族意識降溫，因省港商人之利益與罷工行動相違，漸使工商兩界分裂，省港兩地的人民生活亦受到不同程度的影響，而蔣介石亦利用「中山艦事件」，決定中止國共合作，成為省港大罷工之「致命傷」。反觀海員大罷工，為時較短，於短短 3 個月內，在動員全市總罷工後，迫使港府指令船公司接受復工條件，罷工卒告成功。曾有研究罷工人士指出：現代罷工，可說是取決於朝夕之間，倘若在首二十四小時，這類「工業戰爭」能夠癱瘓僱主，使其就範，則成功機會較高，若拖延過久，僱主往往能夠調整其生產形式，減少損失，例如僱用「代替工」（STRIKE BREAKERS），或將生產程序及貨品他移，或以機器代替人手，倘若調整成功，則可

---

16. 有關大罷工後國民政府對左翼工運與共產黨之鎮壓，見伍錫康，《重溫中國（港穗）工運與包爾文之理論架構》，第421至422頁；而港府亦稱是次工潮是由無政府之「布爾什維克」分子所操控，故須鐵腕對待，見伍錫康，同上，第429至430。至於港府考慮制訂新一套之職工會法，意圖扶植所謂具責任感及仿傚英國模式之本地工會，其政策理念，可見畢拉：《勞工主任畢拉就香港勞工及勞工情況之報告》，第166頁，第230至232段。

舒緩罷工壓力[17]。另一方面，罷工曠持日久，工人手停口停，故耐力（STAYING POWER）往往不支，香港近期2013年發生之「葵涌碼頭工人罷工」，因和記國際貨櫃碼頭（HUTCHISON INTERNATIONAL TERMINAL）背後之和黃集團能夠利用緩衝時間，將不少經港處理之貨運轉道經深圳之鹽田港進出，故大大削弱罷工工人之談判力量，而工潮發展至尾聲時，僱用罷工工人其中一個主要承判商宣佈結業，遣散部份工人，罷工遂草草收場[18]。就算在英國，強如煤礦工人罷工，期間亦因妻子不滿停工削減收入（主要原因是罷工津貼不足抵消停薪損失），向丈夫施壓而令其停止罷工行動[19]，此類例子比比皆是。

再者，倘若罷工有損其他行業僱員利益，這類行動可被視為等同「工人階級」之內戰，跟循這個觀念推敲，則省港

---

17. 有關影響罷工是否成功之因素，其中頗為關鍵的，就是僱主能否以其他方式取代罷工工人之位置，以減少罷工對其營運之影響，罷工時間愈長，僱主愈容易代替罷工工人，包括僱用所謂「破壞罷工工人」（STRIKE-BREAKERS），可參考唐納（H.A. TURNER）：《罷工之趨勢》（THE TREND OF STRIKES），列斯（LEEDS）：列斯大學出版社，1963年；唐納（H.A. TURNER），《英國是否真正有罷工之趨向？》（IS BRITAIN REALLY STRIKE-PRONE?），劍橋（CAMBRIDGE）：劍橋大學出版社（CAMBRIDGE UNIVERSITY PRESS），1969；香港地下鐵路公司在一九八四年曾因列車司機兩度罷工，僱用代替人員，與剛成立之車務員工會角力，而罷工卒告失敗收場，見江達志（KONG TAT-CHI）：《地下鐵路罷工：原因與含義》，載於饒餘慶、李雲、伍錫康與冼玉儀編（Y.C. YAO, DAVID A. LEVIN, SEK-HONG NG AND ELIZABETH SINN (EDS.)）：《一個蛻變中社會之工運：香港之經驗》（LABOUR MOVEMENT IN A CHANGING SOCIETY: THE EXPERIENCE OF HONG KONG），香港：香港大學亞洲研究中心（CENTRE OF ASIAN STUDIES, UNIVERSITY OF HONG KONG），1988年，第147至149頁；亦見伍錫康：《地下鐵路之罷工：該工潮之含義》，（"STRIKE AT THE MASS TRANSIT RAILWAY CORPORATION"，載於《香港法律學刊》（HONG KONG LAW JOURNAL），第15期，第一部份，1985，第77至85頁。
18. 見伍錫康：《香港之勞工法》（LABOUR LAW IN HONG KONG），載於羅渣‧鮑平爾‧與法蘭‧漢齊主編（RODGER BLANPAIN AND FRANK HENDRICK (Eds.)）：《勞工法與工業關係世界百科全書》叢書（INTERNATIONAL ENCYCLOPEDIA OF LAW/ LABOUR LAW AND INDUSTRIAL RELATIONS）荷蘭：和達斯‧冀華（WOLTERS KLUWER），2015，第二版，第315至316頁，第904至908頁。
19. 可參考史葛、敏科、麥紀費寧與寇比（W.H. SCOTT, E. MUNFORD, I.C. MCGIVERING AND J.M. KIRBY）：《煤與矛盾》（COAL AND CONFLICT），利物浦：利物浦大學出版社，1963；亦見李察?夏汶（RICHARD HYMAN），《罷工》（STRIKES），霍坦尼（FONTANA）：哥連斯（COLLINS），1972，第112頁。

大罷工與近代交通運輸工人罷工皆有相似吻合之處。按現代集體公共運輸員工若要罷工，可令普羅大眾其中不乏勞動僱員，不能按時上班工作，因此離開崗位之罷工者可被視為單求追逐其局部利益，而有損基層整體利益。換而言之，罷工徒增工人內部矛盾，有損他們階級團結，所以罷工後果可能因加得減[20]。同樣，觀乎省港大罷工，由於有大量工人響應罷工撤返內地，癱瘓香港經濟，引起居港人士不滿。曾有報導，公務員泰半未有「跟風」參與罷工，反而支持政府運作，考其原因，他們認為罷工破壞彼等在港安居樂業之願望，故採同情政府態度。況且，工潮發展至後期時，不少工人亦因經濟飯碗問題，紛紛回港復工或找尋工作[21]，反映倘若罷工僵持過久，工人內部容易出現分化，往往較現實者盼望早日復工，而較強硬者則堅持對抗，由於內部分裂，相爭下罷工行動遂難以持續。

此外，報章及大眾媒界之報導，往往並非絕對客觀，而其編採之取向，以至出版人及幕後資本之背景，對其報導是否中肯，有否偏差，往往具決定性之作用[22]。省港大罷工發生時，雙方頗著重宣傳，以求爭取民意。例如罷工委員會下設宣傳組，冀將罷工理由與進展情況，廣為週知，亦有不少罷工領袖撰文解釋及評論是次工潮，委員會之喉舌，《工人之路》就是宣傳罷工之主要工具。另一邊廂，港府亦在罷工開始時，示意及鼓勵兩家具份量之報社成立，一為《華僑日報》，另一為《工商日報》，兩報所持觀點，頗接近官方之

---

20. 有關罷工對工人階級利益有磨損副作用，可參考曉治岩士唐‧橋斯（HUGH ARMSTRONG CLEGG）：《奧圖‧漢斯與英國工業關係》（"OTTO KAHN -FREUND AND BRITISH INDUSTRIAL RELATIONS"，載於尹達般伯爵、盧‧魯域士與約翰‧奇卡三人合編（LORD WEDDERBURN, ROY LEWIS AND JOHN CLARK, Eds.）：《勞工法與工業關係：從奧圖‧漢斯說起》（LABOUR LAW AND INDUSTRIAL RELATIONS: BUILDING ON KAHN-FREUND），牛津：賈倫登出版社（OXFORD: CLARENDON PRESS），1983，第26及27頁。
21. 見伍錫康，《重溫中國（港穗）工運與包爾文之理論架構》，第428至429頁。
22. 有關傳媒對罷工所持之取向，與傳媒報導能如何影響罷工之進程，可參考李察‧夏汶：《罷工》，第140至第145頁。

立場[23]。

　　引伸而言，當時穗港兩方不同取向之報導與評論文章，影響日後史籍之記載，例如研究香港史之西方學者對是次大罷工杯葛事件之論述，主要是依賴港府之資料檔案及西報有關記載，故對省港大罷工之政治成因，多是歸咎工人受左翼「布爾什維克」無政府主義操控所導致，這些文章除闡述港府及港人如何應對是次事件外，並指出香港港口受到癱瘓，亦令南中國與廣州之經濟受損[24]。相反，倘若翻查參與罷工之工會尚存之文獻，及中國學者之評論文章，則可見它們較為深入憶述中外矛盾，與在不平等條約陰影下國人之愛國情緒。按這些參考文獻所錄，省港大罷工是因西方長久以來在華強行「沙門主義」（CHAUVINISM），妄視中華民族尊嚴所引致，而大部份文章，則將省港大罷工失敗之原因，歸咎於「國共政爭及分裂」這政治因素，而僅少提及是因香港這英國殖民地對中國及廣東省次經濟重要性，促使較為務實之港商、華商及對罷工厭倦之工人，相繼放棄對工潮之支持，卒導致罷工無效而終[25]。

　　此外，若論省港大罷工在學術理論領域之其他含義，則這宗近代社會勞工史之「地標」事件，亦與「精英」（ELITE）這觀念接軌。所謂「精英」論，是假設不論在政治、宗教、法律、商界以至勞工界，其領袖或領導層成員，皆屬優秀分子，常對下屬自覺具優越感，他們多屬中產階級，擁有較高教育水平，亦可壟斷決策權力，不同界別之精英，往往相互結盟，彼此相惜支持，以維持他們擁權在上之現狀（STATUS QUO），例如在英國二十世紀，法庭法官多因受中產階級價值觀所影響，所以支持貿易自由原則，故多在審理勞

---

23. 見約翰・卡諾（JOHN M. CARROLL）：《帝國之端：香港之華人精英與英國殖民地官員》（EDGE OF EMPIRES: CHINESE ELITES AND BRITISH COLONIALS IN HONG KONG），香港：香港大學出版社，2007，第141至145頁。官方所發佈之消息，常見於《政府憲報》（GAZETTE）及《立法局會議紀錄》（PROCEEDINGS OF THE LEGISLATIVE COUNCIL,或稱HANSARD）此外，官方之喉舌，為英文《德臣西報》（即CHINA MAIL）。
24. 見約翰・卡諾，同上，第147至150頁。
25. 見伍錫康：《重溫中國（港穗）工運與包爾文之理論架構》，第427至429頁。

資糾紛時容易應僱主申請，頒佈禁制令，約束正在進行之罷工。此外，不同界別之精英亦可交替互通，構成「精英循環流轉」現象（CIRCULATION OF ELITE），例如不少知識分子在從政後，在著名學府任教，而法律及商界人士，常獲委任公職，而政府高級公務人員，亦不乏有人棄官從商。換而言之，「精英」可說是領導之一群，亦屬所謂管治階層，倘若他們棧戀權利，偏離平民群眾利益與意願，容易造成「權力卡塔爾」（POWER CARTEL OR OLIGARCHY）之情況。

若從理論層面來演譯「精英」這觀念，它是泛指在社會上擁有權力及享有高等地位之「功能組群」（FUNCTIONAL GROUPS），而任何人在社會或機構內所負責之工作或任務，就是其功能，往往是決定其社會或職業地位（OCCUPATIONAL STATUS）之基本原素。因此，「精英」之觀念較諸「階級」所涵蓋者為個人化，亦與領導能力掛勾 [26]。然而，「精英」分子不一定享有「受民眾擁戴或崇拜之魅力」（CHARISMA）。

按布拉托（PARETO）在其政治與權力論所稱，「精英」可比喻為統治者，位於「被統治者」之上，而統治者毋須與被其統治者分享權力。按此論點引伸而言，界定「民主」之條件，主要是視乎決策者能否帶領民眾達致其嚮往之目的（ACHIEVING THE ENDS），所以倘若統治「精英」能體察民情，解決民生所需，及為人民謀取福祉，亦是西諺常說「能兌現交貨」（DELIVERY OF THE GOODS）[27]，則可算是體驗「民主」或「共和」精神。

---

26. 有關布拉扎（PARETO）之論，可參考卜徒摩亞（T.B. BOTTOMORE）：《精英與社會》（ELITE AND SOCIETY），夏敏斯域（HARMONDSWORTH）：企鵝出版社（PENGUIN BOOKS），1966年，第14頁；亦見禮士·米斯（C. WRIGHT MILLS）：《權力精英》（THE POWER ELITE），紐約：牛津大學出版社，1956。
27. 按布拉托闡釋，「精英」往往不一定是有清晰界定。事實而言，在舊式傳統社會，「精英」亦常與「貴族」（NOBILITY OR ARISTOCRACY）一詞通用，這些精英組合，主要來自王室宗親及貴族，分佈於政治、軍事、宗教、商業等各領域，可說是「多方當權者」（PLUTOCRACIES）。見布拉托（V. PARETO）：《心態與社會》，第3卷（THE MIND AND SOCIETY III），英譯本，原文為 TRATTATO DI SOCIOLOGIA GENERALE 1915-1818，倫敦：莊尼芬·冀比（JOHNATTAN CAPE），1935年，第1422頁至第1429與第1430頁。

然而，另一學者莫斯卡（MOSCA）對此論有所補充，他認為在現代民主社會，統治之少數「精英」，須與較次層之「新中產階級」互動，得其支持，以維持現狀（STATUS QUO），「中產階級」不單可充當統治者與基層大眾之調節橋樑，亦可成為供應「精英」新血之來源地，因此中產階級可説有助「統治精英」鞏固其管治及現存制度與秩序，這階級不乏知識分子、管理與專業人士，有別於基層缺乏組織能力，所以具有潛質成為統治者[28]。

　　至於「精英循環流轉」（CIRCULATION OF ELITE）這論調，按照高羅庇斯卡指出，「精英循環」可有三種現象：一是不同界別精英交換位置；二是來自較低層有能之士，循認可渠道晉身進入既有精英行列；其三是反建制或未能進入建制者，另創新精英群組，向當權精英及其管治挑戰[29]。

　　上述第三種現象，往往與革命抗爭行動（INSURGENCY）扯上關係，中國辛亥革命，以至省港大罷工，亦是由這類精英所策動及組織。

　　若要將精英分子按其特性及在政經上之功能分類，卡卻德等人（CLARK KERR et al.）之著作頗具參考價值，前文提到，他們在六十及七十年代撰寫《工業主義與工業人》（INDUSTRIALISM AND INDUSTRIAL MAN）一書，內文將領導國家及社會走向工業化過程之精英分為五類，包括：(i)皇朝精英；(ii)中產階級；(iii)革命知識分子；(iv)殖民地行政官員與(v)民族領袖[30]。概括而言，皇朝精英與殖民地官員皆趨向保

28. 見莫西卡（GAETANO MOSCA）：《統治階級》（THE RULING CLASS），紐約：麥歌山（MCGRAW-HILL），1939，第50至第53頁。
29. 見瑪利亞・高羅庇斯卡（MARIE KOLABINSKA）：《法國之精英循環狀況》，LA CIRCULATION DES ELITES IN FRANCE），法國盧山（LAUSANNE）：IMPRIMERIES RENNIES，（朗尼出版社），1921；亦見卜徒摩亞：《精英與社會》，第49頁。
30. 見卡・卻爾、約翰・鄧立、佛德利・哈便臣與查理斯・米亞斯（CLARK KERR, JOHN T. DUNLOP, FREDERICK H. HARBISON AND CHARLES A. MYERS）：《工業主義與工業人》（INDUSTRIALISM AND INDUSTRAIL MAN），夏敏斯域（HARMONDSWORTH）：企鵝出版社（PENGUIN BOOKS），1973年版兼「前言」及「後語」（1973 edition with a new 'forward' and a 'postscript'），第三章。

持現狀不變，藉以鞏固其地位與權力，而以皇朝精英最為保守，亦傾向所謂「寡頭政治」，集權中央；至於中產階級最為現實，他們標榜中間溫和改進路線；相比之下，革命知識分子與民族領袖最為偏激，善於煽動情緒（CHILIASTIC），往往主張以革命手段推翻建制奪權，卻在當政後擅用人民資源以加速發展及改革，卻容易造成「建而不用」之「大白象」（'WHITE ELEPHANT'）病態，徒然損耗國家元氣[31]。

因此，「精英」論可用以解釋不同地區在不同情況下之管治及演進情況。按卜徒摩亞（BOTTOMORE）所稱，在第一次與第二次世界大戰交替之際，在亞洲非洲地區就有不少殖民地，相繼自西方「母國家」引入現代以科學為本之教育制度，造就不少當地精英，例如學者、醫生、律師與行政管理人員，他們可能加入建制，為殖民地政府所收攬（INCORPORATED），協助其執行管治，以穩定其政權。但亦有不少嚮往民族思想或左翼社會共產主義，他們每多為革命領袖，倘若成功取得政權後，往往搖身成為管治精英，回顧第二次世界大戰後，不少戰前殖民地醞釀獨立民族自決，這些革命民族領袖，不論以和平或暴力手段抗爭，旨在領導人民擺脫殖民統治，並推動社會與政治經濟改革，然而一九二六年省港大罷工卻因失敗收場，罷工領袖多遭整肅，其中鮮有得勢或進入建制，成為統治精英。

按照「精英」論，當權在位之皇朝或殖民地精英，倘若一旦失去知識分分子或（及）軍隊支持時，容易衰落，被推翻之機會甚大。隨著「朝代更替」（DYNASTIC TURNOVER），政權轉而流入民族與革命領袖這類「新精英」分子手上，國民政府在四九年內戰後被迫遷台，可説是一個例子，然而香港在大罷工及戰後卻因殖民統治穩定，共產主義思想未能滲入，故並無「改朝換代」之情況出現[32]。

再論省港大罷工罷工委員會與香港政府兩方之領袖，他

---

31. 見同上；亦見卜圖摩亞：《精英與社會》，第64至第67頁。
32. 見卜圖摩亞，同上，第96至第97頁，及第100至第107。

們是否「一時瑜亮」，可稱為「精英」優秀分子，值得略作剖析。

　　香港殖民地政府自開埠以來，素採中外分隔政策，主要是由英廷派遣官學生（CADETS）至香港負責治理行政工作，省港大罷工前夕，縱使港府仿照英國模式開拓西方教育（顯著例子，是於1911年創立香港大學），卻一直未有刻意栽培本地華人才俊，參加輔政工作，唯一例外，是於1880年，當時港督軒尼詩委任伍廷芳（亦名伍廷）為首任華人非官守立法局議員，伍廷芳在香港受教育，畢業於港島聖保羅（男）書院後遠赴英倫修讀法律，在香港出任議員，日後更成為晚清之外交使節。除此以外，港府僅鼓勵華人社團領袖（不少屬富商巨賈）擔任慈善工作，支持他們在十九世紀末創辦東華醫院，肩負不少扶貧、贈醫施藥、籌辦義學等工作[33]。

　　上述情況，卻在省港大罷工後有所改變，該工潮成為誘因（CONDUCIVE FACTOR），令港府起用若干在罷工期間效忠其管治之當地商界法律界精英，吸納彼等進入權力次層核心，原因就是港府當時陷入「四面楚歌」，故極須爭取地方社群組織及紳貴支持，在這政治不穩定氣候下，因罷工而臨危受命，協助港府維持全市穩定及籌謀對付罷工委員會之表表者，為周壽臣與羅旭龢，二人可稱屬於保守建制派之皇朝精英或中產階級代表；他們認為省港大罷工有損華人上中兩層階級利益，罷工杯葛行動等同動亂，而追源究始，出於「無知」工人受極端「布爾什維克」無政府主義者所煽動導致，故須「撥亂反正」，恢復舊日秩序[34]。

33. 見約翰·卡洛（JOHN M.CARROLL）：《帝國邊緣：香港之華人精英與英國殖民地官員》（EDGE OF EMPIRES: CHINESE ELITES AND BRITISH COLONIALS IN HONG KONG），香港：香港大學出版社，2007年，第62、第71與第78頁。

34. 約翰·卡洛，同上；亦見艾狄確（E.B. ENDACOTT）：《香港史》（A HISTORY OF HONG KONG），香港：牛津大學出版社，1964，第290頁。此外，按法蘭·韋殊所錄，當時在港之華人及本地精英，包括周壽臣、羅旭龢與東華醫院董事表態支持港府，鄙視罷工工人為「自私自利」，破壞香港穩定及利益，支持鎮壓工運，對付工潮，例如周壽臣直稱港府「不能退讓半步」，東華醫院並秘密斥資贊助港府進行反罷工顛覆行動，卻無功而回，而東華醫院這些華人精英被左翼人士譏為「有辱國體」之「英國走狗」。見法蘭·韋殊（FRANK WELSH）：《香港史》（A HISTORY OF HONG KONG），倫敦：夏巴?哥蓮斯出版社（HARPERS COLLINS PUBLISHERS），1997年修訂版，第372及第373頁。法蘭·韋殊屬英籍歷史學者，傾向同情港府，然而對於華人精英之「反民族思想」取態，卻持否定意見。

這些本地精英（他們泰半是華人，但羅旭龢與何東卻屬中外混血兒），拒絕相信是次工潮乃屬自發性，並否定罷工工人人是因不滿待遇與工作條件低劣而作之反響，他們堅持罷工是受組織者極力唆擺，及因受糾察隊恐嚇威迫，方放下在港工作及工錢返穗，所以為「中和」（NEUTRALIZE）這些因素，周壽臣與羅旭龢等人除發動組織民團及志願人士，維持市面港口衛生外，並建議港府成立「反罷工宣傳傳局」（COUNTER-PROPANGANDA BUREAU）與「工人保護局」（LABOUR PROTECTION BUREAU），藉以抗衡罷工行動，此等建議皆獲港府接納，然而「工人保護局」之行徑，卻仿似「秘密警察」，以不擇及流氓手段專門針對在港之罷工糾察人員，雖美其名為保護不欲參加罷工工人，作用其實就是蓄意抹黑及破壞罷工[35]。

周壽臣與羅旭龢在大罷工結束後，論功獲港府委任為行政局成員，可說是開本地人參政之先河，然而據報兩人皆未能接觸政府高度機密檔案，反映殖民地官員對其信任仍有保留。他們有限之政治影響力，可見於日後之「廢婢」運動，該社會事件造成華洋社群及兩方精英意見上嚴重分歧，周壽臣代表華人紳貴，嘗試在立法局抗辯，意圖維護這不再適合時宜之傳統習例，但仍未能抵消主要來自英國人權婦解及本地宗教團體及改革輿論壓力，結果未能阻止「廢婢」結局，1938年港府頒佈《保護婦孺條例》及《女性家僕條例》與強制執行妹仔註冊手續後，廢婢之議卒成定案，而蓄婢之習在香港華人社會漸告絕跡[36]。其後，第二次世界大戰太平洋戰爭爆發，香港淪陷，羅旭龢與周壽臣卻皆屈膝，同樣與日本侵略軍合作，出賣英國，反映這些因省港大罷工由港府扶植之本土「精英」，缺乏氣節操守，為人唾棄，未能留名後世，亦可說是對港府在用人方面一大諷刺[37]。

35. 見約翰·卡洛（JOHN M.CARROLL）：《帝國邊緣》，同上，第143至第146頁；亦見法蘭·韋殊：《香港史》，同上，第372頁。
36. 至於官方文獻所錄，可見畢拉：《勞工主任畢拉先生就香港勞工與勞動情況之報告》，第1223至第125頁，第86至第90段。
37. 見朗文·米勒斯（NORMAN MINERS）：《在香港取締妹仔制度之歷程，一九一七年至四一年》（"THE ATTEMPTS TO ABOLISH THE 'MUI TSAI' SYSTEM IN HONG KONG, 1917-41"，載於科大衛編（DAVID FAURE ed.）：《香港社會史讀本》（HONG KONG: A READER IN SOCIAL HISTORY），第478至第479頁；亦見法蘭·韋殊：《香港史》，同上，第397至第398頁。

倘若再以「精英」論來看大罷工領導層這方面，是次工人運動，其動員及組織之緊密繁複，可說是當時中港兩地工運領袖能力之寫照。這些工運活躍分子，等同「工運精英」（TRADE UNION ELITE），不少來自海員與洋務工會，以至剛成立之電車工會，他們不時與西方文化接觸，而參與其行列者，亦不乏知識分子，所以罷工領袖視野見識頗多廣闊，不少以改革社會為使命，秉承改善工人民生之抱負，因而亦獲得當時國民政府與左翼知識分子支持。他們當中不少持有或傾向同情共產黨社會主義理想，所以縱使無意推翻其殖民統治，亦被港府冠以「布爾什維克」無政府主義者之名[38]。

倘若工潮缺乏這些工會及知識分子與政界「精英」領導或默許，罷工可能組織散渙，而大規模撤返廣州及封鎖港口，與維持糾察線，恐怕難以成事。觀乎罷工初期，反對殖民地政府之抗爭行動，因得到中港各界精英聯手支持，同仇敵愾，所以聲勢浩大，轉瞬幾乎癱瘓整個港口。例如國民政府派員（表表者為馬超俊）支援罷工委員會，而代表華商利益之「華商會」，亦因感染民族意識而在初期慷慨捐款支持罷工工人，其會員亦有應邀受聘為罷工委員會顧問[39]。表面而言，似乎這是印證卜圖摩亞與卡卻爾等人之論，就是倘若社會在傳統與現代工業發展轉接階段，而受壓於外國殖民地統

38. 例如艾斯坦指出，中國工運因對左搖右擺之華商精英失去信心，遂轉而追隨中國之馬克斯主義分子，這些被港府稱為「布爾什維克」分子，亦是來自中產知識分子精英，視工人為社會主義革命之前衛；見以色列‧艾斯坦（ISRAEL EPSTEIN），《國民黨管治下中國勞工問題摘記》（NOTES ON LABOUR PROBLEMS IN NATIONALIST CHINA），紐約：太平洋關係研究所（INSTITUTE OF PACIFIC RELATIONS），1949年，第II頁。有關港府將一九二五年之大罷工視為「布爾什維克主義、無政府主義及共產主義」滋長所導致之紀錄，見《香港立法局會議紀錄》（HONG KONG HANSARD），1925年度，第45頁；港府官員之角色，不單只是在港西商之代理人，亦以中產階級眼光自視為基層勞工之捍衛者自居。例如殖民地政府參考英國法例，在香港頒佈若干與勞工有關之條例，而在1926年省港大罷工後，取態更為積極。港督曾在1925年在立法局否定大罷工，認為這並不是「甚麼民族愛國運動」，而只是一群工人階級流氓，意圖破壞法律與秩序，因此其針對的，不僅是西洋社群亦是有地位之華人名流紳士。見《香港立法局會議紀錄》，1924至1925年度，第45頁。

39. 《中國年刊》（THE CHINA YEAR BOOK），倫敦：洛圖治（ROUTLEDGE），1926-27，第1005頁。較詳盡之闡釋，可見伍錫康與葉景明（SEK HONG NG AND OLIVIA IP），《資本主義之相對論：重溫中港工運與包爾文概論之關係》，載於《勞工史學刊》（LABOUR HISTORY），第45期，第4號，2004年11月，第483及484頁。

治，會成為孕育本地民族及主張改革精英份子之溫床，他們組織受壓之「抽象」工人群眾（ABSTRACT MASS），在罷工初期，與工商界領袖聯手，反抗既定勢力，迫使殖民政府進行改革，然而明顯並未有任何推翻「英治」之雄圖大志。這個跨界別之精英聯盟，可惜未能經時間考驗，卒因國共過度互相猜疑而分裂，同時商人自我利益醒覺重現，勞資矛盾再度尖銳化，抗爭之團結精神卒告崩潰，罷工工人回流香港復工，商會向國民政府施壓，結束工潮，罷工因而失敗，無功結束40。

正如包爾文之「工運概論」指出，在工運初階尚未成氣候時，帶領工運之知識分子與工會領袖，其政治取向與理念，可能流於「抽象」（ABSTRACT GRIP），容易與基層工人之現實期望脫節，例如罷工委員會提出之所謂「民主」訴求，建議在港推行全民投票選舉權（當時立法行政兩局皆只有委任議員，尚未有任何選舉機制），與每天八小時標準工時，兩者皆流於空談，並未具任何實質意義，因此未能持久維繫基層工人對罷工行動之向心。況且是次工人運動之領導精英，亦可能高估返穗滯留罷工工人之耐力（STAYING POWER）及願為抗英民族主義教條（DOCTRINAL PRINCIPLE）而犧牲之決心41。

---

40. 見前田政宏、伍錫康與康祖超及林正宇（譯音）（MASAHIRO MAEDA AND NG SEK HONG, WITH HONG JON-CHAO AND LIN JENN-YEU）：《政府之角色及勞工對工業發展之反饋：三個新興亞洲經濟體之演變》（"THE ROLE OF THE STATE AND LABOUR'S RESPONSE TO INDUSTRIAL DEVELOPMENT: AN ASIAN 'DRAMA' OF THREE NEW INDUSTRIAL ECONOMIES"），載於燕晏・里斯、哥登・律定與伍錫康合編（IAN NISH, GORDON REDDING AND NG SEK HONG eds.,）：《工作與社會：東亞區之勞工與人力資源》（WORK AND SOCIETY: LABOUR AND HUMAN RESOURCES IN EAST ASIA），香港：香港大學出版社（HONG KONG UNIVERISTY PRESS），1996，第167至197頁。
41. 見伍錫康與葉景明：《資本主義之相對論：重溫中港工運與包爾文概論之關係》，同上，第478頁及第481至484頁。這個情況亦印證包爾文之工運概論，就是知識分子雖然領導及操控工運，卻往往高估工人之集體意願及在社會進行激進政治與社會改革之決心，同時亦低估資本家抵抗這些試圖改變現狀力量之決心與能量。見伍錫康，《重溫中國（穗港）工運與包爾文概論》，第423及第424頁；亦見伍錫康與葉景明：《資本主義之相對論：重溫中港工運與包爾文概論之關係》，第470頁。這時代中國工人之現實心態，可參考《中國年報》，1924-25年，第659至第660頁。

再看這些工運精英，除馬超俊外，鮮有被吸納入國民政府建制之管治精英，這情況有異於新加坡，其工運中心（即國家工團總會）之領袖不少屬掌權執政之新加坡「人民行動黨」，常被委任政府要職，協助國家穩定及發展經濟。反觀省港大罷工之工運領袖，在罷工後期及失敗後，多受國民政府整肅，而在港領導罷工之工會旋亦被禁，穗港工運除轉入地下外，瀕臨崩潰，這些工運精英凋零落溯，中港工運至此遂陷低潮。事實而言，正當中國在工業化門檻前徘徊之年代，工人多屬來自農村背景，對工廠紀律秩序鮮有認知，遑論具有持久理想，他們心態頗為現實，卻容易動輒宣洩積憤。按上海之「費邊社」分社（FABIAN SOCIETY）記載當時社會狀況：「若非與工資或工時等切身問題有關，否則任何事件並不容易引起在華工人興趣」[42]。另一位學者陳稻（譯音）亦在分析當時罷工統計資料後，指出在國民政府尚未全面展開鎮壓工運前，所有罷工幾乎是與經濟訴求有關，例如要求調整工資，抗議生活費用上漲以及徵收苛捐重稅等[43]。這些基層勞動心態，在工潮後期亦逐漸浮現，令不少滯留國內香港工人紛紛回港找尋工作，以維持生計[44]。

回顧中港工運歷程，工會與勞工組織一直以來未能擺脫「知識份子」與國共兩黨管治精英之操控，因此常被西方學者評為「上重下輕」、「由上至下」（TOP-DOWN），況且車間基層組織薄弱（例如並無英美「車間代理」，即SHOP STEWARD之類似傳統）[45]，（中國的工會主要是行業工會，只有產業工會始有可能產生基層組織）因而紮根基礎欠缺穩健，不時隨政局浮游不定，省港大罷工落幕後，不單香港工

---

42. 見《中國年報》，倫敦：洛圖列治，1924-25年，第660頁。
43. 見范溥安（譯音）（FANG FU-AN）：《中國勞工》（CHINESE LABOUR），上海，奇理與華斯（KELLY AND WALSH），1931，第81及92頁，亦見列表三，第86頁。
44. 由於國民政府不再支持罷工行動，罷工經費消耗殆盡，滯穗工人幻想漸消，遂紛紛返港尋找工作，故港督認為結束罷工指日可待，「罷工已成過去，縱使罷工委員會仍運用威嚇手段，幾乎全部香港工人經已復工」，見《中國年報》，1926-27年，第982頁。
45. 見祖·英倫與約翰·里雅（JOE ENGLAND AND JOHN REAR）：《英國統治下之中國勞工》（CHINESE LABOUR UNDER BRITISH RULE），香港：牛津大學出版社，1975年，第99至第101頁。

會與罷工受制於1927年通過之《非法罷工與閉廠條例》[46]，而在中國大陸曾經盛極一時之二十年代工運及其領袖亦旋遭南京國民政府整肅，左翼工會除轉至地下外，並採取「與資本主義對抗」之偏激路線。1927年六月，在國民黨政府清黨行動聲中，共產黨召開「泛太平洋工會大會」（PAN PACIFIC TRADES UNION CONFERENCE），議決跟循「反帝國」、「反殖民主義」與「反資本主義」路線，並否定國內（華人）資本主義，指責其與「帝國主義」串謀勾結，剝削工人最基本之經濟利益[47]。至此，親共之左翼工運，與國民政府所扶植之右翼工運，兩極而立之勢逐漸凝結，中港工運，卒因工人階級左右兩派內訌，遂一分為二，這左右分裂之局，在二次大戰後持續至七十年代[48]。

結語

　　總結是項研討會，集思廣益，參與者各抒己見，但在若干啟發性之議題，亦有殊途同歸，不約而同之聚合觀察，例如一致肯定二十世紀二十年代對中港歷史之重要地位，因此本文嘗試以「時空」兩界觀點，探討省港大罷工之前因後果，回應了李大釗先生所稱，「現在」是「過去」與「未來」交替而成之「時空」現象。此外，本文提出之另一項問題，就是究竟中國香港工運之相連系統，是否一直由「精英」所主導，而省港大罷工，亦是否在工潮結束後，在香港造就一些本地精英，被吸納加入建制，參政議事，然而這些華人「精英」，仍屬少數派，卒在廢婢這社會改革之議程上，未能消弭來自英廷與在香港外籍與宗教團體之壓力，遂於1938年，「妹仔」這備受非議具有歧視女性含義之傳統習俗，在香港劃上句號，成為歷史陳跡，反映本地精英在實力上，若與

---

46. 見伍錫康與葉景明：《資本主義之相對論：重溫中港工運與包爾文概論之關係》，第487至第88頁，亦見伍錫康：《重溫中國（穗港）工運與包爾文概論》，第429至第430頁。
47. 見《中國年報》，1928，第1025頁。見伍錫康與葉景明：《資本主義之相對論：重溫中港工運與包爾文概論之關係》，第477頁、第481頁與第484頁。
48. 這左右兩派工運分裂情況，意味著香港工運長期政治化，而英式經濟行業工會，須待一九七零年代白領與公務員工會運動出現後，方在香港萌芽，凝聚成為第三勢力工運中心。包爾文所稱工人逐漸醒覺，尋回他們「有機」（ORGANIC）性之集體結社意識，擺脫知識分子之「抽象」操控之論，可說是在香港部份兌現。

港府統治精英相比，仍是相形見絀。因此曾有一說指出，幕後統治英國下之香港有四大利益集團，包括：i)英皇御准香港賽馬會，ii)怡和集團，iii)匯豐銀行與iv)香港會所。截至上世紀七十年代，它們皆被西商精英所把持[49]，這種「傾斜」或「一面倒」之華洋權力分配情況，截至1966年與1967年社會經過連串動盪後，方有改變，其後於八十年代，英國鑑於撤退在即，故在香港推行「本地化」（LOCALIZATION）政策，扶植本地政務官為管治精英，亦是配合其外交殖民地部在戰後一貫政策，將「這借來的地方」逐漸「非殖民地」（DE-COLONIZATION）[50]，作為將其主權歸還中國部署之一環。

49. 見李察‧曉治（RICHARD HUGUES）：《借來的地方、借來的時間：香港面面觀》（BORROWED PLACE, BORROWED TIME: THE MANY FACES OF HONG KONG），倫敦：安達‧杜殊（ANDRE DEUTSCH），1976。
50. 見同上，曉治以「借來的地方、借來的時間」來描繪香港，日後成為經典之句。

省港大罷工九十週年有感

梁富華
香港旅遊業僱員總會會務顧問

1922年發生的「海員大罷工」，和在1925-1926年間發生的「省港大罷工」，是在短短幾年間出現的東方中國工人運動大事。此事震驚世界，發生的時間段，剛好也是在全球多國政局動盪、各種思潮疊起、各地政治局勢變幻紛紜的大時代。

就我們中國而言，大事變接踵而——1911年辛亥革命「成功」推翻帝制，但接踵而來的是軍閥割據、戰亂不斷，1921年中國共產黨成立。這幾件大事中間，還發生了1914-1818的所謂「第一次世界大戰」(美國1917年4月參戰、當時的北京政府1917年8月宣佈參戰；巴黎和會，共只有27國參加！)，戰場主要在歐洲，美、中、日等美洲、亞洲大國似乎又有所局部參與。

歐洲諸國，基本上視遠東地區(日本除外)是掠取利益之地區，香港這個在亞洲的英國殖民地，也離不開這種大格局下的命運和遭遇，生活在其中，被視為「低等人」的華人，更加如是。

今年4月26日，得伍錫康博士所邀，有幸出席此研討會，個人感覺獲益匪淺。令本人稍覺意外的是，各位講者的發言中，對當年「省港大罷工」的主要領導者，都是共產黨員的結論，似乎並無爭議！因為當日出席者，俗稱所謂左(工聯會)、中(公務員工會、職工盟)、右(工團總會)背景的工會人士都在座，大家能夠尊重此歷史事實，可算難得。

當然，縱然有此歷史背景，但倘無革命氣氛濃厚、但實力不足的南方國民革命政府支持，單靠幾位共產黨人，也恐難成功舉行此數以十萬計工人參與而震驚國際的大罷工。

整件大罷工的過程，幾位專家學者多有論述，本人無能力在各位講者的既有基礎上，有所補充發揮。

反而，本人希望從自己43年的工會工作實踐上，與讀者討論下列兩個結合當今仍未「成功爭取」的慨嘆和感受：

首先，一宗工潮(或曰勞資爭議)個案，能否發展及進行，取決於下列一個或多個因素：

1) 社會基礎因素(民族矛盾+/階級壓迫)，當工資低於基本生活所需，雖然拼命辛勤勞動，仍有人衣不蔽體、食不能充饑，這種情況最容易「出事」，但往往會有人力求避免全部，而只是局部，但臨界點接近了，也會演變成工潮；

2) 工人隊伍中，有勇敢和較高水平的領袖，甚或出現一些極高領導水平的領導人(像1922及1925兩大事件的共產黨人)，或者再加上對手(資方)錯誤評估形勢和對手(勞方)；

就上述因素的起作用，筆者試舉一例：

1994年12月，香港發生了首宗堵塞行車隧道的罷工事件。事緣當年紅磡海底隧道是屬於私人投資（九龍倉集團）擁有營運權30年（BOT），期滿後業權歸政府的項目；而香港仔隧道則是政府擁有但交給紅隧公司經投標後管理的。紅隧員工工齡長，薪酬福利較優厚；香港仔隧道員工年資較短，公司利潤只來源於政府運輸署管理費。

該年初開始，公司削減香港仔隧道員工多項福利，如夜宵錢、夜班津貼等等；還採取強制手段，每當紅隧有員工離職後，則將香港仔隧道員工調往紅隧，即是由只有七、八千元月薪的，代替萬多元的原紅隧員工工作，這些被強制調動工作的人，身邊都是收入比自己高數千元的舊人，心理上一來不服氣、二來受到歧視，覺得調來者都是「廉價員工」，感覺到有被取代的威脅，員工之間容易不和。

工聯會接受投訴後，一直通過組織員工，用與資方溝通、談判的方式，要求公司恢復員工被削減的福利項目，及不能強制調職，使紅隧員工心理上減少被取代的壓力。

　　糾纏了3個多月之後，12月6日幾位談判代表，收到了公司的解僱信。翌日下午，在紅隧收費廣場旁的行政大樓，即約定的談判日子，勞工處勞工事務主任李紹葵出席此預定的會議，全部香港仔隧道員工，除了正在當更的人之外，全部因公司開除談判代表而現身。

　　資方拒絕工聯會的代表參加，我只能在紅隧行政大樓門外等候，等了兩個多小時後，我便聯絡李先生，請他出來以了解會議情況。我問：公司會否收回那幾封解僱員工代表的信？李紹葵說：不會！

　　我們立即決定，退出談判，馬上行動——罷工。全體員工立即離開紅隧行政大樓，坐上一〇七號隧道巴士，連續過了兩條隧道後，在香港仔隧道黃竹坑的出口下車，大家換上制服，把所有收費亭旁來回方向的閘全放下(除了自動收費的一個閘口，因沒有此設施！)，本人和一位員工，乘坐公司的救援車，回到跑馬地的隧道入口，把車橫桅在兩條行車線中間，以免車輛堵在隧道內。車剛放好位置，警方的車已到，我們也不理會警察，立刻乘另一輛車退回黃竹坑出口。當時全體員工士氣高漲，聲言要罷工至少一小時！當日是星期三，剛是跑夜馬的賽事日，15分鐘後，紅磡區已經堵塞了一大片。經考慮後，如作為警告式的罷工，已經很足夠，而且在工會多年，「有理(據)、有利(時機)、有節(奏)」的想法，時刻都在腦袋之中。立即說服現場行動的員工，升起所有閘條，恢復正常工作，當值的回到工作崗位，非當值的，進入員工餐廳開會，商討下一步做法。

　　翌日下午4時，一如所料，警告式罷工，時常比磨爛蓆(廣東話，意思是長時間消耗戰)式更具威脅性，因為對手無

法預料什麼時候會再罷工一次，所以急於在短時間內解決問題！收到勞工處通知，資方要求開會。我與工聯會權益委員會副主任丁錦源，在勞工處總部，於助理處長蕭威林的辦公室內，與資方的代表、九龍倉董事易志明(2012-2016運輸界立法會議員)還有一位李大衛先生參加談判。他問我們意欲何為？我們簡單地回應：立即取消所有解僱信，回到罷工事件發生之前的狀態，其他以後再談！易志明爽快地立即答應，事件之後完全按工會的設想方向，全部解決。

3) 當時的政治環境/民族矛盾充滿爆發的元素；
例如1967年爆發的「反英抗暴事件(港英稱之為暴動)」。

4) 工人近期記憶中，有成功的事例，以資鼓舞和增強群眾信心。

如2008年12月27日機場地勤服務一千多員工罷工事，鼓舞了機場其他工種(公司)工人，如空運貨站、航空餐飲、飛機維修、地勤服務等等，在往後幾年的加薪率、獎金發放、津貼福利等，都處在較佳信心和鬥志的狀態，與資方的談判比較順利者居多。

九十年前的省港大罷工，可說是具備了相當前述的幾個因素。但行動是否取得成果；按照雙方博奕的規律，還要看另一方，港英政府和資方集團的應對是否有效，這也會決定事件的發展和結果。由於「省港大罷工」在歷史上已有定論，本人無須再述，也不會比論壇的各位專家學者有更精闢論述。反而下面兩點，本人有興趣展開來談一談：

一、有論者言，差不多一個世紀前，當時的工會運動已經提出了「民主選舉的訴求」(相信是意指一人一票的普選制度)，但至今未完全成功達到。

現實的選舉制度爭議，相信讀者言熟能詳，本人無須多講。

但香港自1840年鴉片戰爭後，被英國管治156年，處於被殖民統治的現實政治環境，奢言爭取民主選舉，成功率當然近乎零，相信稍有政治常識的人，都心知肚明是什麼原因。但這是一個動員群眾和永遠政治正確的一個口號！

　　英國人明白，在那個充滿壓迫和不公義的年代(直至主權開始過渡之前)，開放選舉，等於殖民地政府會將治權交出，自取滅亡，這是不能幹、不敢幹的事呀！

　　當然，港英在肯定必須不得不交出管治權之後(指的是1997這個大限)，要考慮的角度就不一了，選舉就要設計投票制度可以導至是交給誰了！

　　二、爭取「三八制」仍未成功。即是至今仍無法爭取到「八小時工作制」，甚至工作時間越來越長，社會至今還在討論「標準工時」，僱主們還在頑抗的態勢。

　　筆者在工會這個隊伍中43年，長期近距離接觸工人，出身亦是一個工廠工人。

　　我想，九十年前，香港很多工人的根在內地，不少廣東農民隻身來港謀生，如果口袋中稍有賺取到的話，自然希望可以假期回鄉探親、家庭團聚，而且在家鄉生活，使費比較便宜，這在戰前，都容易理解。這口號是符合實際的。

　　但中國大陸全境解放後，香港工業有由內地南遷而來的資金和技術，經濟逐漸發展起來，直到擠身四小龍之列。七十年代90多萬的製造業工人當中，有多少還是將八小時工作，作為爭取目標？本人的親歷和實踐，情況顯然並非如此！

　　本人七十年代初，開始在工廠打工，眼見身邊的工友，加班加點工作甚為積極，管工(工頭、領班、科文稱呼不一樣)將給誰加班，與不給誰加班，作為一種獎勵。聽話和順

從的工人，會多些加班機會，如有些時候，只需要留下部份工人加班的話，這時候獎誰罰誰？情況就很清楚了！當然，在全廠全部門趕生產時，也會倒過來，所有人都可以加班了！這種情況，持續了近20年，直至90年代中期，大量生產線外移，加班加點的機會更少，工人只會更渴望工作和加班！

本人在一間美資玩具廠工作了9年，眼見一位男工組長，每年只是春節期間的大年初一、二、三3天沒有開工，其餘日子，包括所有的法定節日、周末，真的是「年中無休」，一日24小時，除了睡覺和上下班交通時間，永遠在工廠內工作。每月兩次發工資的時候，日薪工人中，顯然他得到的最多(因為他是組長和工時最長)！

我們明白，「三八制」只是一句口號，只適合社會保障制度健全、退休保障制度完整的社會。在香港這個殖民地社會，所有的生活支出所需，靠的就是自己雙手勞動所得，還有一個「晴天斬夠雨天柴」的考慮，遇上失業、開工不足時，有「儲備糧」就至為重要。在此現實下，「三八制」的訴求未能實現，是否是必然的呢？

筆者的慨嘆是，觀乎現在很多政客和團體，言必及為勞工「爭權益」，而爭取的方式方法，其過程似乎不是以「達到目的」目標，而是只是宣傳「爭取中」，但沒有輔以達至成功的途徑和程序，沒有政策研究，沒有與對方(資方)達成接近的理解和立場，形成不理成敗、只為爭取而爭取的局面。只有過程，沒有目標！這是我這個工運隊伍中人，最大的慨嘆！

本人正在想，近一個世紀前發生的「省港大罷工」，是否亦是如此？當然，當年的香港傳播媒介，一定沒有如今天這般發達。而且，受政府當局監控極嚴(港英當局主催成立《工商日報》和《華僑日報》是最佳證明！)，絕不如今天，政府不單不能影響傳媒，更反過來被傳媒「監察」。這是否也是造成今天「爭取」方式的原因呢？

「政治罷工」的想像
有關省港大罷工的思考

蒙兆達
香港職工會聯盟總幹事

　　2014年的雨傘運動，抗爭者對於公民抗命的想像，主要就是非法佔領馬路，干擾社會正常運作的秩序。期間，多間工會雖曾擬發動 9 月29日全港性大罷工，但是動員倉促，亦欠缺組織過程，反映社會根本未有條件發動政治性罷工。近年香港雖曾出現「紮鐵罷工」(2007)及「碼頭罷工」(2013)等大型抗爭，而且獲得社會廣泛關注和支持，但對於很多香港人來說，他們還是在經歷雨傘運動之後，才頭一次想到「政治罷工」的可能性。

文化解釋的局限

　　顧名思義，「政治罷工」有別於以僱主為抗爭對象，爭取改善薪酬待遇的「經濟罷工」。政治罷工是以政府或當權者為抗爭對象，聯合其他不同行業工人一致行動，以總罷工方式來癱瘓既有的社會及經濟秩序，迫使當權者回應民眾的政治訴求。可以想像，當銀行、運輸、貿易、建築及飲食等不同行業的僱員，突然全部退出了工作崗位，其對管治階層造成的打擊，肯定遠遠超越幾條交通樞紐被佔領。環顧不少社會的民主化過程，例如波蘭及南韓等地，政治罷工均成為向專制政權施壓的重要武器。

　　坊間經常有一種通俗的誤解，認為好像香港這類華人社會，受到儒家教化浸淫，習慣「各家自掃門前雪」，缺乏集體意識，連罷工也難搞得起來，更遑論是政治罷工了。這種流於本質主義的解釋，其實經不起歷史考驗。香港早於上世紀20年代，便曾發生海員大罷工及省港大罷工等波瀾壯闊、名留世界工運青史的重要工人運動。1925年的省港大罷工歷時一年零四個月，逾20萬人參與，罷工更提出立法最低工資、八小時工作制，及民選議會代表等進步訴求。上世紀20年代香港社會肯定比今天更受傳統文化影響，卻出現這段工人

運動的光輝歲月，反映以儒家思想或中國人劣根性來解釋工運未能壯大，實在欠缺説服力。

從經濟罷工到政治罷工

回顧省港大罷工的歷史，雖然事隔90年，其實對於我們今天想像何謂「政治罷工」，及檢視我們應該如何發動政治罷工，仍然具有一定參考價值。「政治罷工」雖然具有超越經濟主義的特性，但在實踐上，政治與經濟卻從來不是截然分割的。在省港大罷工發生之前，便曾發生過機器工人及海員大罷工等爭取加薪的事件，反映華工長期遭受外資嚴重經濟剝削，開始意識到需要團結才能反抗，工會組織有如雨後春筍，單是1920年已有超過100間工會成立。

工人連番發動職場抗爭，卻遭遇殖民地政府以《社團條例》及《緊急狀態條例》等法律工具的嚴厲打壓，不少工會被定性為非法團體，亦有罷工領袖遭到警方殺害，群眾的經濟不滿逐步蔓延，發展成挑戰專制殖民地主義的政治力量。後來當選省港罷工委員會委員長的人，亦是曾經領導海員大罷工、久經鍛鍊的大旗手蘇兆徵。沒有經濟罷工的鬥爭和學習過程，純粹以政治訴求作為罷工的想像，可能只是一種革命的浪漫情懷。

大罷工是如何煉成的？

當時的工會是如何發動和領導一場浩浩蕩蕩、逾20萬人參加的總罷工呢？讓時光倒流到90年前，當時沒有今天發達的傳媒，更沒有隨手可收發訊息的社交媒體，如此大規模的行動，到底是如何協調和動員呢？領導整場運動的總指揮，是由13人組成的罷工委員會，罷委會上設代表大會，每50人選出一代表，共計800多名代表，隔日開會一次，體現民主決策及參與；罷委會下設財務、宣傳、交通、文書及庶務等多個部門，負責統籌及協調各範疇工作。

在今天資訊發達的社會，我們相對容易透過媒體動員群眾參加大型行動，但被動員出來的民眾數量雖多，彼此之間

卻缺乏協調和合作關係，往往未能轉化人數為力量。在當下的社運形勢，「被領導」和「自發性」常常錯誤地被想像成二元對立，「自發參與」成為美化運動欠缺領導和紀律的包裝。但省港大罷工的經驗正好告訴我們，民主和參與的理念，不單單是原則，亦應該是可操作的機制，才能建立具備共同意志和策略的群眾力量。

國族認同與階級意識

最後，在省港大罷工之中，國族與身份認同亦產生了不可或缺的重要作用。省港大罷工爆發的導火線，便是英國人於上海租界開槍殺害示威者的「五卅慘案」。香港工人與國內民眾一樣，均經歷不少殖民主義的欺壓，對於英國帝國主義的殺人暴行，同仇敵愾。在罷工期間，大批香港工人離開工作崗位後便返回廣州，得到廣東政府及民眾的接待，部份廣東工人更自發捐出自己的工資，暫時解決香港罷工者的生計問題。

由此可見，省港兩地人民能夠同氣連枝，並非單純的民族大義，而是共同面對殖民主義壓迫的種種具體經歷。如果簡單地將省港大罷工歸結為一場受愛國主義驅動的運動，便忽略了階級意識和民族認同千絲萬縷的關係。

回看今天香港的抗爭運動，「中國霸權」諷刺地置換了昔日的帝國殖民主義，成為壓迫的新象徵，「香港人」亦取代「中國人」成為召喚抗爭者的的身份認同。在這個置換過程之中，令人憂慮的是，中港兩地之間的身份差異不斷被擴大，相反地，兩地人民所面對的共同壓迫，卻被切割和模糊化。假如經歷雨傘運動之後，我們仍然保持著對於「政治罷工」的未來想像，那麼這種想像必然離不開「敵我關係」的政治思考。未來，我們能否好像昔日的省港大罷工一樣，團結國內被壓迫者一起行動，挑戰兩地人民所面對的共同敵人？由昔日一起反對帝國殖民主義，到今天共同對抗專制政府與資本的管治同盟？還是我們要採取孤立主義或排外主義，令到香港民主抗爭的勝算更趨渺茫呢？

省港大罷工九十週年討論會議程

2時：嘉賓登記

2時15分：
主辦單位代表致辭　陳敬慈　梁寶霖

論文發表
2時25分：
梁寶霖　梁寶龍：《省港大罷工歷史》
2時40分：
陳明銶：《粵港工運形勢》
3時：
周奕：《省港大罷工對工會組織的影響》
3時20分：
伍錫康：《省港大罷工對香港社會及勞工之影響》
3時40分：
提問時間
3時55分：
小休
4時：
區志堅：《省港大罷工與香港大學中文學院的成立》
4時20分：
李國強：《國民黨與省港大罷工》
4時40分：
其他發言
5時至5時45分
公共討論
總結
5時45分討論會結束。

省港大罷工大事記

梁寶霖
香港社會保障學會會長
梁寶龍
香港工運史研究者
整理

1920年

4月　香港機器工人大罷工，開創罷工工人回廣州獲官方接待食宿先河。

1922年

2月　海員大罷工，罷工工人回廣州，再度由廣東革命政府接待食宿，其後在香港掀起一連串罷工活動。

1925年

5月30日　上海各校學生舉行遊行、演講，抗議帝國主義者殺害工人代表顧正紅和逮捕學生，遭英巡捕開槍射擊，死傷數十人，造成震動全國的「五卅慘案」。

6月2日　上海20萬工人為抗議帝國主義殘殺中國人舉行總同盟罷工。
廣州工人舉行示威大會，支援上海市民的反帝國主義鬥爭。
國民黨通電全國，號召全國民眾起來抗議帝國主義的暴行。

6月上旬　中共派鄧中夏、楊殷等到香港組織發動工人罷工。
與此同時，中共還派李啟漢、劉爾崧等組織發動廣州沙面洋務工人罷工。

6月13日　中華全國總工會為組織省港罷工委員會發表啟事，並於廣州太平南路45號海員俱樂部設立省港罷工委員會臨時辦事處。

6月15日　中共廣東區委就五卅事件發表《告廣東人民書》，
　　　　號召各階層人民與上海工人團結一致，參加反對帝
　　　　國主義鬥爭。
　　　　中華全國總工會為五卅慘案致函香港各工團，要求
　　　　立即組織全體工人一致罷工。

6月17日　廣東工農商學兵各界代表舉行會議，通過援助滬、
　　　　漢各地被害同胞的辦法15條，並決定成立「廣東各
　　　　界對外協會」。

6月中旬　香港各工會在鄧中夏召集下，舉行全港工團聯席會
　　　　議，決定舉行反帝大罷工，發表罷工宣言。

6月18日　香港皇仁書院學生率先罷課，各校紛紛響應。
　　　　中華全國總工會致函香港各工團下令全體工人一致
　　　　罷工。

6月19日　省港大罷工爆發，香港海員、電車和印刷等行業工
　　　　人首先罷工，其他工人相繼響應，僅15天時間，罷
　　　　工工人便達到25萬人，罷工工人紛紛回到廣州。
　　　　港英查封《中國新聞報》，拘捕陳秋霖等人。

6月20日　全港工團委員會以香港各工會聯名向港英說明罷工
　　　　理由及提出要求。

6月21日　沙面洋務工人開始罷工，參加工人達3,000餘人，退
　　　　出租界，並組織「沙面中國工人援助上海案罷工委
　　　　員會」。在廣州市內英、日、美洋行的中國職工也
　　　　參加罷工。

6月22日　港督司徒拔頒佈緊急狀態令。

6月23日　廣州工、農、兵、學、商和省港罷工工人，共10萬人舉行反帝示威大遊行，當隊伍經過沙基時，遭對岸沙面租界的英法軍開槍掃射，當場打死52人，重傷170餘人，輕傷無數，是為「沙基慘案」。

廣東省長公署為沙基慘案照會英、法、葡3國領使，提出嚴重抗議。

6月24日　廣東各界召開緊急會議，成立調查委員會，調查沙基慘案真相。

6月25日　為追悼五卅慘案死者，全國罷工、罷課、罷市1天。廣州政府發出《沙基慘案中人民不可有越軌行為以免貽人口實訓令》，勸止市民走近沙面。

廣西梧州各界對英日絕交後援會改名為梧州各界對外協會，主要任務是：1.封鎖港梧交通；2.組織工人糾察隊；3.示威遊行聲援五卅、六二三反帝鬥爭；4.募捐支援省港大罷工；5.安置省港罷工回到梧州工人。對下河輪船徵收貨物加一捐，作為罷工回梧工人的伙食費。

梧州所有為外國人做工的中國工人約300餘人舉行罷工，抗議帝國主義製造五卅、六二三慘案，聲援省港大罷工。

6月26日　省港罷工工人舉行第一次代表大會，討論省港罷工委員會章程等問題。該組織相當民主，罷工工人代表會議對省港罷工委員會起監督作用。香港工會的組成是從行幫發展出來的，一般由工頭把持，封建色彩濃厚。省港大罷工的民主監督模式對今後香港和中國的工運發展影響相當大。

廣東人民就沙基慘案提出第二次抗議，並提出有關血案關係國派高級官員謝罪等5項要求。

6月27日　廣東各界舉行代表大會，通過《經濟封鎖辦法》、《援助省港罷工工人辦法》等決議案。

6月30日 香港罷工工團舉行代表大會，有100多間團體派代表到會，決議將香港工團總會遷設廣州。

廣州商聯會、總商會、市商會及大新等三大公司代表舉行第一次會議，決議組織廣東商界對外經濟絕交委員會，並通過《拒用外幣》、《檢查外貨》等決議案，以援助省港大罷工。

全國舉行追悼五卅死難烈士大會，各地群眾集會追悼上海、青島、武漢、廣州等各地死難烈士。

7月1日 省港罷工工人舉行代表大會決議組織武裝糾察隊協同軍警封鎖港口，並選出糾察隊的職員，又決議設立糧食販賣委員會。

廣東省長公署訓令廣州市公安局從即日起徵收租捐半月，以援助罷工工人。

廣東大元帥府正式改組成立中華民國國民政府，轄下軍隊改編為國民革命軍。

7月3日 中華全國總工會省港罷工委員會正式成立，蘇兆徵、林偉民、李啟漢等13人當選委員，委員長為蘇兆徵，鄧中夏、廖仲愷等被聘為顧問。由於省港罷工委員會擁有司法和執法機關，所以有人稱為廣州第二政府。

7月4日 省港罷工委員會舉行第二次常會，推定幹事局屬下各部的負責人，幹事局長為李啟漢，並決議添置罷工委員會海口封鎖隊。罷工委員會成立財政委員會，委員長為蘇兆徵。

7月5日 省港罷工委員會成立執法機關糾察隊，總隊長為黃金源，訓育長為鄧中夏，總教練為徐成章，擁有槍械。

7月6日 省港罷工委員會公佈《會審處細則》。

7月初　華民政務司致函二十四行商會囑各行商組織「街坊自衛團」，以保公安。

廣州政府作出維持罷工會決議案，命令公安局將徵收半月租捐繳助省港罷工，各口岸下令禁止糧食出口，令香港百物騰貴。

7月8日　廣州政府訓令廣東省政府執行對於維持省港罷工議決案。

省港罷工委員會宣佈封鎖香港，沉重打擊香港，卻使廣州商貿興旺，增加稅收，金融穩固。

7月10日　省港罷工委員會公佈《省港罷工委員會章程》。

7月16　匯豐銀行買辦何世光約同華商總會李右泉等組織「商業維持局」。

7月23日　汕頭各工會對外罷工委員會成立。

7月24日　省港罷工委員會致函國民政府，要求成立司法機關，組織特別法庭以審判破壞罷工、效忠帝國主義的罪犯。

7月25日　省港罷工工人舉行第四次代表大會，通過成立築路委員會的決議。

7月27日　香港舉行「公民大會」，急電英國，請英皇用武力攻打廣州，驅逐共產黨，壓迫國民政府解決罷工風潮。

司徒拔建議由港英出資100萬港元支持國民黨右派，用武力鎮壓左派。

8月1日　省港罷工工人舉行第七次代表大會，通過特許證制度，凡不是英國貨英國船，可准其直接來廣州。這行動即是與英國經濟絕交，在特許證下，廣州商貿

得益不淺，商場活躍。

　　8月初共產國際代表維經斯基按蘇共的指示，與蘇聯駐華大使加拉罕等共同制訂對上海罷工和省港大罷工的「剎車」行動綱領，「基本的意思是工人繼續罷工，不用全國性口號，而用經濟性和地方民族性的口號。」

8月11日　省港罷工工人和各階層人民舉行集會，共有10萬人出席，要求肅清一切反動勢力，統一廣東。

8月12日　上海日商紗廠復工協議簽字，工人於8月25日復工。

8月14日　省港罷工委員會發表實施特許證制度的重要通告。香港總商會要求廣州政府解散黃埔軍校，停止抵制英貨，否則以英國海軍封鎖廣州。

8月15日　港英舉行第二次公民大會，要求英國首相用武力攻打廣州，並對廣州政府下最後通牒。

8月中　　省港牛羊業工人成立統一的團體。

8月20日　省港罷工委員會顧問廖仲愷遇刺犧牲，省港罷工委員會為此發表《告工人書》。

8月21日　東華醫院主席馬敘朝、曹善允等，聯合中華總商會和二十四行商會，致電中國各大城市和海外各埠華人社團，敦促停止匯款支持省港罷工，部份華僑以民族大義指責東華等這些電函。

8月23日　蘇聯工人代表團應邀到訪廣州調查沙基事件。

8月27日　省港罷工工人舉行第十八次代表大會，決定撤銷特許證制度。

9月3日　　省港罷工委員會暨廣州四商會聯名公佈《取消特許

證之後善後條例》、《取消特許證之後善後條例》
，仍堅持單獨對英的原則。

9月11日 省港罷工委員會致函廣東交涉署，要求抗議英兵在
寶安一帶屢次挑起事端，槍殺罷工糾察隊員。

9月12日 省港罷工委員會第六十次會議通過《對日美法等國
輪船店戶條例》11款。

9月14日 省港罷工委員會與廣州四商會共同擬定和公佈「工
商聯合標語」，以加強工商聯合，並擬訂《附加善
後例》。

9月18日 由省港罷工工人等各方面共同組成的北上外交代表
團首途北上，以謀全國一致行動，解決帝國主義在
中國製造慘殺案件及省港大罷工等問題。

9月28日 僑港各邑商會聯合會代表團16人抵達廣州，試圖調
解罷工問題。

9月29日 省港罷工工人舉行第三十次代表大會，通過《香港
罷工工人恢復工作條件》15條，並將此項條件連同
《廣州及沙面罷工工人恢復工作條件》交由僑港各
邑商會聯合會代表帶回香港。

9月30日 省港罷工委員會與國民政府共同組織的特別法庭宣
告成立。

10月6日 汕頭罷工委員會與日本領使簽訂復工協議。

10月3日 廣東工、農、商、學、兵各界聯合發表《擁護解決
罷工宣言》。

10月4日 僑港各邑商會代表團返港，帶回《香港罷工工人恢

復工作條件》15條，還有《香港學生聯合會之要求條件》。

10月5日　國民革命軍出發東征，討伐陳炯明，3,000名罷工工人組成運輸隊、宣傳隊、衛生隊隨軍出發。

10月7日　廣東各界對外協會舉行各界人民大會，表示堅決擁護罷工條件，支持政府東征，統一廣東，鞏固革命根據地。
　　　　香港未罷工工人舉行大會，反對省港罷工委員會開列的復工條件，出席大會者有華機會、航海工會、同德工會、果菜行工會、鮮魚行總會、工業維持會等會員數千人。

10月12日東莞太平商民團聯合土匪圍攻駐守該地的糾察隊，造成20餘人死亡，37人重傷的嚴重事件。

10月26日國民革命軍出發南征，討伐盤據廣東南路的軍閥鄧本殷等。

11月　　司徒拔任滿離港，由金文泰接任港督。

11月4日　省港罷工委員會糾察隊進行改組，成立糾察隊委員會，委員有鄧中夏、徐成章、黃金源等。
　　　　得到英國支持的土匪千餘人，進攻駐守沙魚涌一帶的糾察隊和鐵甲車隊，結果土匪死亡百餘人，糾察隊和鐵甲車隊死傷20餘人。

11月12日罷工委員會組成模範糾察隊。

11月16日港商代表抵廣州，再次試圖調停罷工。

11月21日 應港商要求，廣州四商會選出代表赴港商討解決罷工。

11月25日 由於東征、南伐的勝利，省港罷工委員會決議擴大武裝封鎖範圍至全廣東省各港口。

11月27日 省港罷工委員會頒佈3項關於罷工封鎖的通融辦法，以開展上海、廣州間的交通商務，促進工商聯合。

11月28日 中華全國總工會發表《對香港工會統一問題意見書》。香港各工會聯合於12月1日發表《擁護統一運動的宣言》，表示贊成全國總工會的意見。

11月29日 省港罷工委員會召集各界華僑代表開會，決議組織「中華各界開闢黃埔商埠促進會」。

12月3日 英軍連日在深圳文錦渡及羅坊向工人糾察隊開槍，重傷糾察隊員2人。

12月9日 省港罷工委員會發表關於解決罷工的宣言，指出罷工是否能解決，要視乎香港當局的態度如何而定。

12月19日 廣州政府財政部長宋子文到香港，與金文泰會談，會後代理輔政司弗萊徹與宋子文回廣州繼續商談。

12月20日 省港罷工工人及廣州各界人民舉行援助京滬反段（祺瑞）示威運動大會，出席群眾有15萬人。

12月26日 華商總會、二十四行商會、東華醫院和各邑商會聯合會組織港僑懇親團，派出278人到廣州聯絡感情。

12月30日 8名華商代表秘密抵達廣州調停罷工，但聲稱只談經濟條件，不談政治條件，以賠償方式解罷工。

1926年

1月15日　省港罷工委員會就日本出兵東北發出通電，號召全國民眾一致反抗日本帝國主義的侵略政策。

1月17日　汕頭舉行各界代表大會，訂定《封鎖香港澳門條例》30條。
省港起落貨總工會成立。
省港煤炭總工會召開全體大會。

1月22日　港英宣佈停止解決罷工的談判。

1月27日　廣州總商會等四商會通過決議，表示商人應聯合一致支援省港罷工，務求達到香港當局完全承認復工條件的目的。

2月1日　香港工人實行第二次罷工，紛紛返回廣州。香港商人也積極蘊釀罷市，組織全港商民罷市委員會。
海南島成立封鎖香港委員會，積極協助省港罷工委員會駐海口辦事處進行封鎖工作。

2月5日　中華全國總工會等30個團體舉行援助省港罷工週，發表宣言，號召各界積極支援罷工工人，成立廣東各界援助省港罷工週籌備會，開展活動。

2月9日　省港罷工委員會公佈《開放省澳航行條例》，以便利港澳同胞和第二次罷工工人回廣州。

2月13日　中共發表《告罷工工友與民眾》，讚揚罷工工人7個月來的成就，並號召全國人民一致團結擁護罷工。

2月15日　省港罷工委員會與廣州四商會聯合組成工商檢驗貨物處，定於2月16日開始檢驗。

2月17日　梧州工會聯合會等 9 大團體舉行援助省港罷工大會，進行籌款與宣傳活動。

2月22日　粵海關稅務司卑路借口罷工糾察隊扣留未經海關查驗的貨物，實行封關，廣州和全國各地人民紛紛提出抗議，迫使卑路於26日重新開關驗貨。

3月8日　港英派律政司到廣州與廣州政府外交部長伍朝樞商議罷工問題兩天。

3月20日　中山艦事變發生，蔣介石指揮軍隊包圍省港罷工委員會和東山蘇聯顧問寓所，收繳省港罷工委員會工人糾察隊和蘇聯顧問衛隊的槍械。同時也包圍汪精衛的住宅，蔣介石成為國民黨黨政軍領導人。

3月19日　香港的工會林立，但是組織鬆散，不利於團結。在廣州的海員工會響應全國總工會的號召，聯絡水陸運輸業，在廣州成立香港運輸工會聯合會。隨後多間同業性質的工會聯合會紛紛成立。

3月22日　省港罷工委員會頒佈《港澳船隻回省復業條例》。

3月28日　省港青年工人2,000餘人舉行大會，發表宣言，要求准許青年工人加入工會，保護青年工人的利益，並通過擁護省港罷工，督促國民政府北伐，推翻段祺瑞政權，召開國民會議，廢除不平等條約等決議案。

3月30日　省港女工舉行大會，出席女工代表1,000餘人，通過女工保護及擁護省港罷工決議案。

4月2日　省港罷工工人和廣州各團體舉行聲討段祺瑞殺害北京民眾大會，要求廣州政府出師北伐，打倒段祺瑞等軍閥。

4月4日　省港罷工委員會公佈《特許寶安農會農民經過英租界條件》11款。

4月10日　香港金屬業總工會在廣州成立。

4月15日　香港總工會在廣州宣告成立。

5月1日　第三次全國勞動大會與廣東省農民第二次代表大會在廣州同時開幕，兩個大會聯合發表了《慰問省港罷工工友書》，並與省港工人舉行聯歡活動。

5月8日　英國舉行總罷工，省港罷工委員會致電聲援。

5月上旬　香港竹器職工聯合總會成立。

5月11日　廣州商民協會與正在廣州開會的農、工、教育等代表，舉行工農商學聯歡大會，通過關於解決省港罷工等7項決議案，要求廣州政府接受。

5月17日　廣州農工商學聯合會正式成立。

5月21日　汕頭英領事撕毀省港罷工委員會糾察隊張貼的標語，毆打糾察隊員，並召英艦水兵登岸。汕頭各界人民紛紛舉行反英示威遊行，要求國民政府提出嚴重抗議。

5月23日　廣東全省商民協會第一次代表大會在廣州舉行，通過援助省港罷工等決議案。會後全體代表前往省港罷委員會慰問罷工工友。

5月24日　香港西業工人聯合會成立。

5月底　僑港自由職工聯合會代表大會在廣州開幕。

6月1日　省港僑港海陸理貨工會代表大會在廣州召開。

6月5日　廣州政府外交部照會港英，表示準備委派全權代表商談罷工問題，希望港英委派具有同等權責的代表進行會談。

6月16日　英國駐廣州代理總領事白利安函廣州政府外交部，轉達港督覆函，聲稱罷工已成為過去的事情，現在可以就抵制英貨問題進行談判。

6月21日　廣州政府外交部致函英駐廣州領事，駁斥港督謂「罷工已成為過去的事情」的論調，並詢問英方派出的3位代表的職權。

6月28日　中華全國總工會教育宣傳委員會主辦的「勞動學院」正式開課。

6月29日　廣州政府外交部覆函沙面英領事，決定於7月15日開始商談罷工問題。
　　　　　省港罷工委員會組織北伐運輸委員會，專門辦理組織罷工參加北伐運輸一切事宜。

6月30日　廣州工農商學聯會發表《擁護省港罷工宣言》，駁斥港英罷工過去的論調，表示誓為罷工工人後盾，反抗帝國主義。

7月1日　省港罷工工人舉行第一百二十八次代表大會，通過發給罷工工人家屬臨時飯券辦法，以解決罷工工人家屬的生活困難。

7月9日　國民革命軍誓師出發北伐，省港罷工委員會成立北伐運輸委員會，組織3,000名罷工工人成立運輸隊、宣傳隊、衛生隊等隨軍出發。

7月14日　糾察委員會為加強封鎖香港，決定擴大武裝糾察隊，發出招募隊員的通告。

7月15日　惠陽縣淡水商團與陳炯明舊部圍攻糾察隊及農民自衛軍，打死10餘人，擄去5人。
中英兩國代表在廣州舉行第一次會議，談判解決省港罷工問題。

7月16日　中英談判舉行第二次會議，中方提出意見書，譴責英國屠殺中國人民以及封鎖廣東的行為，並指出英方缺乏接受罷工解決條件的誠意。

7月19日　中英談判舉行第三次會議，英方代表提出答覆書，推卸五卅和六二三屠殺罪責，否認香港當局封鎖廣東。

7月21日　中英談判舉行第四次會議，中方提出反駁書，並提出解決罷工的具體辦法。

7月23日　中英談判舉行第五次會議，英方反對中方提出的解決辦法。至此，談判名為延期，實質破裂。

8月5日　省港罷工委員會就今後的鬥爭方向問題發表《致全國同胞書》。
華僑協會向廣州政府呈交意見書，表示擁護省港罷工員會提出解決罷工的條件，並指出華僑已匯款300萬元支援罷工鬥爭，今後仍誓為罷工後盾。

8月7日　罷工工人代表大會決定補充糾察隊員2,000人，以便在中英談判停頓期間加強對香港的封鎖。

8月8日　中共發表《致粵港罷工工人書》，表示「願意犧牲政治條件」。

8月13日　廣州工人代表大會致函省港罷工委員會，表示要統率20萬工友支援港罷工工人與帝國主義作戰。

8月15日　中共發表《致罷工工人書》，高度評價省港罷工的意義。

8月16日　華商總會再度舉行工商聯合懇親會。

8月22日　全俄工會中央理事會的代表親臨廣州，代表蘇聯工人和赤色職工國際所屬各國工人，向省港罷工工人致敬。
　　　　　赤色職工國際與共產國際聯合發表〈告世界人民書〉，單獨發表：〈為支援中國無產階級進行聯合行動的號召〉、〈與中國無產階級聯合起來共同行動〉以及〈向中國工會發出的號召〉等文件。

8月25日　廣東各界舉行第二次援助省港罷工週，支援罷工工人對帝國主義的鬥爭。

9月4日　英艦闖入廣州內河，強佔西堤碼頭，引致各階層人民連日紛紛集會聲討英國，廣州政府外交部對英提出嚴重抗議。英國戰艦於12日離去。

9月9日　香港建築業工會聯合會在廣州成立。

9月13日　香港街市工會聯合會在廣州成立。

9月23日　廣東各界擴大對英經濟絕交委員會宣告成立。

9月28日　國民黨中央政治會議決議通過以徵收產銷稅來收束省港罷工，著外交部交涉此事。
　　　　　中共廣東區委在《我們的生活》第一期，發表〈省港罷工問題〉等重要文章，提出改變罷工鬥爭策略及自動停止封鎖香港、結束罷工等重大問題。

9月29日　省港勞動童子團聯合會成立。

9月30日　省港罷工工人召開第一百六十六次代表大會，通過關於變更罷工政策，結束封鎖香港的決議案。

10月5日　北伐軍打到武昌城下。

10月6日　廣州政府外交部致函各國駐廣州領使，決定增收二五附加稅，以作為收束省港罷工的費用。

10月8日　香港罷課回廣州的學生舉行全體大會，決議擁護省港罷工委會的新政策。

10月10日省港罷工委會宣佈取銷封鎖香港，發佈命令，將各港口糾察隊一律撤回，暫行停止封鎖。
　　　　省港罷工委會發表《致海外華僑書》，闡明罷工的新政策。
　　　　結束封鎖後，罷工工人代表大會仍然保留，各種活動仍繼續照舊進行。
　　　　中共廣東區委發表〈為省港罷工自動的停止封鎖宣言〉。
　　　　廣東各界集會擁護自動停止封鎖香港，擴大反英運動，有30萬人出席，大會並發表宣言。

10月11日廣州政府與省港罷工委員共同組織的機構開始徵收二五附加稅。

10月18日香港糧食業工會聯合會在廣州成立。

10月26日省港罷工工人和廣東各界人民舉行反抗英帝國主義屠殺四川萬縣同胞示威大會，出席者10萬餘人。

11月6日　省港罷工委員會會址東園被大火焚毀。

12月6日　國民黨中央委員會政治委員會發出關於限制罷工及處置工會糾紛佈告。

12月15日 在省港罷工工人支持下，廣州工人代表會向省政府提出抗議，反對當局限制工人運動的禁令。

1927年

1月1日　　廣州政府由廣州遷往武漢。

1月16日　省港罷工工人及廣州各界代表舉行援助漢口人民反英鬥爭大會。

2月17日　廣東省政府警備司令及公安局借口取締「工人持槍毆鬥」，收繳工人糾察隊武裝，省港罷工工人及廣州工人為此向農工廳請願，提出抗議。

2月22日　國際工人代表團訪問廣東。

4月12日　蔣介石在上海清黨。

4月15日　國民黨在廣州清黨，派軍隊包圍省港工委員會等機構，並解除黃埔軍校和省港罷工委員會的武裝，大肆殺害省港大罷工領袖等，省港罷工委員會轉入地下工作。

5月21日　泛太平洋勞動會議在漢口召開。國際工人代表團訪華。

省港大罷工文獻總評

梁寶霖
香港社會保障學會會長
梁寶龍
香港工運史研究者

　　省港大罷工至今已逾90年了，我們為此次研討會前後搜集了中、港、台三地有關文獻，與及海外出版的英文刊物。由於能力所限，這報告並不全面，希望各方有心人指正及提供更多資料。

　　至今為止，較全面的專題作品，只有盧權、褟倩紅的《省港大罷工》（1997年）一書，盧權、褟倩紅二人致力研究南方的工人運動，前後寫過省港大罷工及主要人物如：蘇兆徵、林偉民等的傳記，最近他們編寫的《廣東早期工人運動歷史資料選編》（2015年），從報刊、書籍中搜集了不少早期工運資料，十分有研究價值。

　　另外，香港、美國及英國一些學者也寫過這個命題，如：Rosemarie Chung Lu Cee的 "Study of the 1925-1926 Canton Hong Kong Strike-Boycott"（1969年），Earl John Motz的 "Great Britain, Hong Kong and Canton: the Canton-Hong Kong Strike and Boycott 1925-26."（1972年），和Horrock的 "Hong Kong workers in an anti-Imperialist Movement"（1994年）等文章。他們分別從香港及英國檔案中發掘了進一步的資料，亦平衡了盧權、褟倩紅兩人不足之處，因為後者強調了中文的資料及看法。可惜的是，這些論文都沒有中文譯本，也未有作為書刊公開發行。俄文的有1959年出版阿卡托娃（T. N. Akatova）著的《省港大罷工》。

　　原始文獻方面，最珍貴的是《工人之路》，這份由省港罷工委員會出版的小報，記錄了罷工其中的大事及小事，與海外支持者的信息。甚得研究者歡迎。但是，影印版要賣4萬元人民幣！

重點文獻還有廣東哲學社會科學研究所歷史研究室編的《省港大罷工資料》（1980年），與及廣東省政協學習和文史資料委員會編的《廣東文史資料存稿選編》第3卷，《省港大罷工　港澳華僑史料》（2005年），刊有不少當事人的口述歷史，還譯載了羅旭龢和周壽臣的報告。工人出版社的《中國工運史料》（1981年）的省港大罷工專題冊，及《中國近代工人階級和工人運動》第五冊第三節專講省港大罷工，十分具參考價值。當然，罷工領導者之一鄧中夏所寫的《中國職工運動簡史》（1968年）裡有關省港大罷工的經過及教訓的確精彩，也是一本極佳的教科書。

　　罷工前後的國內形勢及國際關係，尤其是與蘇聯及共產國際的關係，是中外學者較有興趣的題目。在工運方面，法國學者謝諾（JEAN CHESNEAUX）的巨著The Chinese Labor Movement 1919-1927, Stanford University Press , 1968. 不可不讀。另外還有伊羅生（Harold R. Isaacs）的《中國革命的悲劇》，THE TRAGEDY OF THE CHINESE REVOLUTION （1938年）。Daniel Y. K. Kwan的Marxist Intellectual and the Chinese Labor Movement.（1997年）講知識分子與工運的關係，很有啟發性，陳明銶也就此工運時期寫過不少書刊，重點如：Labor and Empire（1975年）。台灣方面，重點有陸京士、馬超俊等編的《中國勞工運動史》（1984年），第1-2冊。香港方面有蔡榮芳的《香港人之香港史》（2001年）。

　　1920年代的學者及勞工工作者如：陳達與駱傳華也寫過深入的勞工研究，雖然帶有改良主義色彩，但資料十分豐富。

　　至於境外勢力的支持，不少著作談及共產國際，尤其是鮑羅庭的角色，中英文都有。如中共中央黨史研究室第一研究部編的《聯共（布）、共產國際與中國革命運動（1926-1927）》（1998年）上下冊，亦讓我們看到此次罷工的國際連結的一面。這方面的研究有真空，只有徐靜玉的《聯共（布）、共產國際與省港大罷工》（2007年）一篇文章，值得我們進一步注意。

除了文字外，訥維版畫《省港大罷工》（1961年）極具
意義。中聯文化傳播有限公司出品的DVD《反帝風暴》，有
涉及省港大罷工的情景。小說方面，《三家村》講及這時代
的歷史，而《香港歸來的孩子》則講省港大罷工的童子軍團
。

最近出版的《商人與共產革命》（2015年）填補了資產
階級在這運動中的角色，也擴闊了我們的視角。與此同時，
省港大罷工對香港方方面面的關係及影響，也是我們香港有
心人士繼續努力的方向。

中文書籍論文部份

原始資料

《華僑日報》，香港：1925-1927年。

《香港華字日報》，香港：1925-1927年。

《工人之路》，廣州：省港罷工委員會，1925-1926年。

《工商日報》，香港：1925-1927年。

《申報》，上海：1925-1927年。

《第一次國內革命戰爭時期工人運動》，北京：人民出版社，1954。

上海社會科學院歷史研究所編：《五卅運動史料》，第1-3卷，上海：上海人民出版社，1981-？。

中央檔案館、廣東省檔案館編：《廣東革命歷史文件彙集》，甲6、乙2，廣州：1983。

中共中央黨史研究室第一研究部編：《聯共（布）、共產國際與中國革命運動（1926-1927）》上冊，北京：北京圖書館出版社，1998；主編：黃修榮，副主編：馬貴凡、王德京；該書為《共產國際、聯共（布）與中國革命檔案資料叢書》第3卷，部份資料涉及省港大罷工。

中共中央黨史研究室第一研究部編：《共產國際、聯共（布）與中國革命文獻資料選輯（1926-1927）》下冊，北京：北京圖書館出版社，1998；主編：黃修榮，副主編：馬貴凡、王德京。該書為《共產國際、聯共（布）與中國革命檔案資料叢書》第4卷，部份資料涉及省港大罷工。

中共廣東省委黨史研究委員會辦公室、中共珠海市委黨史辦公室編：《蘇兆徵研究史料》，廣州：廣東人民出版社，1985。該書輯錄了蘇兆徵在省港大罷工時的資料。

中華全國總工會編：《中共中央關於工人運動文件選編》，北京：檔案出版社，1985。

中華全國總工會中國職工運動史研究室編：《中國工會歷史文獻1921.7-1927.7》，北京：工人出版社，1981。

中國第二歷史檔案館編：《五卅運動和省港大罷工》，南京：江蘇古籍出版社，1985。該書第247-377頁為省港大罷工部份，選輯了廣州政府和國民黨有關的文件。

中國國民黨黨史委員會編：《革命文獻》，第18輯，台北。該書輯錄了沙基慘案時國民黨有關文件。

冼一宇：《粵港罷工糾察隊奮鬥概況》，武漢：湖北全省總工會宣傳部印，1927年。《中文馬克思主義文庫》全文轉載，網址：https://www.marxists.org/chinese/reference-books/19250530/19261215.htm。

區志堅、彭淑敏、蔡思行著：《改變香港歷史的60篇文獻》，香港：中華書局（香港）有限公司，2011。該書第151-156頁選載了一篇《省港罷工委員會命令》，內容是下令結束封鎖香港，附加以解讀和提供延伸閱讀。《省港罷工委員會命令》亦載於《省港大罷工資料》。

佚名編：《廣州沙基慘殺案交涉文件首編》，"近代史料叢刊"三編147，台灣文海出版社。

省港罷工委員會宣傳部：《省港罷工工人代表大會第一百次紀念刊》，載：《近代史資料》，1958年第5期，第79-108頁。

廣東哲學社會科學研究所歷史研究室編：《省港大罷工資料》，廣州：廣東人民出版社，1980。該書選輯了省港罷工委員會的文件，與當時各方面有關的文件，鄧中夏、蘇兆徵等當時發表的文章。

編委會：《中國工會運動史料全書》，第2卷（1924.1-1927.7），第51卷（廣東）。

陳湛頤編譯：《日本人訪港見聞錄（1898-1941）》，香港：香港教育圖書公司，1995。該書第225-233頁譯了長永義正的文章，記述了香港在1926年3月的情況。

駱傳華：《今日中國勞工問題》，上海：上海青年協會，1933年。

著述

丁新豹：《善與人同：與香港同步成長的東華三院（1870-1997）》，香港：三聯書店（香港）有限公司，2009。該書第149-161頁是第三章第四節《海員罷工與省港大罷工》，講述了省港大罷工期間東華的角色。

中國勞工運動史續編編纂委員會編：《中國勞工運動史》，第1-2冊，台北：中國文化大學勞工研究所理事會，1984，增訂版；主編：陸京士。

中華全國總工會編：《中華全國總工會70年》，北京：工人出版社，1995。

王玉平編寫：《省港大罷工》，北京：新華出版社，1991。該書共46頁，講述了省港大罷工的經過。

王玉璽主編：《中國工會史》，北京：工人出版社，1982。

元邦建編：《香港史略》，香港：中流出版社，1993。該書第150-158頁是第六章第三節《省港大罷工》。

孔祥鴻主編：《廣東工人運動大事記（1884-1995）》，廣州：廣東人民出版社，1998。

甘田編，張路繪圖：《省港大罷工》，北京：通俗讀物出版社，1956。該書共36頁，簡述了省港大罷工。

〔英〕弗蘭克韋爾什（Frank Welsh）著、王皖強、黃亞紅譯：《香港史》，A History of Hong Kong，北京：中央編譯出版社，2007。該書論及省港大罷在第419-421頁，以司徒拔為中心看省港大罷工。

伊羅生（Harold R. Isaacs）著，劉海生譯：《中國革命的悲劇》，THE TRAGEDY OF THE CHINESE REVOLUTION。《中文馬克思主義文庫》：https://www.marxists.org/chinese/harold-r-isaacs/1938/index.htm全文上載。

江關生著：《中共在香港》，上卷（1921-1949），香港：天地圖書有限公司，2011。該書第50-65頁是第一章第四節《把香港變成「臭港」的省港大罷工》，作者論述了省港大罷工中國民黨與中共關係的問題。

李宏著：《香港大事記》，北京：人民日報出版社，1997。該書第66-68頁的大事是省港大罷工。

李伯元、任公垣撰述：《廣東機器工人奮鬥史》，台北：中國勞動　利出版社，1955。

李新、陳鐵健總主編：《中國新民主革命通史》第2卷，《1923-1926國民革命的興起》，上海：上海人民出版社，2001，該卷由蕭超然等編著。該書第238-289頁為第二章第五節《省港大罷工》。

林友蘭：《香港史話》，香港：香港上海印書館，增訂本，1985。該書第142-149頁為第二十二章《省港罷工》，除了論述省港大罷工亦介紹了司徒拔和金文泰的政績。

沈以行、姜沛南、鄭慶聲主編：《中國工運史論》，瀋陽：遼寧人民出版社，1996。該書選輯了陳衛民的《中國共產黨領導的第一支工人武裝——省港罷工工人糾察隊》和沈宏禮的《共產國際、蘇聯顧問與省港罷工——紀念省港罷工六十五周年》兩文。

〔蘇·阿卡托娃（T. N. Akatova）著：《省港大罷工》，東方學術出版社，1959。

許錫耀、陳麗君、朱德新著：《香港簡史》，廣州：廣東人民出版社，2015。該書第154-165頁為第四章第五節《省港大罷工》。

許錫輝、陳麗君、朱德新著：《香港跨世紀的滄桑》，廣州：廣東人民出版社，1995。該書第175-189頁為第四章第五節《省港大罷工》，除了論述省港大罷工亦介紹了司徒拔和金文泰的政績。

高馬可（John M. Carroll）著，林立偉譯：《香港簡史——從殖民地至特別行政區》，A Concise History of Hong Kong，香港：中華書局（香港）有限公司，2013。該書第128-137頁為第四章的《1925至1926年的省港大罷工》，和《各自的世界和各自的生活》談及省港大罷工。

周子峰編著：《圖解香港史（遠古至一九四九年）》，香港：中華書局（香港）有限公司，2010。該書第108-111頁第五章第二和三節為《省港大罷工（上）》和《省港大罷工（下）》，列表分析省港大罷工的原因。

周奕：《香港工運史》，香港：利訊出版社，2009。該書第59-81頁第四章為《省港大罷工的4層意義》，從4個方面分析罷工的成敗。

周奕：《香港工運史簡篇》，香港，利訊出版社，2013。該書是作者《香港工運史》的簡略本，第24-35頁是第三章《省港大罷工的五大意義》。

柯保羅：《香港童軍百年史》，香港：香港童軍總會，2012。該書第49頁講述香港童軍在省港大罷工的活動，第52-60頁講述香港童軍的本地化，有助理解省港大罷工高層華人的本地化思維。

湯開建、蕭國健、陳佳榮主編：《香港6000年》，香港：麒麟書業有限公司，1998。該書第406頁416頁，撰寫有《

"五卅"慘案爆發　皇仁書院學生最先行動》、《省港罷工前　香港幫會頭目的爭取》、《省港大罷工》、《香港商界對省港罷工的態度》、《解決罷工的第一次中英交涉》、《香港總工會成立》、《中英第二次解決罷工的交涉》等。

陳志華、黃家梁著：《簡明香港史》，香港：明報出版社有限公司，2000。該書第78-79頁簡述了省港大罷工。

陳昕、郭志坤主編：《香港全紀錄，第1卷》，香港：中華書局，1997。該書第176-180頁的省港大罷工內容有：《省港大罷工》、《省港大罷工期間實行新聞檢查》、《金文泰接替司徒拔》、《就省港大罷工諸問題　中英舉行第一輪談判》、《省港大罷工宣告結束》、《內地安寧方得港督強調粵港合作》等。

陳達著：《中國勞工問題》，上海：商務印書館，1927。

徐承恩：《鬱躁的城邦——香港民族源流史》，香港：紅出版，第二版，2015。該書第232-241頁第十章的《港粵大罷工與負隅抗的香港精英》一節，論述了省港大罷工促進了香港精英的本土意識。

唐玉良、王瑞峰主編：《中國工運大事記（民主革命時期）》，瀋陽：遼寧人民出版社，1990。該書第188-273頁編寫了省港大罷工資料和同期的中國工運資料。

張海鵬主編：《中國近代通史》第7卷，《國共合作與國民革命（1924-1927）》，南京：江蘇人民出版社，2009；該書是王奇生著，第183-188頁為第四章第五節《省港大罷工》。

鄧中夏：《中國職工運動簡史1919-1926》，香港：文化資料供應社，1978。該書有多個版本，第十三章是《省港大罷工》，詳細撰寫了省港大罷工經過，是最權威的論著。多部文史資料選輯和網站都有選載或部份章節內容，如趙雨樂、程美寶合編的《香港史研究論著選輯》等全文轉載了第十三章《省港大罷工》，《省港大罷工資料》亦轉載了該章，《鄧中夏文集》則轉載了全書，《中文馬克思主義文庫》亦轉載全書。

鄧中夏：《省港罷工概覽》，廣州：中華全國總工會省港罷工委員會宣傳部，1926。《省港大罷工資料》全文選輯了該書內容。

鄧開頌、陸曉敏主編：《粵港澳近代關係史》，廣州：廣東人民出版社，1996。該書第227-235頁以粵港關係來看省港大罷工的啟示。

鄧開頌、陸曉敏主編：《粵港關係史1840-1984》，香港：麒麟書業有限公司，1997。該書是鄧開頌、陸曉敏主編：《粵港澳近代關係史》另一版本，第145-154頁的第五章第三節為《省港大罷工》，以粵港關係論述省港大罷工。

趙雨樂、程美寶合編：《香港史研究論著選輯》，香港：香港公開大學出版社，1999。該書第194-216頁選輯了鄧中夏的《中國職工運動簡史1919-1926》中《省港大罷工》一章全文。

路滔著：《世紀滄桑——香港一百五十六年風雨錄》，北京：人民文學出版社，1997。該書第71-77頁為第二章第三節《蘇兆徵一聲令下，香港忽然間變成了死港》。

蔡洛、盧權：《省港大罷工》，廣州：廣東人民出版社，1980。該書共180頁。

蔡思行著：《香港史100件大事》，上冊，香港：中華書局（香港）有限公司，2012。該書第244-249頁撰寫的第41件大事是省港大罷工。

蔡俊桃編著：《省港大罷工》，北京：中國國際廣播出版社，1996。該書共46頁。

蔡榮芳：《香港人之香港史1841-1945》，香港：牛津大學出版社，2001。該書第121-171頁第四章《省港大罷工（1925-1926）及其之後社會文化：新解釋與評估》，以香港人角度講解、評估省港大罷工。

盧權、褟倩紅：《省港大罷工史》，廣州：廣東人民出版社，1997。該書共400多頁，全面詳盡講述省港大罷工，由發動罷工直至1927年四一五清黨。

盧權、褟倩紅編撰：《廣東早期工人運動歷史資料選編》，廣州：廣東人民出版社，2015。

蕭然超：《省港大罷工》，北京：工人出版社，1956。該書共40頁。

黃志堅著：《第一次國共合作在廣州》，廣州：暨南大學出版社，2015。第128-133頁為第三章第四節《省港大罷工》以廣州角度來看省港大罷工。該書第168-170頁為第三

章第四節《省港大罷工中的廣州婦女運動》論述省港大罷工下的廣州婦女運動。

黃修榮著：《中國20世紀全史》第3卷，《1924-1927國民革命》，北京：中國青年出版社，2001。該書第150-165頁為第三章第三節《省港大罷工》。

黃鴻釗主編：《香港近代史》，香港：學津書店，2004。

劉蜀永著：《香港回歸叢書之香港的歷史》，北京：新華出版社，1995。該書第76-80頁為第六章第三節《省港大罷工》，扼要論述了省港大罷工。

劉明逵、唐玉良主編：《中國近代工人階級與工人運動》，第5冊，《國共合作形成後工人運動》，北京：中共中央黨校出版社，2000。

劉明逵、唐玉良主編：《中國工人運動史》，第3卷，《第一次大革命時期的工人運動》，廣州：廣東人民出版社，1998；著者：曾成貴。該書第215-290頁是第三章《省港大罷工和兩廣工運的大發展》，共4節，以3節篇幅詳細撰寫省港大罷工爆發至1926年初的歷史。

蔣永青、程立達著：《港澳工運史話》，北京：中國工人出版社，2000。該書講述省港大罷工的是第28-48頁，為第九至十六節，分別是《香港是中國的地方》、《怒吼，"敢取消不平等條約"》、《沙基慘案》、《組織是罷工的保證》、《神算子巧借將軍威》、《罷工鬥爭的策略》、《香港總工會成立》、《香港當局損失慘重》等。

鄭宏泰、黃紹倫著：《香港股史1841-1997》，香港：三聯書店（香港）有限公司，2006。該書第144-169頁為第六章《省港大罷工與股市大震盪》，資料詳盡講述省港大罷工期間的香港股市。

廣州工運史研究委員會辦公室編印：《廣州工人運動大事記》，廣州：1985。

《新民主主義革命時期廣東工人運動大事記（1924年-1927年7月）》，廣州：廣東省總工會印，第二次稿，1983。該書第27-87頁為省港大罷工資料。

郝瑞庭、白雲濤主編：《中國二十世紀紀事本末（1900-1926）》第1卷，濟南：山東人民出版社，1999。該書第

674-677頁撰寫了省港大罷工史。

陸恭蕙：《地下陣線——中共在香港的歷史》，香港：香港大學出版社，2011。該書第55-61頁為第三章第三節《省港大罷工1925-1926》，評述了省港大罷工與中共的關係，書中使用的史料有很多錯誤。

姚穎嘉著：《群力勝天——戰前香港碼頭苦力與華人社區的管治》，香港：三聯書店（香港）有限公司，2015。該書第144-147頁講述省港大罷工時的苦力。

楊紹英編著：《中國工人的罷工鬥爭》，南京：江蘇人民出版社，1957。該書是通俗歷史讀物，第57-61頁為第十四章《香港變成臭港——省港大罷工》。

吳志良、湯開建、金國平主編：《澳門編年史》，第5卷，《民國時期（1912-1949）》，廣州：廣東人民出版社，2009。該書第2414-2441頁記載了省港大罷工期間澳門的大事。

施白蒂（BEATIZ A. O. BASTO DE SILVA）著，金國平譯：《澳門編年史（二十世紀）1900-1949》（CRONOLOGIA DA HISTORIA DE MACAU），澳門，澳門基金會，1999。該書第186-201頁為省港大罷工時期澳門史料，即1925年6月至1927年10月。

中共廣東省委黨史研究室著：《中國共產黨廣東地方史》，第1卷，廣州：廣東人民出版社，1999。

李雲漢：《從容共到清共》，台北：台灣中國學術著作獎勵委員會，1973。該書提出省港大罷工國民政府應佔有的位置。

香港海員工會：《歷史記得光榮的海員——香港海員工會90年》，香港：香港海員工會，2013。該書第29-32頁以海員工會來看省港大罷工。

李玉貞著：《國民黨與共產國際》，北京：人民出版社，2011。

羅重一主編：《共產國際與廣州國民政府關係史》，北京：人民出版社，2011。

李達嘉著：《商人與共產革命1919-1927》，台北：中央研究院近代史研究所，2015。該書第283-347頁為第五章《省港罷工的工商關係與權力變化》，討論了省港罷工期間

，廣州內部各種力量的角力和激盪，尤其是廣州商人和國民黨右派對罷工的影響。

黃鴻釗主編：《中英關係史》，香港：學津書店，2004。該書第199-202頁為第十七章第四節《沙基慘案與省港大罷工》，講述沙基慘案與省港大罷工時的中英關係。

束世澂：《中英外交史》，上海：商務印書館，1933。該書有論及省港大罷工時的中英談判。

鄧中夏：《省港罷工中之中英談判》，廣州：1926。《省港大罷工資料》全文選輯了該書內容。

徐靜玉著：《廣州政府與英國的政治交涉研究（1918-1926）——以關餘、杯葛問題為中心》，北京：社會科學文獻出版社，2013。該書第120頁起談省港大罷工的中英交涉。

錢義璋：《沙基痛史》，廣東：廣東人民出版社，1995。

黃朗正撰述：《聯義社社史》，香港：義聲出版社，1971。該書第34-35頁為《香港大罷工中之聯義社》，記錄聯義社與省港大罷工的關係。

周育民、邵雍等著：《中國幫會史》，上海：上海人民出版社，1993。

威廉·福斯特著：《世界工會運動史》，北京：三聯書店，1961。

李健民著：《五卅慘案後的反英運動》，台北：中央研究院近代史研究所，1986。

傳記、口述史

廣東人民出版社編：《怒濤——省港大罷工回憶錄》，廣州：廣東人民出版社，1960。該書是鄭全、黃寶南、徐惠東、甘來、彭松福、方世林等5位香港工人有關省港大罷工的回憶。

傅秉常口述，劉鳳翰整理：《傅秉常口述自傳》，北京：中國大百科全書出版社，2009。傅秉常是省港罷工談判聯絡人之一，該書第44-48頁為第二十三和二十四章，講述省港大罷工期間傅秉常的活動。

郭廷以校閱、沈雲龍訪問、謝文孫記錄：《傅秉常先生

訪問紀錄》，台北：中央研究院近代史研究所，1993。傅秉常是省港罷工談判聯絡人之一。

《馬超俊先生訪問記錄》，台北：中央研究院近代史研究所，1992。

盧權、禤倩紅：《蘇兆徵傳》，上海：上海人民出版社，1986。蘇兆徵是省港大罷工領導人之一。

盧權、禤倩紅：《蘇兆徵》，廣州：廣東人民出版社，1993。該書與下列珠海版的書內容相同，廣東版內容較豐富，第158-248頁為第五章《震驚中外的省港大罷工》，第249-288頁為第六章《工人運動的傑出領袖》亦有談及省港大罷工。

盧權、禤倩紅：《蘇兆徵——中國工人運動領袖》，珠海：珠海出版社，2006。該書與上列廣東人民版的書內容相同，廣東版內容較豐富，第107-166頁為第五章《震驚中外的省港大罷工》，第167-187頁為第六章《工人運動的傑出領袖》，亦有談及省港大罷工。

盧權、禤倩紅：《蘇兆徵》，北京：中國工人出版社，2012。

閻峰：《蘇兆徵》，長春：吉林文史出版社，2011。

葉慶科：《蘇兆徵評傳》，太原：山西人民出版社，1994。

梁創堅編著：《蘇兆徵故事》，汕頭：汕頭大學出版社，1998。

馬曉東著：《羅登賢》，北京：中國工人出版社，2014。羅登賢是香港工人，參與了領導省港大罷工。

劉功成著：《鄧中夏》，北京：中國工人出版社，2012。鄧中夏是省港大罷工領導人之一。

魏巍、錢小惠：《鄧中夏傳》，北京：人民出版社，1981。

姜平著：《鄧中夏的一生》，南京：南京大學出版社，1986。

馮資榮，何培香編著：《鄧中夏年譜》，北京：中國文史出版社，2012。

黃平：《往事回憶》，北京：人民出版社，1981。黃平的回憶錄在很多有關大革命時期的資料文集中都有選輯。

鄭宏泰、周振威：《香港大佬——周壽臣》，香港：三聯（香港）有限公司，2006。該書第154-168頁記載了周壽臣的調停罷工經過。

鄭宏泰、黃紹倫著：《香港大佬——何東》，香港：三聯（香港）有限公司，2007。該書第119頁講述省港大罷工期間何東創辦《工商日報》和生意活動，第144-145頁講述何東於1926年的活動。

陳元珍：《民國外交強人陳友仁———一個家族的傳奇》，香港：三聯書店（香港）有限公司，2009。

丁言模：《鮑羅庭與中國大革命》，銀川，寧夏人民出版社，1993。省港大罷工時期鮑羅庭在廣州出任廣州政府顧問。

周利生：《吳廷康與中國大革命關係研究》，北京，中國社會科學出版社，2004。吳廷康是共產國際派到中國負責收束省港大罷工的負責人。該書第300-304頁第五章《艱難任上》，講述吳廷康有關工作。

金沖及主編：《劉少奇傳》，（上），北京：中央文獻出版社，2008。該書第六章中的75-81頁，講述1926年劉少奇在廣州出任中華全國總工會代理委員會，參與省港大罷工工會統一工作。

羅可群、何錦洲編著：《劉爾崧》，廣州：廣東人民出版社，1986。該書第60-75頁講述劉爾崧如何發動沙面工人參加省港大罷工，和在省港大罷工期間在廣州的活動。

張國燾：《我的回憶》（2），北京：東方出版社，1991。張國燾於1926年初在廣州處理國共問題。

盧權、禤倩紅：《林偉民——中國工人運動領袖》，珠海：珠海出版社，2008。

中共永定委宣傳部、中共永定縣委黨史研究室、永定縣總工會：《何耀全與省港大罷工——何耀全烈士誕辰100週年紀念專輯》，永定，1997。何耀全是省港大罷工委員會領導人之一，該書由10篇文章組成，有詳盡的何耀全年譜。

文集、期刊

任振池、劉寒主編：《省港大罷工研究——紀念省港大罷工六十五周年論文集》，廣州：中山大學出版社，1991。書選輯了30多篇省港大罷工文章，內有沈宏禮的《共產國際蘇聯顧問與省港大罷工》，陳登貴的《淺述省港大罷工與廣東農民運動的關係》、曾建昭的《廣東青年與省港大罷工》、謝燕章的《省山大罷工與廣東婦女》、陳雙的《省港大罷工與廣東經濟的發展》、曾慶福的《省港大罷工時期的汪精衛》等。

廣東省政協學習和文史資料委員會編：《廣東文史資料存稿選編——護法運動和孫中山在廣東三次建立革命政權、"五卅"運動與沙基慘案、北伐戰爭》，第2卷，廣州：廣東人民出版社，2005。該書第523-570頁選輯了張適南、宋瑞珂、楊維泉、張采庵、李紀麟等人的沙基慘案回憶錄。

廣東省政協學習和文史資料委員會編：《廣東文史資料存稿選編——省港大罷工　港澳華僑史料》，第3卷，廣州：廣東人民出版社，2005。該書有關省港大罷工部份有600多頁，有黃平、羅珠、饒衛華、梁復然等人的回憶錄，尚翻譯了羅旭龢和周壽臣的報告。

梁寶霖、梁寶龍、陳明銶、高彥頤編：《香港與中國工運回顧》，香港：香港基督教工業委員會，1982。

余繩武、劉蜀永主編：《二十世紀的香港》，香港：麒麟書業有限公司，1995。該書第101-123頁為第六章《省港大罷工》，由張俊義撰寫。

曾業英編：《當代中國近代史研究（1949-2009》，北京：社會科學文獻出版社，2014。這書第401-443頁為第十三章《工人運動史》，講述中共建政以來在工運史上的成果，內容涉及省港大罷工。

中共廣州市委黨史資料徵集研究委員會辦公室編：《廣州大革命時期回憶錄選編》，廣州：廣東人民出版社，1988。

中共黨史人物研究會編：《中共黨史人物傳》第1-100卷，西安：陝西人民出版社，1980。這套傳記選輯有省港大罷工參與者鄧中夏、蘇兆徵、林偉民、羅登賢、劉爾崧、何耀全等人的傳記。

中共廣東省委黨史研究室編：《廣東黨史研究文集》，第1冊，北京：中共黨史出版社，1991。該書選輯了大革命時期中共廣東黨的歷史，有助理解中共廣東黨在省港大罷工時期的活動。

中共廣東省委黨史研究室編：《香港與中國革命》，廣州：廣東人民出版社，1997。

中共廣東省委黨史資料徵集委員會、中共廣東省委黨史研究委員會辦公室編：《廣東黨史資料》第1-14輯，廣州：廣東人民出版社，1984-1988。

劉智鵬著：《香港華人菁英的冒起》，香港：中華書局（香港）有限公司，2013。該書的人物傳記中多名與省港大罷工有關，如周壽臣、羅旭龢、蘇兆徵、林偉民和鄧中夏等。

沈永興主編：《從砵甸乍到彭定康──歷屆港督傳奇》，香港：新天出版社，1994。該書第133-147頁為司徒拔傳和金文泰傳。

張連興：《香港二十八總督》，北京：朝華出版社，2007；香港：三聯書店（香港）有限公司，2012。該書撰寫了包括省港大罷工時的兩位港督司徒拔和金文泰的傳記。

蘇兆徵：《蘇兆徵文集》，北京：人民出版社，2013。

鄧中夏：《鄧中夏文集》，北京：人民出版社，1983。該書選輯了多篇鄧中夏在省港大罷工時寫的文章，全文轉載《中國職工運動簡史1919-1926》。

鄧中夏：《鄧中夏全集》，北京：人民出版社，2014。

廣東省社會科學院歷史研究所編：《廖仲愷集》：北京，中華書局，2011。廖仲愷是國民黨內支持省港大罷工最重要的人物，該書第252-281頁選輯了廖仲愷在省港大罷工期間的講話和文章。

盧權、禤倩紅：《耕耘集（續集）》，廣州：廣東人民出版社，2003。該書選輯了《省港大罷工概述》、《省港大罷工中破壞與反破壞的鬥爭》等文章。

文章

丁晉清：《省港大罷工》，載：中共廣東省委黨史研究室編：《香港與中國革命》，廣州：廣東人民出版社，1997。

李曉勇：《國民黨與省港大罷工》，載：《近代史研究》，北京：1987年第4期，北京：第231-242頁。本文提出國民黨是省港大罷工的發動者，而中共是直接組織者論點。

張修全：《試論國民黨在省港大罷工中的作用》，載：《南都學壇》，1991年第4期。

董寶才：《省港大罷工——國共兩黨共同領導的反帝愛國鬥爭》，載：《連雲港教育學院學報》，1997年第2期。

褐倩紅：《國共兩黨與省港大罷工》，載：《近代史研究》，北京：1991年第3期。

徐靜玉：《聯共（布）、共產國際與省港大罷工》，載：《黨史文苑》，2007年第8期。該文講述共產國際與省港大罷工的關係。

洪温臨：《省港大罷工初期的粤港關係》，載：《港澳與近代中國學術研討會論文集》，台北：國史館印行，2000，第323-363頁。

張曉輝：《略論香港華商調停省港大罷工》，載：《史學集刊》，1999年第3期，長春：1999，第26-32頁。

温小鴻：《省港罷工與廣東商人》，載：《廣東社會科學》，1987年第1期，廣州。

盧權：《省港罷工中破壞與反破壞的鬥爭》，載：《學術研究》，1995年3月，第69-74頁。

呂芳上：《尋求新的革命策略——國民黨廣州時期的發展1917-1927》，載：《中央研究院近代史研究所集刊》，台北，1993年第22期上，第297-324頁。

牛大勇：《英國的兩手政策與省港罷工之收束》，載：《北京大學學報（哲學社會科學版）》，北京：1991年第2期，第45-53頁。

大衛・克萊夫・威爾遜著：《英國和國民黨，1924-1928：英國和中國官方政策和觀念的相互作用的研究》，倫敦大學東方和亞洲研究學院1973年博士論文，載：費正清：《劍橋中華民國史》（上），北京：中國社會科學出版社，1994。該文闡述中英關於省港大罷工的談判，材料主要根據英國外交部檔案。

潘啟後：《粤海關職工在省港大罷工中的鬥爭》，載：《廣東文史資料》第79輯，廣州：廣東人民出版社，1998

，第203-207頁。

陳明銶：《民初香港華人愛國行動初探》，載：《近世中國之傳統與蛻變：劉廣京院士75歲祝壽論文集》，台北：中央研究院近代史研究所，1998，第661-677頁。

鄭金波：《1920年代香港罷工運動研究》，香港：香港大學論文，2011。該文研究機工大罷工、海員大罷工和省港大罷工，簡述了省港大罷工的粵港關係。

王蓉霞：《五卅運動期間英國對華政策的變化》，載：《北京科技大學學報（社會科學版）》，第23卷第4期，北京：2007，第124-128頁。五卅運動與省港大罷工同時發生，五卅期間英國對華政策的變化亦涉及省港大罷工。

陳志文：《大革命時期廣州學生運動》，載：《廣州文史資料》第18輯，廣州：廣東人民出版社，1980，第34-38頁。

賴先聲：《在廣東革命洪流中——回憶1922-1927的鬥爭》，載：《廣東黨史資料》，第1輯，1983，第89-151頁。賴先聲是中共黨員，省港大罷工時負責青年運動。

陳龍：《論蘇兆徵與國民革命中的省港大罷工》，廈門：廈門大學碩士論文，2007。

《省港大罷工檔案》，載：《中國檔案報》，2015年6月25日，總第277期，第四版。該文選輯了省港大罷工的檔案照片。

陳福霖：《廖仲愷與1924-1925年廣東勞工運動》，載《國外中國近代史研究》。該文認為省港大罷工是國民黨領導的。

褟倩紅：《宋慶齡與省港大罷工》，載：《羊城晚報》。

劉明憲：《省港大罷工、封鎖及抵制英貨運動之研究》，碩士論文，台北：文化大學。

蒿連升：《省港大罷工中的鐵甲車隊》，載：《軍事歷史》，1998年第1期，第54-56頁。

劉明憲：《省港大罷工的肇始與影響》，載：《近代中國》，台北：第121期。

王付昌：《沙基慘案傷亡人數訂正》，載：《中山大學學報》，廣州：1984年第1期。

霍新賓著：《"愛國"與"私利"之間——國民革命時

期一例民族主義運動中的工商關係》，載：《安徽史學》，2006年第5期。該文指省港大罷工伊始，粵商基於反帝愛國的民族感情多能犧牲“私利”，積極參加對外經抵制運動，但隨著運動的開始，“私利”嚴重受損，驅使他們重新檢視投資這次運動的風險和回報，省港大罷工就在商人的“愛國”與“私利”之間跌宕前進。

網絡

《五卅運動·省港大罷工》，載：《中文馬克思主義文庫》，網址：https://www.marxists.org/chinese/reference-books/19250530/index.htm。網站選輯了《省港大罷工資料》、《怒濤——省港大罷工回憶錄》、《中國職工運動簡史1919-1926》等書。

《中國共產黨歷史網》，網址：http://www.zgdsw.org.cn/GB/218998/index.html。

《廣州文史》，網址：http://www.gzzxws.gov.cn/。網站選輯了陳志文的《大革命時期廣州工人運動》等文章，內容有談及省港大罷工。

《香港工人的故事》，網址：http://leungpolung.blogspot.hk/。網站選輯了：《省港大罷工的勞動童子團》、《省港大罷工影響下的東華義莊》等文章。

徐承恩：《香港人千年史（三）：中國國族主義風潮下的本土意識》，載：《故事　寫給所有人的歷史》，網址：http://gushi.tw/archives/12446。該文部份內容論述了省港大罷工促進了香港精英的本土意識。相同內容可參閱作者的專著《鬱躁的城邦——香港民族源流史》第232-241頁。

《中共領導省港大罷工　為港人爭取民主權益》，載：《中國評論新聞網》，網址：http://hk.crntt.com/doc/1017/4/8/3/101748327.html?coluid=7&kindid=0&docid=101748327。

李龍、趙曜、張斯筠：《《工人之路》在省港大罷工中的輿論動員策略》，載：《青年記者》，網址：http://qnjz.dzwww.com/chuanmeishihua/201406/t20140605_10396094.htm。

《東莞與香港在“省港大罷工”中的歷史交集》，載：

《東莞黨史》，網址：http://dgds.sun0769.com/detail.asp?id=2418。

　　《支援省港大罷工》，載：《寶安檔案史志》，網址：http://www.da.baoan.gov.cn/dahc/zplist.aspx?id=43。該文選輯了數張有關罷工圖片。

　　《鄧中夏：省港大罷工中的「東園諸葛」》，載：《深圳特區報》，網址：http://sztqb.sznews.com/html/2011-06/08/content_1606241.htm。

　　《省港大罷工期間的澳門》，載：《光明網》，Http://www.gmw.cn/03zhuanti/2_zhuanti/jinian/macau/e53.htm。

　　何錦洲：《革命別錄──何香凝與省港大罷工》，載：《廣州文史》，網址：http://www.gzzxws.gov.cn/qxws/lwws/lwzj/lw1_2/200910/t20091030_15136.htm。

其他資料

　　中國第二歷史檔案館編：《五卅運動和省港大罷工》，縮微資料，南京：中國第二歷史檔案館，1985。本資料是微縮菲林，主要內容是省港大罷工期間廣州政府和國民黨有關的資料。

　　胡昊總編導，黃海波總製片：《反帝風暴‧五卅運動，省港大罷工；熱血悲歌：北伐戰爭；前赴後繼：上海工人三次武裝起義》，北京：中聯文化傳播有限公司出品，DVD影像，2004。該光碟是大革命歷史，部份內容有省港大罷工。

　　徐惠萍主編：《中國工人運動傑出領袖──蘇兆徵》，漫畫，珠海：珠海出版社，2009。該書是漫畫。

　　珠海市博物館，門曉琴編著：《從海員到工人運動的傑出領袖──共和國英烈蘇兆徵》，畫冊，珠海：珠海出版社，2011。該書第64-129頁為第三章《領導省港大罷工》，以圖片加文字介紹蘇兆徵在省港大罷工的工作。

　　珠海市文化廣電新聞出版局（版權局），珠海市博物館編：《蘇兆徵》，畫冊，珠海：珠海出版社，2006。該書第33-56頁為第三部份《領導省港大罷工》，以圖片加說明介紹蘇兆徵在省港大罷工的工作。

　　黃慶雲著：《香港歸來的孩子》；濟南，明天出版社，

1988。該書是以省港大罷工為背境的文學作品。

張永枚：《省港奇雄》，廣州：花城出版社，1991。該書是小説。

歐陽山：《三家巷》（又名《一代風流》），北京：人民出版社，1999。該書是小説。

〔法〕馬爾羅著，寧虹譯：《征服者——一個存在主義者的革命日記》，Les Conquerants，上海：上海人民出版社，2010。該書是描寫一位瑞士革命者在省港大罷工期間投身革命，探求個人存在的價值。

英文書籍論文部份

原始資料

Document: KOTEWALL REPORT ON THE STRIKE OF 1925.

Hong Kong Administrative Report, Annual General Report for 1925.

Hong Kong Administrative Report, Annual General Report for 1926.

Hong Kong Blue Book, 1925.

Hong Kong Government Gazette, Extraordinary, June 1925.

South China Morning Post.《南華早報》

The Hong Kong Civil Service List for 1926, (Hong Kong, Noronha & Company, 1926) pp.66-69.

The China Mail.《德臣西報》或《中國郵報》。

著述

Chan Lau Kit-Ching, China, Britain and Hong Kong 1895-1945 ,Hong Kong, The Chinese University Press, 1990.

Chan Lau Kit-Ching, From Nothing to Nothing : The Chinese Communist Movement and Hong Kong, 1921-1936, Hong Kong: Hong Kong University Press, London: Hurst and Co, 1999.

Chan, Ming Kou（陳明銶）, Historiography of the Chinese Labor Movement (1895-1949):A Critical Survey of Bibliography, Stanford, Hoover Institution, 1981.

Chan Wai Kwan（陳偉群）, The Making of Hong Kong Society, Clarendon Press, Oxford, 1991.

Daniel Y. K. Kwan, Marxist Intellectuals and the Chinese Labor Movement: a study of Deng Zhongxia (1894-1933), Seattle: University of Washington Press, 1997.

Edmond S. K. Fung（馮兆基）, The Diplomacy of Imperial Retreat: Britain's South Chain Policy, 1924-1931. Print in Hong Kong by Kings Times Printing Press Ltd. 1991.

Frank Welsh, A History of Hong Kong , Great Britain: Harper Collins Publishers, 1993.

JEAN CHESNEAUX, The Chinese Labor Movement 1919-1927, Stanford University Press , 1968.

Joe, England: Industrial Relations and Laws in Hong Kong, Oxford, Hng Kong, 1989.

John M. Carroll, A Concise History of Hong Kong, Lanharm, Md: Rowman and Littlefield, 2007.

John M. Carroll, Edge of Empires: Chinese elilites and British Colonials in Hong Kong , Hong Kong: Hong Kong University Press, 2007.

Law Wing-sang（羅永生）, Collaborative Colonial Power: the making of the Hong Kong Chinese.《勾結還是合作？香港殖民史外一篇》，Hong Kong: Hong Kong University Press, 2009.

Loh Kung Wai, Christine, Underground Front: the Chinese Communist Party in Hong Kong, Hong Kong: Hong Kong University Press, 2010.

Norman Miners, Hong Kong under Imperial Rule 1912-1941, Oxford University Press, 1987.

Nym Wales: "The Chinese Labor Movement," John Day Company, New York, 1945.,

Salyed hev. (ed.), The International Working Class Movement, Progressive Publishers, Moscow, 1985.

Tsang, Steve Yui Sang, Modern History of Hong Kong, London; New York: I.B. Tauris, 2004.

文章：

Chan, Ming Kou（陳明銶），"Labor and Empire: The Chinese Labor Movement in the Canton Delta, 1895-1927" Ph. D thesis, Stanford University, 1975.

Earl John Motz, "Great Britain, Hong Kong and Canton: The Canton Hong Kong Strike and Boycott of 1925-1926" Ph. D dissertation, Michigan University, 1972.

Earl John Motz: "Great Britain, Hong Kong and Canton: the Canton-Hong Kong Strike and Boycott 1925-26." (1972)

Rober James Horrocks: Hong Kong workers in an anti-Imperialist Movement, University of Leeds, (Ph.D), 1994.

Rosemarie Chung Lu Cee, "Study of the 1925-1926 Canton Hong Kong Strike-Boycott" M. A. thesis, University of Hong Kong, 1969.

大罷工後香港工會的變化

《香港工運史》著者周奕

省港大罷工之後，香港的工會在兩個方面有明顯的變化，即：會務方向及工會的數字。

香港政府被省港大罷工嚇怕了，1927年7月7，在定例局（即立法局）三讀通過「1927年違法罷工罷市條例」，這項法例有三大要點：一、制止不合法的罷工罷市；二、制止商務爭執之恐嚇手段；三、防止香港的工會受外地支配。這項被稱為「反罷法」的法例一直延續到1920年代的中後期。此外，港府又宣布「中華海員工業聯合總會」服從外地的支配的政治團體，除了撤銷註冊之外，還搜捕「海總」的會員，市面上籠罩著白色恐怖氣氛。

「九一八事變」日軍侵佔我國東北，香港政府屈從於日本外交的壓力，大力鎮壓香港同胞的的反日呼聲，連藏有反日傳單都被視為刑事罪行。1931年10月8日，港府突然取消理髮煥然工社的注冊。港府宣布的理由是簡單的兩句：「查得煥然工社所辦之事務，有煽動人心之舉。」事發前，鐘智學校校長被搜出藏有反日傳單被判刑六個月，估計理髮煥然工社之獲罪應與寄發反日傳單有關。從此，香港的工會處事更加小心。

1920年代前期，先後有機工大罷工（1920年）和海員大罷工（1922年），都是爭取加薪並取得勝利，推動了香港工人運動高潮的發展。但是，省港大罷工結束之後，香港工運轉入低潮，不敢推動維權鬥爭，改為遵循團結互濟的路線，相濡以沫，這是會務方向的重大改變。

香港工會的數字亦發生變化。大罷工的時候，大量勞動力離港而去亦包括為數眾多的工會骨幹，不少工會的會務停頓甚至解散。只有少數工會恢復活動而保持下來。過了一段日子，亦有新的工會成立，因而呈現馬鞍型。

有兩份名單，一份是馬超俊所著的《中國勞工問題》（上海民智書局發行，1927年9月第四版），列舉出屬於勞方的工會有135間，其間當有遺漏。從出版日期來推算，這份名單應該是1925年的資料。

另一份是華僑日報出版的《1947年香港年鑑》，共有工會118間，估計這份資料是截至1946年秋季。戰爭結束僅一年，新成立的工會不多，這批工會應是1941年日佔前。把這兩份名單進行比較分析，就可以看出該段期間香港工會的變化。

下面這批工會名列1927年的名單，但是沒有出現在戰後，可以斷定它們在省港大罷工之後已陸續結束，計共88間。不排除其中有的改換了名稱而延續下來。

表一：大罷工後結束的工會

九龍潔淨外寓	疋頭工會	中華文員會	中廚德和工會
五縣勞動博益工會	平和工會	中華洋務工會	水陸清淨總外寓
出入口水貨協助工會	志群工會	化沙玻璃工會	牛奶義和工會
承造英坭桶工會	油業工會	米行同協工會	帆船總工會
建築工商萬安總工會	坭水工會	敘賢洗衣工會	汽船卸貨管工會
洋庄出口糖果工會	花堦磚工會	洋庄傢俬工社	油罐聯福工會
洋庄金銀器工業會	竹織工會	洗衣聯合工會	故衣有德工會
洋務職工聯合總會	益群總工會	洗衣聯聚工會	航海聯合工會
修造鐵輪船研究工會	唐鞋工會	負販煙草社會	參茸洋藥工會
首飾同益研究工社	敘藝工會	理髮煥然工會	貨車義幅工會
酒樓雜務公餘工社	陶磁工會	造車勵進工會	復和祥鋸木工會
寄閒煤炭判工總會	華履工會	景源印務工社	華人測繪工程會
華僑洋務文員會	超可工會	街市魚業工會	煙絲聯協工藝社
華僑船藝工社	超立工會	塢廠勞工總會	煙業研究工會
塢廠木匠傢私工會	義安工社	圓骨忠信工會	漢文排字工社
樓廠建造木業工會	電器工會	僑工同樂別墅	綢緞行工會
樓廠鋸木協和祥工會	柴業工會	樟木夾萬工會	酸枝福慶工會
蔴包聯樂總工會	樂聲工會	燒臘行總工會	銅器總工會
機科鉛銅鐵喉工會	縫帆工會	燕窩鴻順工會	廣惠梅工會
機器科木樣研究會	潮州總工會	檀香千益工會	聯勝油漆行工會
織補藤籃同業工會	鐵業工會	鹹蛋兩和工會	醬料糖果總工會
鶴邑同鄉總工會	雞鴨行工會	鹹魚信義工會	豬油總工會

下面這批工會名列1927年，同時亦出現於戰後，可以確定這48間工會建立於省港大罷工之前並一直延續下來，其中船藝工社是1925年名單漏列的。

表二：建立於省港大罷工之前並延續到戰後的工會

中華內河輪船總工會	九龍茶行總工會	木匠總工會	方言工會
吧喇是門布聯成工會	白鐵業職業工會	同德總工會	煤炭工會
酒菜粉麵飯店敍賢工會	西義船藝總工會	道業工會	船藝工社
義安建築打樁工會	香港華人機器會	僑港大木工會	漆務總工會
港九油漆業總工會	港九牛羊業總工會	魚翅華樂工會	香港海員工會
港九肉行持平總工會	港九西式女服工會	桶行廣聯工會	沙藤平樂工會
港九酒樓茶室總工會	茶貨箱聯勝工會	線香共和工會	車衣工會
電車華員職工存愛會	華人船主司機工會	沙模工業維新社	染房行工會
港九玻璃鏡器工會	廣義堂圮水工業會	港九革履總工會	集賢總工會
港九飯店公安總工會	港九洋衣群研工會	港九茶居業總會	縫業西福工會
港九搭棚同敬工會	籐器愛群總工會	海陸理貨員工會	藤椅織造工會
僑港機車鋸木總工會	摩托車研究總工會	香港帽業工會	銅鐵工藝社

　　由此可以看出，省港大罷工時起碼有工會136間，只有48間延續到戰後，即是說有88間工會在這段期間結束了。「石在，火種是不會滅的。」無產階級的處境導致他們必須尋求團結與合作，所以，此落彼起，在這段期間亦成立了不少新工會，請參閱下面的名單。

表三：成立於省港大罷工之後並延續到戰後的工會

九龍船塢勞工互助社	牛奶公司職工互助社	中華酒業總工會
九龍男女理髮同業工會	市政衛生局職工總會	手車互助社
九龍船塢華人職工游樂會	石印業職工互助社	生草藥業職工會
中華海員總工會香港分會	同義織補籐器工會	打銅工業研究社
香港博文有限公司職工聯誼會	林務署職工聯誼社	同樂工藝研究社
香港電話公司港九華員協進會	香港九龍手車工會	果業工業工會
告羅士打酒店華人職工協進會	香港建造工業總會	香港洋務工會
香港電燈公司華員協進會	香港戲院職工總會	香港棚業總工會
香港水務局華人職工聯誼社	香港織造業總工會	香港皮具業總工會
群益水陸起卸伕力互助社	港九內衣職工總會	香港理髮業工會
油麻地小輪員工同樂會	港九雕刻印章工業會	飛鵬工業研究社
香港海軍船塢華員協進會	港九燒豬爐同業會	玻璃職業工會
香港蔴纜廠工人互助社	港九生熟杆總工會	染X紙業總工會

香港漁政署職工聯誼會	港九茶居食物總工會	港九報販總工會
港九糖麵西化製作協進會	港九郵政職工詠閒社	港九石行總工會
港九竹器山貨造作同業工會	港九餐室職工總會	港九紙業工會
港九清淨灰水工業總會	港九鞋業職員聯愛會	漁船工友總會
港九樟木槓傢私總工會	港九銅鐵業工會	船藝木業工會
港九紐扣職工互助社	港九印務職業工會*	港九傢私總工會
鐵路機務處員工遊樂會	港九鎚鐵職業工會	僑港聯業總工會
僑港裝修輪船工業研究會	港九電鍍業總會	福義僑工息影社
商務印書館同人互助社	港九水陸運輸工會	膠輪剖拆工會
香港華人衛生幫辦協進會	魚翅同業總工會	樹膠業總工會*
香港市政糞務部游樂會	躉船勞工公益聯合會	律師行文員會
香港太古船塢華人福利會	復群打拚業總工社	香港政府華員會
港九船政署華員體育會	九廣鐵路華員俱樂部	海軍文員會
碼頭貨倉貨物搬運人聯誼社	港九潔淨樓宇服務社	覺群機業俱樂部

* 印務、樹膠這兩間工會是在戰後成立

　　表二加表三是《華僑日報〈1947年香港年鑑〉》刊出的名單共計118間。不過，還有成立於戰前的：海員、沙藤平樂、車衣、染房、海陸理貨、船主司機、集賢、泥水、西福縫業、藤椅、道業等起碼11間在1946年以後始陸續復會，應予列入延續到戰後之列，118間加11間就是129間（可能還有遺漏）。

　　至此，我們可以把香港工會的數字列為三個階段：

　　一、表一加表二，共為135間，另加上漏列的船藝工社，大罷工前的工會總數是136間（或以上）。

　　二、大罷工之後，工會數字激烈減少了88間，不過又成立了79間，所以到了在第二次世界大戰前香港仍有工會127間（表二48間加上表三的79間）。不過，減少了88間這個數字，不能簡單地理解為「由於大罷工的影響而結束的工會」。因為這88間的名字曾經出現在1925年而沒有出現在1947年。我們只可以推論這批工會是在1941年之前或以後結束，它們可能參與大罷工而結束，亦可能大罷工後復會一段期間而與新成立的79間會並存。

三、1946年，有116間工會復會，到1947年初，陸續有工會恢復活動並有新工會成立而達到129間。

總的來說，從1920年代到1940年代，香港工會的數字在140間上下，比廣東省、廣州市略多。香港雖然受到港英的高壓統治，相對來說，比起早年粵穗的軍閥統治始終寬鬆一些。

研究這批名單還有一個副產品。有些論及香港工運的文章說，港府不喜歡工人成立工會。提出這個說法來自海員，他們誇耀「中華海員工業總會」的成立，又說成是「先在倫敦備案」等等。其實參考表一，這批在大罷工之後結束的工會都是成立在1925年之前，這88間有九成以上都是名正言順的打出「工會」的名稱，可見所謂「港府不喜歡工人成立工會」這個說法之荒謬。

再看看表三，這批在大罷工之後組成的工會，其中有五成以上直接用「工會」的名稱，而採用「互助會」、「研究會」者亦有四成，可見這個期的工運前輩採取低調的姿態以爭取工人組織之建立。

鳴謝

本書可以順利出版，
得到以下團體
和個人捐款資助：

香港職工會聯盟
港九工團聯合總會
港九勞工社團聯會
丁錦源先生
潘兆平議員
吳秋北先生
排名不分先後，
謹此致謝。